汽车4S店

财务与会计工作问答

胡冬鸣　孙宝华　编著

中国财政经济出版社

图书在版编目（CIP）数据

汽车4S店财务与会计工作问答/胡冬鸣，孙宝华编著．—北京：中国财政经济出版社，2014.12

ISBN 978-7-5095-5942-0

Ⅰ．①汽…　Ⅱ．①胡…②孙…　Ⅲ．①汽车-专业商店-商业会计-问题解答　Ⅳ．①F717.5-44

中国版本图书馆CIP数据核字（2014）第310061号

责任编辑：李　冰　　责任校对：黄亚青
封面设计：孙俪铭　　版式设计：董生平

中国财政经济出版社 出版

URL：http：//www.cfeph.cn

E-mail：cfeph@cfeph.cn

社址：北京市海淀区阜成路甲28号　邮政编码：100142

营销中心电话：88190406　北京财经书店电话：64033436　84041336

北京富生印刷厂印刷　各地新华书店经销

787×1092毫米　16开　14印张　316 000字

2014年12月第1版　2014年12月北京第1次印刷

印数：1—3 000　定价：35.00元

ISBN 978-7-5095-5942-0/F·4786

（图书出现印装问题，本社负责调换）

本社质量投诉电话：010-88190744

打击盗版举报热线：010-88190492，QQ：634579818

编写说明

当会计界非常热衷于取消行业会计制度而更多去关注会计核算共性问题的时候，我们不难发现，寻求一种在所有行业都非常适用的会计核算规则其实是很难做到的。而从另一方面讲，许多层出不穷的新的经济业务和不断涌现的新的行业，给我们带来了诸多新的经营理论和法律法规建设的重新定位与思考，特别是对会计核算的新规则进行探索与实践的迫切需要。自广州丰田汽车有限责任公司开始使用融汇汽车销售与维修服务于一体的4S店经营模式以来，这个从西方国家引进的舶来品迅速在国内发展起来，并被广大的中国汽车生产销售厂家和购车客户所普遍接受。但是，当4S店快速发展的时候，其所带来的许多的经营和会计核算问题，特别是其三方协议融资的特有筹资渠道问题，销售和维修两类业务共存问题，新车和旧车同时经营问题，需要我们去认真思考并总结提炼出一种共识的方法与原则。况且相关问题的存在，还涉及了税收征纳的重新规划问题，以及增值税发票的重新布局问题。应该讲，4S店的会计核算要求与传统的经营和维修核算规则有了更大的差异与变化。

本书的两位作者长期以来一直关注着4S店经营管理和会计核算问题，并将多年的经验积累和业内共识归纳提炼成具体的操作方法。在遵循现有会计准则的前提下，尽可能反映出4S店经营的特征，特别是与其他行业核算的不同之处。两位作者有着多年的基层工作经验，对4S店会计核算问题有着多年的潜心研究和认真观察。恰逢今年我们有了共同的想法：把我们多年对4S店财务管理基础工作和会计核算工作组织的经验写成一本类似问题解答的书籍，并将之出版。一是弥补这方面的空缺与不足；二是抛砖引玉，引起大家特别是同行对这些问题的争鸣或深入研讨，最终达到提升4S店会计核算与财务管理水平的目标。当然，当我们写这本书的时候，会计工作的基础已经有了一个重要的改变，那就是会计核算软件已经被4S店广泛使用并具备了一定的运用水平。

本书在编写过程中得到了中国财政经济出版社领导与编辑同志的大力支持，并提出了许多非常宝贵的看法和建议，在此表达由衷的感谢。

编　者

2014年4月19日于香雪兰溪

目　录

一、4S 店会计核算基础工作的组织

1. 汽车 4S 店主要服务内容及其会计核算特点是什么？有什么具体的要求？

汽车 4S 店是一种集整车销售（Sale）、零配件（Spare part）、售后服务（Service）、信息反馈（Survey）四位一体的汽车特许经营模式的店铺。汽车 4S 店只经营单一的品牌。它拥有统一的外观形象，统一的标志标识，统一的管理标准。汽车 4S 店主要服务的内容是：

（1）车辆展示服务。向客户展示厂家汽车产品会让客户亲身体验产品的外观与内饰并产生亲切感。即使是同一品牌同一个系列，展厅内的展车在颜色及性能配置方面不一定完全相同，每家 4S 店根据自身的情况，会作出相应的调整。一般情况下，每个品牌的展厅内都有其旗下所有车型的展车，而且这些展车会有定期的更换。

（2）试乘试驾服务。厂商都会按照规定配备一定的车型，给客户试乘试驾。而规模小的 4S 店，多数时候，试驾车都兼作公务车使用。

（3）购车贷款服务。这是 4S 店提供的重要服务之一。有些店只能提供一家银行的贷款方案，有些店可以提供多种选择。通常会在贷款时，对房产、收入证明提出具体的要求。

（4）二手车置换服务。收购二手车同时卖出新车，所有品牌 4S 店都会提供此服务。而且大部分店都可以做到新车交付当天，收购旧车，保证车主用车不间断。但 4S 店保价（签新车订单时对旧车估价，旧车使用过程中只要无大事故或罚单，估计不变）的时间长短不一，保价的时间越长，对用户越有利。

（5）代办上牌服务。代办上牌是 4S 店提供的增值服务，当然用户也有权选择自行办理牌照。针对不同户籍的车主，各品牌车辆的上牌政策有所区别。

（6）代办保险服务。代办保险属于 4S 店的增值服务，用户有权选择自行办理，但建议其在 4S 店购买。区别在于，自行办理的保险可能节省 15% 的保费，但出险后，由于定损和修车不是同一机构，有“定损额与维修额产生差价风险”，这部分差价只能用户自己承担，同时还不能享受4S店的“托付理赔服务”（维修由4S店预先垫款，理赔也由其代办，用户只需送车、提车）。

（7）精品销售服务。精品销售属于4S店的增值服务，分为两种情况，一是4S店赠送，另外则是客户自费加装。不论通过何种途径向客户提供精品附件，都应将精品种类及其提供方式在合同的附加条款中落实。对于一些大件精品，如导航仪、贴膜等一定要落实售后服务和质量保证，客户自费加装的精品4S店须向客户提供发票凭证。

（8）售后维修服务。售后维修是企业向已经购车的客户提供常规保养及维修服务。同一品牌4S店，联合承担车辆质保等售后服务，即在一家4S店买车，在另一家4S店也可以享受同样的售后服务。

汽车4S店会计核算特点主要体现在以下几个方面：

（1）会计核算的业务内容比较单一。汽车4S店的业务核算主要是整车销售和售后维修业务两个方面。前者主要是商品流通业务的核算。虽然有不少4S店履行汽车集团一级代理商的职责，会有大量的汽车批发销售业务出现，但其门店同时还会兼营整车的展示与零售。《企业会计准则》虽然对商品流通企业的批发与零售业务规定了数量进价金额核算法与售价金额核算法两种不同的方法，但由于汽车的零售业务并不频繁发生且其日销量不大，因而其核算方法与批发部分同样采取了相同的数量进价金额核算法。在采用会计电算化条件下，也便于统一管理和控制。

（2）会计核算涉及应税货物与应税劳务两个方面。按照现有税法的规定，4S店向客户销售整车、配件和精品属于应税货物销售，提供售后维修服务属于提供应税劳务。两类业务都应按照规定缴纳增值税，且维修服务劳务不能享受进项税额抵扣政策。4S店在组织会计核算时须要将应税货物与应税劳务两类业务分开核算，以便于计税与管理。

（3）会计核算涉及的关联方交易频繁。由于大多数的4S店属于汽车集团销售公司的下属单位，具备法人资质，独立组织会计核算，它与汽车集团销售公司、汽车集团生产厂商之间都会因经济业务往来而产生大量的集团内部的关联方交易，因而其年终账项抵消工作量和合并财务报表编制的工作量都非常大。

汽车4S店的整车及其配件产品虽然库存数量不是很大，但其账面价值却相对较高。对4S店会计核算的要求主要有：

（1）认真填写与审核经济业务发生的会计凭证，确保准确无误，保证客户的利益和企业的利益不受伤害。同时，严格业务与核算手续制度，确保货款安全、足额、及时付账与到账。

（2）严格维修配件出入库登记手续制度，确保财产账面记录与财产实物核对相符，保护客户的维修保养权益正常实现。

（3）及时向客户提供融资服务，保证客户购车款及时到账，按期督促检查贷款客户归还款项。

（4）利用会计电算手段及时全面核算企业财产、资金、债权债务经济业务，正确核算企业投资人应分配收益及其股权数额，正确核算企业投资股权及其应获收益。

（5）加强汽车牌照及其合格证的管理，专人负责，严格交接手续制度，保证无丢失、无信息错误。

（6）有效融资以支持企业的经济业务发展，定期展开财务分析以获知企业经营的经验与问题，对企业后期的经营与财务工作提出建议。

2. 4S 店会计工作岗位的主要设置及其工作职责是什么？

汽车 4S 店的财务部门通常会设置财务经理、会计主管、汽贸会计、维修会计、出纳及收银等会计工作岗位。各个岗位工作职责规定的主要内容是：

财务经理岗位职责：做好各项财务工作，领导各项会计工作，贯彻国家的财经法规，切实遵守公司内各项规章制度；负责组织制定会计核算工作流程；编制和执行财务预算；拟定资金筹措和使用方案，高效使用资金；安排和落实本期订车计划的资金；根据市场分析和前期销售的情况对下期资金做出调度；进行成本费用预测、计划、控制、核算、分析和考核、监督本企业有关部门降低消耗，节约费用、提高经济效益；建立健全经济核算制度，利用财务会计资料进行经济活动分析；对整车销售及企业售后维修进行监控管理；及时传达上级有关的规定和文件，组织会计人员学习政治理论和有关业务知识；负责编制财务报表；负责财务人员的监交工作；负责会计凭证、会计账簿的审核工作。

会计主管岗位职责：遵守公司的规章制度，具有良好的职业素养和丰富的专业知识，爱岗敬业；依照国家会计制度规定，结合本单位的核算内容，认真审核原始凭证法，填制会计凭证；做好会计基础工作，完善凭证、账簿和报表体系；按照会计制度的要求准确使用会计科目，审核原始凭证，预提各种费用，编制记账凭证、并进行登账，对税法规定受限制的费用开支要严格控制；汇总记账凭证并登记总分类账；明细账按期与总账核对，保证数字完全相符；正确核算应交税费，认真填写各种纳税申报资料，按时上报税收机关；随时掌握往来账项情况，并且及时告知当事人进行清理；核对账目和资产，做到账账、账表和账实相符；负责每月按揭（或融资）车辆还款工作，督促欠债客户及时还款；配合财务经理做好税务机关、汽车集团的审计工作；完成财务经理临时交办的其他工作。

汽贸会计岗位职责：负责对整车销售进行成本核算；负责企业费用的核算；统计销售情况；协助企业销售部门制订订车计划；协助财务经理编制资金需求的预算。认真审核原始凭证法，填制会计凭证；按记账规则登账、账簿记载必须有合法的记账凭证；未经复核人员签章的凭证不得入账；明细账按期与总账核对，保证数字完全相符，应加计发生额的账户必须按期加计，用规定的方法更正错误；做好各账户的月结、季结工作。

维修会计岗位职责：负责售后维修业务成本核算，主要包括配件、人工、单独配件的销售；负责汽车精品销售业务核算。认真审核原始凭证法，填制会计凭证；按记账规则登账、账簿记载必须有合法的记账凭证；未经复核人员签章的凭证不得入账；明细账按期与总账核对，保证数字完全相符，应加计发生额的账户必须按期加计，用规定的方法更正错误；做好各账户的月结、季结工作。

出纳岗位职责：办理各种银行及现金收付业务，确保企业及客户资金安全，认真执行现金管理制度；严格执行库存现金限额，超过部分必须及时送存银行，不坐支现金，不认白条抵库现金；建立健全现金出纳各种账目，严格审核现金收付凭证；严格支票管理制度，编制支票使用手续，使用支票须经相关主管经理签字后，方可生效；及时登记现金日记账与银行存款日记账，保证账款相符，账账相符，及时编制银行余额调节表并督促未达账项到账；妥善保管各种有价证券（各银行储蓄卡、支票）及银行密码支付器、网银钥匙；每天营业结束，对当日所收营业款与发票或者定金条及结算单进行核对，并登记日记账，及时将完整的收款凭证及与之对应的发票记账联送交会计；负责银行支付票据的购买和保管；妥善保管银行对账单，并逐月装订成册进行归档；积极配合银行做好对账、报账工作；定期与欠款单位核对账目，保持双方账目一致，还应该经常向业务人员及有关部门提供账款回收情况，督促相关人员收纳货款；配合会计做好各种账务处理；完成上级领导临时交办的其他工作。

收银员岗位职责：热情周到的向客户提供结算服务，快速准确的收款并做好发票的开具及复核工作；负责维修款项的结算，及时在企业核算系统内做收款处理；负责填写银行结算票据，并将其及时交出纳员做进账处理；负责发票专用章的保管；每天营业结束，填写营业日报表，并认真核对所有营业款；负责每日销售情况、结算情况的统计并做好记录工作；负责每日维修事故车结算回款的监督工作；代收办理牌照、保险客户款；满足办牌人员办理牌照的借款；保证办牌业务收入及时到账；及时与保险公司结算保险收入；将收入款项及时送交开户银行；工作轮换或临时替换其他岗位时，应做好发票的交接工作并做好完整的记录；负责发票保管、购买工作；完成财务经理临时交办的其他工作。

3. 4S店会计核算的主要内容是哪些？

4S店在从事相关的生产经营和业务活动中，会产生各种各样的经济业务事项。经济业务事项一般包括经济业务和经济事项两类。其中，经济业务是指企业与其他经济组织和个人之间发生的各种经济利益交换，如整车销售和精品销售；而经济事项是指在企业内部发生的具有经济影响的各类事件，如计提固定资产折旧。按照我国会计法规定，下列经济业务事项应当办理会计手续，进行会计核算：

（1）款项和有价证券的收付。款项是指作为支付手段的货币资金，一般包括库存现金、银行存款以及其他视同库存现金和银行存款使用的外埠存款、银行汇票存款、银行本票存款、在途货币资金、信用证存款和各种备用金等；有价证券是指表示一定财产拥有权或支配权的证券，如国债、股票、公司债券、金融债券和基金等。款项和有价证券是企业中流动性（快速变成现钱的能力）最强的资产，因而在会计核算中容易出现这样那样的问题。加强对款项和有价证券的管理和控制非常重要。

（2）财物的收发、增减和使用。财物是指4S店经营过程中财产物资的简称，一般包括：整车、配件、精品、维修工具等流动资产；购买股票、债券、基金或投出货币、实物而形成的长期投资；房屋、建筑物、机器设备、运输工具等固定资产。财产物资的价值一般较大，若出现问题会直接影响企业组织的生产经营活动的正常进行。因而，必须加强财物收发、增减和使用环节的管理与核算，维护正常的生产经营秩序。

（3）债权债务的发生和结算。债权是指企业收取款项的权利，一般包括各种应收和预付款项；债务则是企业承担的、能够用货币计量的、需用财产或劳务偿付的义务，一般包括各种借款、应付和预收款项。作为4S店的会计核算人员，要及时完整核算和反映债权债务情况，合理利用账期，并有效防止非法行为在债权债务环节的发生。

（4）资本、基金的增减。资本是指投资人投入企业的本钱；基金是企业按照法律法规的规定而设置或筹集的、具有特定用途的专项资金，即专款专用的钱款。资本的核算必须按照有关法律法规的规定严格进行，确保投资人的利益不受侵犯；而基金则必须做到专款专用，不得截留或者改变既定的使用方向。

（5）收入、支出、费用、成本的计算。收入是指企业在销售产品、提供劳务及让渡资产使用权等日常活动中形成的经济利益的总流入，如产品销售收入；支出是指企业正常经营活动以外的支出和损失，如支付的罚款和税收的滞纳金；费用是指企业在销售产品和提供劳务等日常活动中发生的经济利益流出，包括成本和期间费用开支；成本是指企业为了销售产品和售后服务提供而发生的产品销售成本、维修人员工资费用、机器设备的折旧以及维修车间所发生的其他与产品售后服务有关的费用开支。期间费用主要包括销售费用、管理费用和财务费用三项。

（6）财务成果的计算和处理。财务成果是指企业一定时期内从事经营活动在财务上所取得的成果，具体表现为盈利或者亏损。财务成果的计算和处理一般包括利润形成和利润分配两个部分。财务成果的计算和处理涉及投资人、企业、员工个人各方面的经济利益，企业必须严格按照《企业会计准则》和《企业财务通则》的规定，正确计算处理财务成果。

（7）其他事项。是指除上述六项经济业务事项以外的，按照《会计法》和《企业会计准则》规定应办理会计手续和会计核算的其他经济业务事项。

4. 4S店会计工作人员必须具备的条件是什么？

会计人员是经济活动中的特殊从业群体，不仅要有较高的业务素质，还应有良好的职业道德，受法规制度和职业纪律的约束。不具备规定条件的人员，不能从事会计工作；同样，不能做到依法履行职责的会计人员，不应当允许其继续从事会计工作。而按照我国《会计法》的有关规定，从事会计工作的人员，必须取得会计从业资格证书，才能从事会计工作。换句话说，会计从业资格证书是进入会计岗位的“准入证”，而取得会计从业资格证书是从事会计工作的先决条件。在我国，会计从业资格证书，是证明相关人员能够从事会计工作的唯一合法凭证。

需要强调的是，4S店的会计工作人员还必须做到廉洁自律。所谓“廉洁”就是不收受贿赂、不贪污钱财；所谓“自律”是指将一定的具体标准作为具体行为或者言行的参照物，进行自我约束、自我控制，使具体的行为或言论达到至善至美。会计活动直接涉及和影响国家、企业、员工三个方面的切身利益。如果会计人员不能做到清正廉洁，客观公正，其职业活动必然损坏或者影响国家、投资人、企业或者员工的正当利益；而如果4S

店会计人员在职业活动中不能严格自律、自我约束、抵制不当的思想和行为，则难以做到客观公正、清正廉洁。廉洁自律是会计职业道德的内在要求。会计工作人员不仅要遵纪守法，不违法乱纪、以权谋私，做到廉洁自律；而且要敢于、善于运用法律法规赋予的职业权利，尽职尽责，敢于承担职业责任，履行职业义务，保证廉洁自律。

5. 如何正确理解会计核算要素及其主要内容？怎样理解会计要素之间的关系？

会计核算要素分为资产、负债、所有者权益、收入、费用和利润。

（1）资产。资产是指企业过去的交易或者事项形成的、由企业拥有或者控制的、预期会给企业带来经济利益的资源。对资产的简要理解是：资产是现实中存在的、所有权属于企业或者能够对其进行控制的、能够给企业带来现金收入的所有财产。企业的资产主要是流动资产和非流动资产。其中，流动资产是指将在一年或者超过一年的一个营业周期内变现或耗用的资产，包括货币资金、交易性金融资产、应收款项、应收票据、存货等主要内容。非流动资产是指企业超过一年变现或耗用的资产，包括：可供出售的金融资产、持有至到期投资、长期股权投资、固定资产、无形资产、长期待摊费用等主要内容。符合资产定义的资源，在同时满足以下两个条件后，确认为资产。一是与该资源有关的经济利益很可能流入企业；二是该资源的成本或者价值能够可靠的计量。

（2）负债。负债是指企业过去的交易或者事项形成的、预期会导致经济利益流出企业的现时义务。其中，现时义务是指企业在现行条件下已承担的义务。未来发生的交易或者事项形成的义务，不属于现时义务，不应当确认为负债。对负债的简要理解是：负债是源于企业过去业务形成，需用现金、产品或者提供劳务的方式进行偿还的当前债务。企业的负债主要是流动负债和非流动负债。流动负债是指将在一年或者超过一年的一个营业周期内偿还的债务，如短期借款、应付账款、应付票据、预收账款、应付职工薪酬、应交税费、应付股利；非流动负债是指偿还期限在一年以上的债务，如长期借款及应付债券。

（3）所有者权益。所有者权益是指企业资产扣除负债后由所有者享有的剩余权益。所有者权益能够表明企业的产权关系，即企业归谁所有。企业的所有者权益主要包括所有者投入的资本、直接计入所有者权益的利得和损失及企业的留存收益三个部分。

（4）收入。收入是指企业在日常活动中形成的、会导致所有者权益增加的、与所有者投入资本无关的经济利益的总流入。需要说明的是，作为会计要素的收入，必须是在企业的经常性业务活动中产生，而不是偶发的。偶发的收入称作利得，计入营业外收入或者资本公积项目。企业的收入主要是主营业务收入、其他业务收入、投资收益等。收入只有在经济利益很可能流入从而导致企业资产增加或者负债减少、且经济利益的流入额能够可靠计量时才能予以确认。

（5）费用。费用是企业组织在日常活动中发生的、会导致所有者权益减少的、与向投资者分配利润无关的经济利益的总流出。需要说明的是，作为会计要素的费用，必须是与企业的经常性业务活动相关的支出。而与日常经营活动无关的支出，如罚款支出，则不属于要素费用。企业的费用主要是主营业务成本、其他业务成本、销售费用、管理费用和财务费用。费用只有在经济利益很可能流出从而导致企业资产减少或者负债增加、且经济利益的流出额能够可靠计量时才能予以确认。

（6）利润。利润是指企业在一定会计期间的经营成果。利润包括收入减去费用后的净额、直接计入当期收益的利得和损失等。其中，利得和损失是指与企业日常经营活动无直接关系的收入和支出，如营业外收入、营业外支出。其特点是不经常发生，且和企业的经营活动无直接关系。

“资产 = 负债 + 所有者权益”表明了企业所拥有的财产、需要偿还的债务以及投资人权益之间的关系，是最基本的会计等式，通常称为第一会计等式。企业无论其规模大小，都要进行正常的生产经营活动，都必须拥有一定数量和结构的资产，这是企业从事生产经营活动的物质基础和基本前提。这些资产分布在企业生产经营活动的各个方面，表现为不同存在形态，如库存现金、银行存款、库存商品、周转材料、应收票据、应收账款、房屋与建筑物、维修设备等。而企业用于生产经营活动的资产又是从一定的渠道取得而来。企业资产的来源渠道尽管多种多样，但归纳起来不外乎两个渠道：一个是由债权人提供的资金形成，另一种是由投资者提供的资金形成。换句话说，前者是通过借贷的方式，而后者是通过投资的方式。债权人和投资者都对企业的资产拥有一定的要求权或求偿权，即拥有一定的权益。但债权人要求的是还本得息，有固定的期限，而投资者要求的是参与收益分配，没有固定的期限。在会计上，债权人的权益称作负债，投资人的权益称作所有者权益。负债总是位于所有者权益之前。这是因为，负债是企业借入的资产，有明确的偿还期限和利息，到期不还要承担法律责任。换句话说，债权人的权益得到法律的保护，其偿还具有强制性。而所有者投入的资产是永久性的，其所得收益的获取要看企业的生产经营状况和收益的积累水平，企业没有必须向投资人支付利润的法定义务。

“收入 - 费用 = 利润”表明了企业在一定会计期间的经营收益与相应的收入和费用之间的关系，同属基本会计等式之列，又称作第二会计等式。企业进行生产经营活动的目标就是获得收入，赚取利润。企业在取得收入的同时还要发生相应的费用。而企业将一定会计期间（1个月或1年）所形成的全部收入与发生的全部费用相抵后，其差额是企业会计期间的经营成果。若前者大于后者是利润，若前者小于后者是亏损。

6. 4S店会计核算使用哪些专门方法？

按照《会计基础工作规范》的规定，会计核算的专门方法包括：设置会计科目和账户；复式记账；填制和审核会计凭证；登记会计账簿；成本计算；财产清查；编制财务报表。其中，填制和审核会计凭证、登记会计账簿、编制财务报表属于会计核算专门方法中的核心内容，或者说构成了会计核算的核心工作。其周而复始、反复不断的周转便形成了会计循环。

7. 会计科目有什么用？4S店会计核算中主要使用的会计科目是哪些？

4S店会计核算中使用的会计科目分为资产类、负债类、所有者权益类、成本类和损益类等五类会计科目。根据有关规定，所列会计科目，如企业没有相应会计事项的，可以不设或合并；也可以根据具体情况设置一些表外科目。但是，设置和使用会计科目，应该不影响会计核算的要求和财务报表的汇总，以及对外提供统一的财务报表格式。

为了便于编制会计凭证、登记账簿、查阅账目和实行会计电算化，规定了统一的会计科目编号，且在某些科目之间留有空号，以供增设会计科目之用。企业不能随意改变或打乱会计科目编号；在填制会计凭证、登记账簿时也不能只填科目编号而不填会计科目名称。企业会计核算使用的主要会计科目如表1－1所示。

表1－1 4S店核算主要会计科目名称和编号

顺序号	编号	科目名称	顺序号	编号	科目名称
		一、资产类	77	2101	交易性金融负债
1	1001	库存现金	79	2201	应付票据
2	1002	银行存款	80	2202	应付账款
5	1012	其他货币资金	81	2203	预收账款
8	1101	交易性金融资产	82	2211	应付职工薪酬
10	1121	应收票据	83	2221	应交税费
11	1122	应收账款	84	2231	应付利息
12	1123	预付账款	85	2232	应付股利
13	1131	应收股利	86	2241	其他应付款
14	1132	应收利息	93	2401	递延收益
18	1221	其他应收款	94	2501	长期借款
19	1231	坏账准备	95	2502	应付债券
26	1401	材料采购	100	2701	长期应付款
27	1402	在途物资	101	2702	未确认融资费用
28	1403	原材料	102	2711	专项应付款
29	1404	材料成本差异	103	2801	预计负债
30	1405	库存商品	104	2901	递延所得税负债
31	1406	发出商品			三、所有者权益类
32	1407	商品进销差价	110	4001	实收资本
33	1408	委托加工物资	111	4002	资本公积

续表

顺序号	编　号	科目名称	顺序号	编　号	科目名称
34	1411	周转材料	112	4101	盈余公积
40	1471	存货跌价准备	114	4103	本年利润
41	1501	持有至到期投资	115	4104	利润分配
42	1502	持有至到期投资减值准备			四、成本类
43	1503	可供出售金融资产	117	5001	生产成本
44	1511	长期股权投资	118	5101	制造费用
45	1512	长期股权投资减值准备	119	5201	劳务成本
46	1521	投资性房地产	120	5301	研发支出
47	1531	长期应收款			五、损益类
48	1532	未实现融资收益	124	6001	主营业务收入
50	1601	固定资产	129	6051	其他业务收入
51	1602	累计折旧	131	6101	公允价值变动损益
52	1603	固定资产减值准备	132	6111	投资收益
53	1604	在建工程	136	6301	营业外收入
54	1605	工程物资	137	6401	主营业务成本
55	1606	固定资产清理	138	6402	其他业务支出
62	1701	无形资产	139	6403	营业税金及附加
63	1702	累计摊销	149	6601	销售费用
64	1703	无形资产减值准备	150	6602	管理费用
65	1711	商誉	151	6603	财务费用
66	1801	长期待摊费用	153	6701	资产减值损失
67	1811	递延所得税资产	154	6711	营业外支出
69	1901	待处理财产损溢	155	6801	所得税费用
		二、负债类	156	6901	以前年度损益调整
70	2001	短期借款			

8. 会计科目分级到什么程度才算够用？

在4S店会计核算中，除了对经济业务事项进行分类而形成了资产类、负债类、所有者权益类、成本类、损益类科目以外，还需要对某一具体会计要素项目内容进行详细反映，如对“主营业务收入”的收入种类、“管理费用”的具体费用品种、“固定资产”的具体项目的深入反映，因而客观上需要会计科目进行分级。从会计实践经验看，会计科目分为三级基本能够满足核算的细度需要。

4S 店核算使用的会计科目如按提供指标的详细程度分为总分类科目和明细分类科目两个大类。其中，总分类科目又称作一级科目或总目，是对会计要素具体内容进行的总括分类、提供总括信息的会计科目。“银行存款”、“固定资产”、“短期借款”、“应付账款”、“主营业务收入”、“管理费用”都属于总分类科目或称作一级科目、总目。总分类科目由财政部统一制定，但企业可以根据具体情况设置一级科目。明细分类科目是对总分类科目做进一步分类、提供更加详细、更加具体会计信息的科目，包括二级科目和明细科目两个层次。二级科目又称作子目，是对某一级科目所做的进一步分类的项目；明细科目又称作细目，是对某二级科目所做的进一步分类的项目。

不是所有的总分类科目都需要设置明细分类科目；不是只要进行科目分级都必须达到三级层次；在总分类科目与明细分类科目之间可以是二级、三级或更多级次。会计科目按照提供核算指标详细程度分类的示例如表 1－2 所示。

表 1－2　会计科目按照提供核算指标详细程度进行分类示例表

总分类科目 （一级科目或总目）	明细分类科目	
	二级科目（子目）	明细科目（细目）
库存商品	整车	1.4AT 伊兰特瑞纳 1.6AT 伊兰特悦动 2.0AT 索纳塔八代 ……
	配件	索纳塔 伊兰特 ix35 领翔 ……
	精品	雷蒙防晒膜 强生防晒膜 路通导航仪 精工座套 ……
固定资产	生产经营用固定资产	设备 厂房 汽车 ……
	非生产经营用固定资产	公共浴室 汽车 办公楼 ……

9. 怎样掌握借贷记账法？借贷记账法在使用过程中应该注意些什么？

借贷记账法是以“借”、“贷”作为记账符号的一种复式记账方法。而所谓复式记账法就是在每项经济业务发生后，都以相等的金额同时在相互联系的两个或两个以上的账户中进行记录的记账方法。

（1）借贷记账法的记账符号。借贷记账法是以“借”、“贷”作为记账符号。“借”并非借款；“贷”并非贷款。“借”只是表示账户的左方、“贷”只是表示账户的右方。

（2）借贷记账法的账户结构。在借贷记账法下，账户的基本结构分为借方和贷方。但具体是借方反映增加金额、贷方反映减少金额，还是借方反映减少金额、贷方反映增加金额，以及账户的余额反映在借方还是贷方，要看账户的具体性质。即资产类账户、负债类账户、所有者权益类账户、成本类账户、损益类账户中的收入类账户、费用类账户的具体结构是不一样的。具体如表1-3所示。

表1-3

资产和成本类账户：

账户名称

借方	贷方
期初余额	
本期增加额	本期减少额
本期发生额	本期发生额
期末余额	

期初借方余额+本期借方发生额-本期贷方发生额=期末借方余额

负债和所有者权益类账户：

账户名称

借方	贷方
	期初余额
本期减少额	本期增加额
本期发生额	本期发生额
	期末余额

期初贷方余额+本期贷方发生额-本期借方发生额=期末贷方余额

收入类账户：

账户名称

借方	贷方
本期减少额	本期增加额
本期发生额	本期发生额

费用类账户：

账户名称

借方	贷方
本期增加额	本期减少额
本期发生额	本期发生额

（3）借贷记账法的记账规则。借贷记账法的记账规则是：有借必有贷，借贷必相等。

（4）借贷记账法试算平衡。试算平衡是根据会计等式的恒等关系和借贷记账法的记账规则，检查账户记录是否正确的过程。借贷记账法试算平衡的方法包括发生额试算平衡法和余额试算平衡法两种方法。其中，发生额试算平衡法是根据本期全部账户借方发生额合计与贷方发生额合计的恒等关系，来检验本期发生额记录是否正确的方法。其试算平衡公式为：全部账户本期借方发生额合计＝全部账户本期贷方发生额合计。而余额试算平衡法是根据本期全部账户借方余额合计与贷方余额合计的恒等关系，来检验本期的期初余额和期末余额是否正确的方法。其试算平衡公式为：全部账户期初（期末）借方余额合计＝全部账户期初（期末）贷方余额合计。实际工作中，可采取编制试算平衡表的方式进行。试算平衡表的格式如表 1－4 所示。

表 1－4　　各账户本期发生额和余额试算平衡表

2014 年 12 月 10 日

单位：元

会计科目	期初余额		本期发生额		期末余额	
	借方	贷方	借方	贷方	借方	贷方
库存现金	1 000		20 000		21 000	
银行存款	1 999 000		1 110 000	620 000	2 489 000	
应收账款			20 000		20 000	
短期借款		300 000	150 000	180 000		330 000
应付账款		500 000	50 000			450 000
盈余公积		200 000	12 000			188 000
实收资本		1 000 000	530 000	1 062 000		1 532 000
主营业务收入				30 000		30 000
合计	2 000 000	2 000 000	1 892 000	1 892 000	2 530 000	2 530 000

10. 4S 店会计工作应该遵守的法律法规有哪些？

4S 店的会计核算工作是 4S 店内部的一项经济管理工作，是对其经济活动进行的核算与监督。会计人员在处理经济业务过程中，必然会涉及并影响各个方面的经济利益。会计核算工作不单单是记记账、算算账、报报账的问题，而是带有很强的政策性工作。会计核算工作必须遵守相关的法律法规。

4S 店的会计工作应该遵守的法律法规既有会计法律制度，同时还包括与会计核算工作相关的法律制度。会计法律制度包括会计法律、会计行为法规和会计规章主要内容。企业会计工作应该遵守的法律法规基本构成如下：

（1）会计法律。是指调整我国经济生活中会计关系的法律总规范文件，是会计行为的基本规则，即1985年1月21日第六届全国人大常委会第九次会议通过、根据1993年12月29日第八届全国人民代表大会常务委员会第五次会议《关于修改〈中华人民共和国会计法〉的决议》修正、1999年10月31日第九届全国人民代表大会常务委员会第十二次会议修订的《会计法》。《会计法》是会计法律制度中层次最高的法律规范，是制定其他会计法律规范的依据，是指导会计工作的最高准则。《会计法》主要内容包括：总则、会计核算、公司与企业会计核算特别规定、会计监督、会计机构和会计人员、法律责任。

（2）会计行政法规。是指调整我国经济生活中某些方面会计关系的法律规范。会计行政法规由国务院制定发布或者国务院有关部门拟订经国务院批准发布，其制定依据是《会计法》。主要有：1988年9月8日国务院发布的《现金管理暂行条例》、国务院批准财政部发布的2006年版《企业会计准则》。

（3）会计规章。是指由主管全国会计工作的行政部门财政部，就会计工作中某些方面内容所制定的规范性文件。会计规章的制定依据是会计法律和会计行政规范。主要有：1996年6月17日财政部发布的《会计基础工作规范》、1994年6月23日财政部发布的《代理记账管理暂行规定》、2000年5月8日发布并经2005年1月22日修订的《会计从业资格管理办法》、1998年1月23日财政部发布并经2006年11月20日修订的《会计人员继续教育暂行规定》、1998年8月21日财政部与国家档案局联合发布的《会计档案管理办法》。

（4）与会计工作相关的法律制度。主要有：1995年5月10日第八届全国人民代表大会常务委员会第十三次会议通过并经2004年8月28日第十届全国人民代表大会常务委员会第十一次会议修订后发布的《票据法》、1997年9月19日中国人民银行发布的《支付结算办法》。

11. 4S店会计工作程序是怎样规定的？

4S店会计工作的基本程序是：按照确定的会计科目设置账户；运用复式记账原理根据发生的经济业务填制和审核会计凭证；根据审核无误的会计凭证登记会计账簿；按照一定成本计算对象计算成本；定期或不定期进行财产清查；根据会计账簿资料编制财务报表。

12. 会计档案的种类包括哪些？相关人员移交或者调用会计档案需要遵循哪些要求？使用财务软件后，会计档案的管理有哪些特殊方面的要求？

会计档案是指会计凭证、会计账簿和财务报表等会计核算的专业资料，是记录和反映企业经济业务事项的重要史料和证据。根据会计档案的内容，可以检查企业经济业务事项的合理与合法性，同时还可以检查企业会计工作的合理与合法性。会计档案具体包括有：

（1）会计凭证类：原始凭证，记账凭证、汇总凭证，其他会计凭证。

（2）会计账簿类：总账，明细账，日记账，固定资产卡片，备查账，其他会计账簿。

（3）财务报表类：月度、年度财务报表，包括财务报表及其附注。

（4）其他类：银行存款余额调节表、银行对账单、其他应该保存的会计专业资料、会计档案移交清册、会计档案保管清册、会计档案销毁清册。

企业每年形成的会计档案，应当由会计机构按照归档要求，负责整理立卷，装订成册，编制会计档案保管清册。当年形成的会计档案，在会计年度终了后，可暂由会计机构保管一年，期满之后，应当由会计机构编制移交清册，移交本单位档案机构统一保管；未设立档案机构的，应当在会计机构内部指定专人保管。出纳人员不得兼管会计档案。

移交本单位档案机构保管的会计档案，原则上应当保持原卷册的封装。个别需要拆封重新整理的，档案机构应当会同会计机构和经办人员共同拆封整理，以分清责任。会计档案保管清册和会计档案移交清册的格式如表1－5和表1－6所示。

表1－5　会计档案保管清册

NO. 2012123105

立档日期：　　年　　月　　日

档案号	档案名称	起止日期	档案册数	保管期限	备注

单位负责人：　　会计部门负责人：　　企业部门负责人：　　档案管理：

表1－6　会计档案移交清册

NO. 2014010505

移交日期：　　年　　月　　日

档案号	档案名称	年度	档案册数	保管期限	移交原因	备注

单位负责人：　　会计部门负责人：　　企业部门负责人：　　档案管理：

按照《会计基础工作规范》规定的精神，已经存档的会计档案需要调用时，必须经本单位负责人批准，可以提供查阅或复制。外单位调用只能提供复印件。提供时应当在专设的登记簿中进行记录，并由提供人员和接收人员共同签字或者盖章。查阅或者复印会计账簿的人员，严禁在会计档案上面涂画、拆封和抽换。

使用财务软件后的会计档案主要包括两个方面的内容：一是由计算机打印输出的各种纸质的记账凭证、会计账簿、财务报表、以及其他会计资料。这些打印输出的记账凭证、会计账簿、财务报表、以及其他会计资料应当符合国家统一的会计制度规定，根据有关规定立卷归档保管，保存期限按《会计档案管理办法》的规定执行。二是以光盘介质存储的会计数据（记账凭证、会计账簿、财务报表等数据），应该同打印完毕的纸质会计数据一样妥善保管并留有副本。存储会计数据的光盘视同会计档案保管。

使用财务软件下的会计档案除必须遵循《会计档案管理办法》之外，应当特别强调会计档案的安全与保密工作。首先，对会计档案的管理要做到防火、防潮、防尘。重要的会计档案应准备双份，存放在两个以上不同的地点。采用磁性介质存储的会计档案，要定期进行检查，定期进行复制，防止由于磁性介质的损坏而使会计档案丢失。其次，打印出来的纸质会计资料和存储会计资料的光盘，未经单位负责人同意，不得提供查阅服务。查阅会计资料，应该履行相应的查阅手续，经手人必须签字记录。存放在磁性介质上的会计资料查阅时，应保证在没有病毒感染威胁的条件下进行。

13. 会计档案的保管部门和保管期限是如何规定的?

会计档案是重要的经济资料和历史资料，会计档案管理必须严格遵循《会计档案管理办法》的规定进行。企业要妥善保管各类会计档案，任何人不得随意销毁。各种会计档案的保管期限，根据其特点，分为永久、定期二类。定期保管期限分为3年、5年、10年、15年、25年五种。各种会计档案的保管期限，从会计年度终了后的第一天算起。会计档案的具体保管期限如表1－7所示。

表1－7 企业会计档案保管期限表

序号	档案名称	保管期限	备注
	一、会计凭证类		
1	原始凭证、记账凭证和汇总凭证	15年	
2	银行存款余额调节表	3年	
	二、会计账簿类		
3	日记账	15年	其中：现金银行存款日记账保管25年
4	明细账	15年	
5	总账	15年	包括日记总账
6	固定资产卡片		固定资产报废清理后保存5年
7	备查账	15年	

续表

序号	档案名称	保管期限	备　注
	三、财务报表类		
8	月、季度财务报表	5年	包括文字分析
9	年度财务报表（决算）	永久	同上
	四、其他类		
10	会计移交清册	15年	
11	会计档案保管清册	25年	
12	会计档案销毁清册	25年	

14. 怎样装订会计档案？

应装订的会计凭证包括有原始凭证、记账凭证和汇总凭证。银行存款余额调节表和银行对账单不属于原始凭证，因而不属于应装订的会计凭证范围，不能附在记账凭证后面；但是，银行存款余额调节表和银行对账单属于会计档案的范围，应该单独装订成册另行保管。

应装订的会计账簿主要是明细分类账。采用订本式的总分类账和现金日记账、银行存款日记账不在装订范围；备查账簿不在装订范围，应该另行保管。装订明细分类账应该将账页顺序叠放并加具账簿启用表，同时编制账户目录。

应该装订的财务报表包括资产负债表、利润表、现金流量表和所有者权益变动表。应该装订的财务报表按照月度或者季度顺序依次排列。财务报表装订的内容主要有：财务报表封面；财务报表编制说明；资产负债表、利润表、现金流量表和所有者权益变动表；财务报表封底。财务报表封面应该载有以下内容并同时加盖公章：企业名称、企业经营地址、财务报表所属年度、企业负责人、会计机构负责人、会计主管人员的签名或者盖章。

装订会计凭证时，记账凭证应当连同所附原始凭证或原始凭证汇总表，按照编号顺序折叠整齐，按期装订成册并加具封面，注明应填列的内容，由装订人在装订线封签处签名或者盖章。装订时，首先将全部凭证以左上角为准对齐，在左上角正面放一块长宽各为9厘米的正方形牛皮纸，将牛皮纸对折为四块，并剪掉左上角的那块，将右下角与凭证的左上角对齐；而后，在凭证封面左上角上钻两个针孔，穿入装订线并绕两圈，在封底处打上结；而后，将牛皮纸右上角和左下角两小块反折到封底粘在打好的结上并将结压在里面（装订面积一般不要超过3.5厘米）；最后由装订人盖上骑缝章，并在脊背上面填写日期和编号。

对于纸张面积过小的原始凭证，可先按照一定次序和类别排列整齐，用胶水将其粘贴在一张与记账凭证大小相同的白纸上面；对于纸张面积略小于记账凭证的原始凭证，可先用回形针或大头针别在记账凭证后面，待装订完毕后再抽掉原回形针或大头针；对于纸张面积大于记账凭证的原始凭证，应该按照记账凭证的面积尺寸，自右向前，再自下向前两次折叠。折叠时必须保证所装订凭证的左上角或左侧面让出来，以便装订后可以顺利展开查阅附件左侧的重要经济信息。

属于报销的票证（如餐饮服务业定额发票、公共汽车车票、展览馆门票、停车场收费发票、高速公路收费发票）应分张顺序排列，同类、同金额的单据尽量粘贴在一起；若是板状票证，应将票面票底轻轻撕开后再将报销凭证部分进行粘贴。

装订顺序是：记账凭证封面、科目汇总表、记账凭证、原始凭证汇总表、原始凭证、记账凭证封底。其中，原始凭证必须附在所属记账凭证后面；若有原始凭证汇总表，则原始凭证必须在原始凭证汇总表后面。为了避免会计凭证漏装或者出现会计凭证错号而不得不拆本重新装订，应在会计凭证装订成册前最后一次检查会计凭证编号是否正确连续。

会计凭证封面在填写时，应当包括以下内容：单位名称、所属的年度和月份、起讫日期、凭证种类、起讫号码等等。会计凭证装订时，对于那些重要的原始凭证，如经济合同、存出保证金收据、涉外文件、契约、投资人入股凭证、固定资产建造图纸等，为了便于日后查阅，可以不附在记账凭证之后，另编目录，单独保管，然后在相关的记账凭证和原始凭证上注明日期和编号，以便日后核对。会计凭证封面基本格式如表 1－8 所示，而会计凭证装订基本步骤如图 1－1 所示。

表 1－8　　　　　　　　会计凭证封面格式

年 月第 册	单位名称： 收款　　　　　　年　　　月份　　　共　　　册第　　册 付款　　　　凭证　　第　　　号至第　　号共　　　张 转账　　　　附：原始凭证　　张 会计主管（签章）　　　　　　保管（签章）

第1步

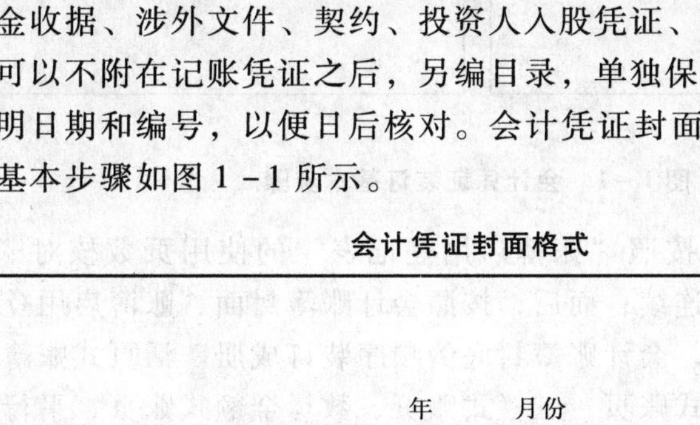

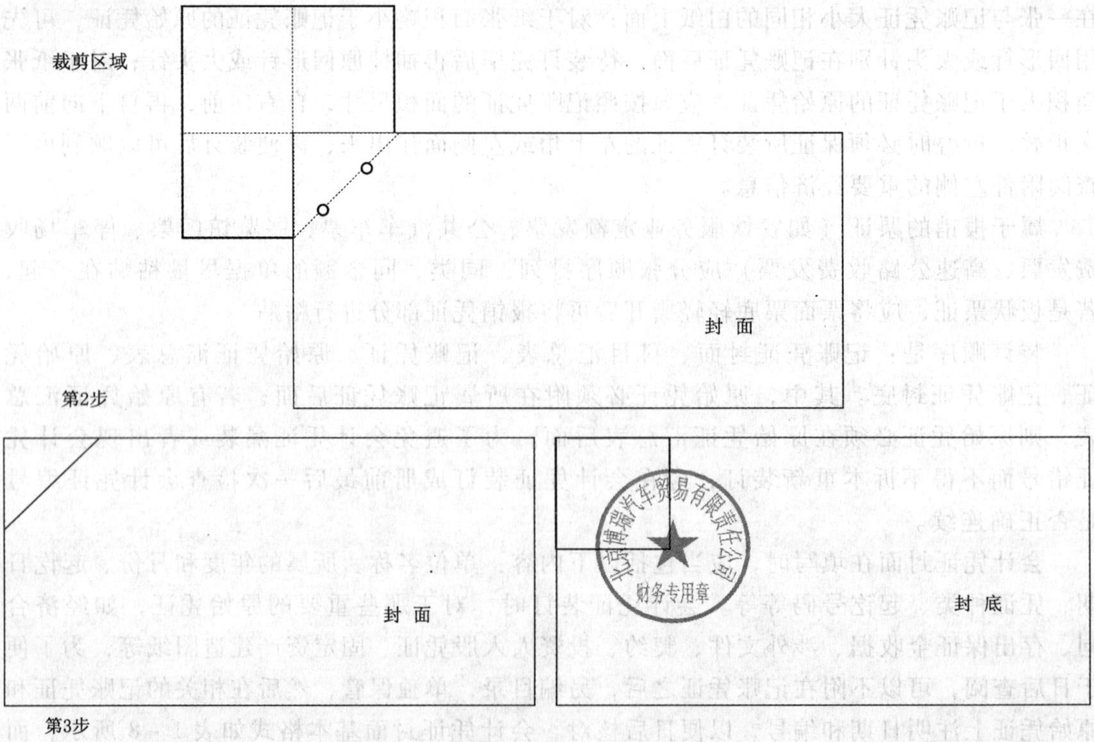

图 1-1 会计凭证装订基本步骤

明细分类账簿在装订前，按照“账簿启用登记表”的使用页数核对账户是否相符、账页是否完整、序号排列是否连续；而后，按照会计账簿封面、账簿启用登记表、账户目录、按照页码顺序排列的账页、会计账簿封底的顺序装订成册。活页式账簿必须在装订前去除空白页和塑料账夹。多栏式账页、三栏式账页、数量金额式账页、平行式账页不得相互混装，应按同类业务、同类账页装订在一起。

装订时，首先将全部账页以左侧边线为准对齐，同时在左侧正面放一块宽与账页上下对齐而长为折到反面后仍剩有5厘米长度的长方形牛皮纸；而后，在会计账簿封面左侧上按照账页原有针孔位置对齐后再钻两个针孔，穿入装订线并绕两圈，在封底处打上结；而后，将正面的牛皮纸从左侧反折到封底粘在打好的结上并将结压在里面；最后由装订人盖上骑缝章，并在脊背上面填写会计账簿编号和所属年度。

在所装订的会计账簿的封面上，应填写会计账簿的种类、编号、所属年度，以及会计主管人员、装订人、经办人的签章；对装订后会计账簿的编号顺序是：总账、现金日记账、银行存款日记账、明细分类账；所装订的会计账簿应牢固、平整，不得有折角、缺角、错页、掉页、夹杂空白纸的现象；所装订会计账簿的封口要严密、封口处要加盖单位印章。活页式账簿的装订方法具体如图 1-2 所示。

装订财务报表的装订方法与活页式会计账簿基本相同。需要注意的是：财务报表装订前要按编报目录核对是否齐全，整理报表页数，上边和左边对齐压平，防止折角，如有损坏部位修补后，完整无缺地装订。

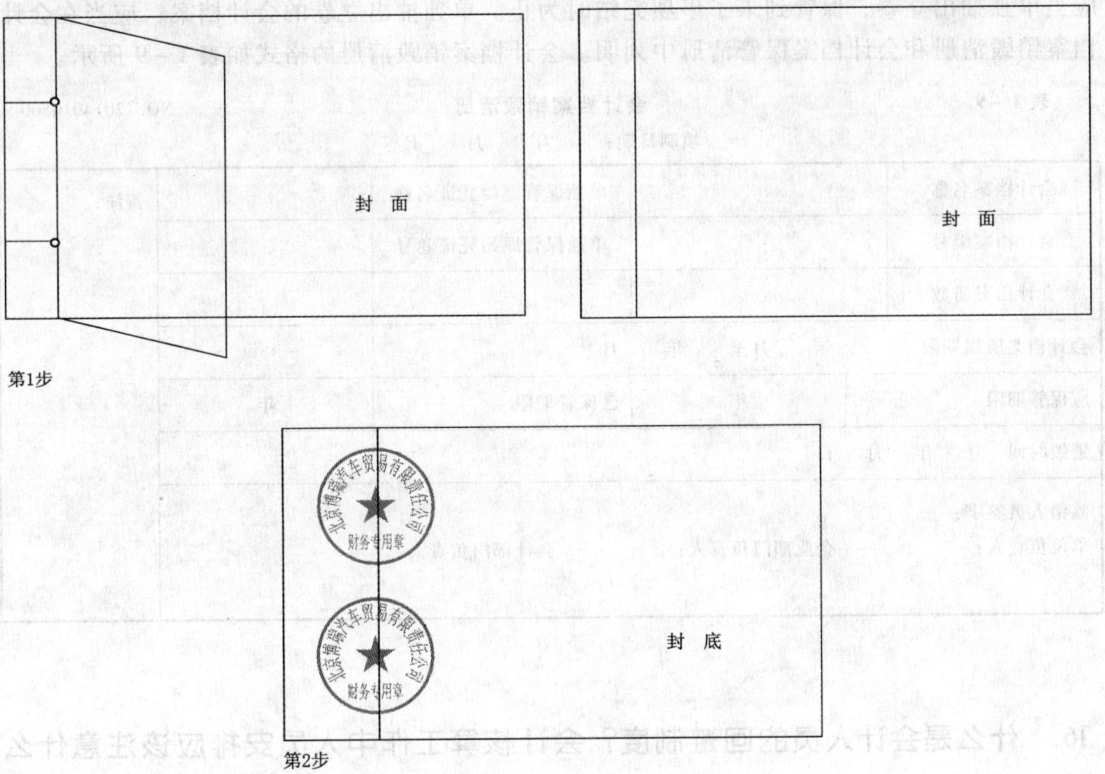

图 1-2 活页式明细分类账簿的装订方法

财务报表叠放顺序是：财务报表封面；财务报表编制说明；顺序叠放的各月资产负债表、利润表、年度现金流量表和所有者权益变动表；财务报表封底。其中，财务报表封面应该载有以下内容并加盖公章：企业名称、企业经营地址、财务报表所属年度、企业负责人、会计机构负责人、会计主管人员的签名或者盖章。

15. 会计档案怎样按规定进行销毁?

会计档案保管期满，需要销毁时，由企业的会计人员提出销毁意见，会同有关人员共同鉴定，严格审查，并编造会计档案销毁清册。销毁清册应列明销毁会计档案的名称、卷号、册数、起止年度、档案编号、应保管期限、已保管期限、销毁时间等重要内容，单位负责人应在会计档案销毁清册上签署意见。对于会计档案中所涉及未了结的债权债务的原始凭证、房屋产权的契约书据、有价证券和货币收支凭证、处理历史遗留问题的原始凭证应单独抽出，另行立卷保管，直至问题处理完毕时为止。销毁会计档案时，应当由档案机构和会计机构共同派员监销。监销人在销毁会计档案以前，应当认真进行清点核对，销毁后，在销毁清册上签名盖章，并将监销情况报告有关负责人。

保管期满但未结清的债权债务原始凭证和涉及其他未了事项的原始凭证，不得销毁，应当单独抽出立卷，保管到未了事项完结时为止。单独抽出立卷的会计档案，应当在会计档案销毁清册和会计档案保管清册中列明。会计档案销毁清册的格式如表1－9所示。

表1－9　　会计档案销毁清册　　NO. 2014010500

填制日期：　年　月　日

会计档案名称		单独保管原始凭证名称		备注：
会计档案编号		单独保管原始凭证卷号		
会计档案册数				
会计档案所属期限　年　月至　年　月				
应保管期限	年	已保管期限	年	
销毁时间　年　月　日				
监销人员签字： 单位负责人：　企业部门负责人：　会计部门负责人：				

16. 什么是会计人员的回避制度？会计核算工作中人员安排应该注意什么问题？

回避制度是为了保证执法或者执业的公正性，对可能影响其公正性的执法或者执业的人员实行职务回避和业务回避的一种制度。回避制度是我国人事管理的一项重要制度。在会计人员中实行回避制度十分重要，它是在会计工作中，杜绝由于亲情关系而串通作弊以及违法违纪现象的重要举措。财政部所颁发的《会计基础工作规范》从会计工作的特殊性出发，对会计人员的回避问题做出了明确规定。而依据《会计基础工作规范》的精神，企业的负责人的直系亲属不得担任企业的会计机构负责人、会计主管人员。同时，会计机构负责人、会计主管人员的直系亲属不得在企业的会计机构中担任出纳工作。直系亲属包括夫妻关系、直系血亲关系、三代以内旁系血亲以及近姻亲关系。

17. 会计人员如何进行工作交接？

会计人员工作交接是会计工作的一项重要内容。做好会计工作交接，可以使会计工作前后衔接，保证会计工作的连续进行；同时，还可以有效防止因会计人员更换出现账目不清、财务混乱的现象。做好会计工作交接，是落实会计岗位责任制度的重要内容。

（1）办理会计工作交接的范围。按照规定，下列情况必须进行会计工作交接：临时离职或因病不能工作、需要接替或代理的，会计机构负责人、会计主管人员或单位负责人必须指定专人接替或者代理，并办理会计工作交接手续。临时离职或因病不能工作的会计人员恢复工作时，应当与接替或代理人员办理交接手续。移交人员因病或其他特殊原因不能亲自办理移交手续的，经单位负责人批准，可由移交人员委托他人代办交接，但委托人应当对所移交的会计凭证、会计账簿、财务报表和其他有关资料的真实性与完整性承担法律责任。

(2) 办理会计工作交接的程序。会计人员在办理会计工作交接前，必须做好以下准备工作：已经受理的经济业务事项尚未填制会计凭证的应当填制完毕；尚未登记的账目应当登记完毕并结出余额，同时在最后一笔余额后面加盖移交人员的人名章；整理好应该移交的各项资料，对未了事项和遗留问题写出书面说明材料；编制移交清册，列明应该移交的会计凭证、会计账簿、财务报表、公章、现金、有价证券、支票簿、发票、文件、其他会计资料和物品等内容；会计机构负责人、会计主管人员移交时，应将财务会计工作、重大财务收支问题和会计人员等情况向接替人员介绍清楚。

对接管人员的要求是：现金要根据会计账簿记录余额当面进行点交，不得短缺，接替人员发现不一致或者有“白条抵库”现象时，移交人员须在规定期限内负责查清处理；有价证券的数额要与账簿记录相一致，有价证券面值与发行价不一致的，按照会计账簿余额交接；会计凭证、会计账簿、财务报表及其他会计资料必须完整无缺，不得有所遗漏，如有短缺，必须查明原因，并在移交清册中加以说明，由移交人员负责；银行账户余额与银行对账单核对相符，如有未达事项，应编制银行存款余额调节表调节相符；各种财产物资和债权债务明细账余额要与有关总账余额核对相符；对重要实物要进行实地盘点，对余额较大的往来账户要与往来单位或个人进行核对；公章、收据、空白支票、发票必须交接清楚。

接管人员应该继续使用移交前的会计账簿，不得擅自另行建立会计账簿，以保证账簿记录前后衔接，内容完整。

(3) 专人负责监交。会计人员办理工作交接，必须有专人负责监交。移交清册应当经过监交人员的审查、签名或盖章，作为交接双方明确责任的证明。对监交的具体要求是：一般会计人员办理交接手续，由会计机构负责人或会计主管人员监交。会计机构负责人或者会计主管人员办理交接手续，由单位负责人监交，必要时主管单位可以派人会同监交。

所谓必要时主管单位派人会同监交，是指有些交接需要主管单位监交或者主管单位认为需要参与监交。主要是：所属单位负责人不能监交，需要由主管单位派人代表主管单位进行监交，如单位撤并而办理交接手续；所属单位负责人不能尽快监交，需要由主管单位派人督促监交，如主管单位责成所属单位更换不合格的会计机构负责人或会计主管人员而所属单位负责人却以种种借口拖延不办理交接手续，主管单位派人督促会同监交；不宜由所属单位负责人单独监交，而需要由主管单位会同监交，如所属单位的负责人与会计机构负责人或者会计主管人员有矛盾，交接时需要有主管单位派人会同监交，以防止所属单位负责人对会计机构负责人或者会计主管人员进行刁难。

(4) 移交清册。会计工作交接完毕后，交接双方和监交人员都要在移交清册上签名或者盖章，同时在移交清册上面注明：单位名称、交接日期、交接双方和监交人员的职务及其姓名、移交清册的页数以及需要说明的问题和意见。移交清册一般应填制一式三份，交接双方各执一份，存档一份。

（5）交接人员的责任。交接工作完成后，移交人员对所移交的会计凭证、会计账簿、财务报表和其他会计资料是其经办会计工期间所发生经济业务事项的完整记载，应当对这些会计资料的真实性和完整性负责；即使接替人员在交接时因疏忽大意没有及时发现所接收会计资料在真实性和完整性方面的问题，若在日后发现，仍归原移交人员负责，原移交人员不得以会计资料已经移交而推脱责任。

18. 怎样建立4S店会计核算中的内部监督机制?

（1）记账人员与经济业务事项和会计事项的审批人员、经办人员、财物保管人员的职责权限应当明确，并相互分离、相互制约。具体要求是：第一，经济业务事项、会计事项的审批人员、经办人员、财物保管人员、记账人员的职责权限应当明确，做到职权明确，程序正确、责任清楚，避免因职责不清而相互扯皮、推诿，甚至越权行事。第二，记账人员与经济业务事项和会计事项的审批人员、经办人员、财物保管人员要实行职务分离，防止因权力集中、职务重叠而造成的贪污、舞弊和决策失误现象的滋生。第三，记账人员与经济业务事项和会计事项的审批人员、经办人员、财物保管人员应当相互制约牵制，将失误、舞弊等问题控制到最低限度。

（2）企业的对外投资、资产处置、资金调度等重大经济业务事项的决策和执行的相互监督和相互制约程序应当明确。既要做到决策和执行的制度化和规范化，又要做到决策人员和执行人员之间相互监督和相互制约；既要防止权限过于集中，也要防止政出多门、各行其是。特别强调的是，要严格禁止企业管理中出现的由负责人一人说了算的“一支笔”现象，充分发挥财会人员的重要监控作用。

（3）进行财产清查。企业应该建立财产清查制度，明确财产清查的范围、期限和组织程序，保证账实相符。企业的重要财产应有定期的财产清查，出现临时和重大事项时还要有不定期的财产清查。

（4）对会计资料进行内部审计。内部审计既是内部控制的一个组成部分，又是内部控制的一种特殊形式。企业的内部审计主要是评价其既定的政策和程序是否得到贯彻、建立的标准是否得到遵循、资源的利用是否合理有效、经营的目标是否达到。企业应该建有良好的控制机制、人事管理方面有回避制度、重要岗位人员有定期轮换、实行预算管理、推行业绩考核、有基本的风险分析与监控体系。

19. 财务软件系统的初始化工作内容是哪些?

由财务软件公司提供的财务软件是通过改变系统参数来适应不同用户的需求。会计人员在使用时，应根据企业的会计工作需要进行具体限定，这种工作称作财务软件系统初始化工作。系统初始化设置工作的基本程序是：核算单位设置；系统参数设置；操作员权限设置；建立会计科目；装入初始余额；建立部门代码；装入部门余额；凭证类型设置；自动转账分录设置；辅助账设置；摘要库的建立；核算环境设置。需要强调的是，财务软件系统初始化要在用户使用财务软件进行正式输入记账凭证之前完成，它是初始建账的基础工作。财务软件系统初始化应注意的问题有：

（1）系统参数设置。系统参数设置，决定系统内数据处理方式及数据输入、输出的形式。它是保证财务软件正常运行所必须的环境设置。财务软件的通用性越强，需要设置的参数越具体。系统参数设置包括：定义企业机构（部门档案设置、职员档案设置）、系统启用日期、编码规则、核算类型设置（本币代码、本币名称、企业类型、行业性质、账套主管、预置科目）、凭证参数设置（制单控制、凭证编号方式、凭证控制、预算控制、外币核算、合并凭证显示与打印）、账簿参数设置（打印位数宽度、明细账打印方式、凭证和正式账每页打印行数、制单、辅助账控制、查询控制）、其他参数设置（数量小数位、单价小数位、本位币精度、部门排序方式、个人排序方式、项目排序方式、打印设置按客户端保存）。系统正常工作以后，以上系统参数均不能修改。

（2）建立账套。财务软件在开始启用前必须首先设置核算单位，即由用户建立一个新的账套。一个核算单位应有一套独立的账簿体系，用户在一个账套内可以完成一个完整的账务核算。若会计核算的单位还包括下属独立核算部门，则用户还可以分别建立各自独立核算部门的账套。

（3）辅助账参数设置。辅助账初始设置，主要包括往来业务初始设置、银行存款基础数据的录入操作（日记账、对账单的期初余额及未达账项）等。辅助账的初始设置，要求在记账凭证正式开始使用前完成设置工作、并做初始化的数据备份。在系统试运行期间，若发现设置工作有误，可通过还原初始化的数据重新调试，以节省大量的初始数据录入工作。在通常情况下，初始设置工作都需要进行调试才能趋于完善。

（4）操作员及权限设置。对操作员及其权限必须实行统一管理，一方面可避免与业务无关人员对系统进行操作，另一方面可对系统所包含各个子系统操作进行协调，保证系统的安全。权限管理包括的操作有：定义角色（角色编号、角色名称、所属用户名称）、设置系统用户和设置功能权限（编号、姓名、密码、确认密码、所属部门、所属角色）。

20. 怎样根据核算需要对会计科目进行编码?

对会计科目编码，是财务软件实现自动化数据处理的基础，由于财务软件主要是依据会计科目代码对会计信息进行分类核算与管理，因此，会计科目代码是系统中最为重要的。设置会计科目代码，必须满足本单位会计核算与管理的实际需求，代码的结构必须与会计数据分类核算，以及逐级汇总的处理方法相一致。具体要求是：科目代码必须唯一；科目代码必须能够扩充；科目代码使用数字表达，且符合逻辑；科目代码力求简洁。

建立会计科目编码通常按以下步骤进行操作：

第一步，设置会计科目代码结构。即会计科目共分几级、每级代码宽度占几位数。各级会计科目代码全部由阿拉伯数字组成。其中，一级科目、二级科目（子目）、明细科目（细目）的代码位数分别是三位、两位、两位。其公式是：本级科目全编码 = 上一级科目全编码 + 本级科目编码。代码的结构定义在初始化时完成设置。

第二步，设置科目代码和名称。财务软件系统对会计信息分类核算的主要依据是会计科目代码，因而在利用财务软件初始建账的工作中，一级及部分明细要使用会计制度规定的科目代码和名称，其中科目代码分级要与科目结构初始设置相一致。

第三步，设置科目属性。财务软件均提供科目属性设置功能，用户根据本单位的会计核算要求进行设置，在输入会计科目代码和名称时，直接定义科目属性。会计科目要建立的属性主要包括科目代码、科目名称、助记码、科目性质、账户格式、账户类别等。《企业会计准则应用指南》已经将一级会计科目性质的分类标准固定下来：一级会计科目四位代码的首位用来描述科目性质。它们是："1"代表资产类科目、"2"代表负债类科目、"4"代表所有者权益类科目、"5"代表成本类科目、"6"代表损益类科目。账户类别设置主要是"普通"、"银行"、"往来"三类。

建立会计科目应注意的问题是：

增加会计科目代码要从一级科目开始设置，逐级向下顺序输入，输入明细分类科目时，其上级科目必须已经存在。

新增科目的级数和各级科目代码的长度必须符合初始定义的科目结构。

分段代码仅用于会计科目的建立过程中，会计科目的分段代码可以重复，但会计科目代码全码不能重复。

在输入记账凭证等日常操作中，必须使用科目代码全码。

当会计科目输入有误需要修改时，可采用删除后重新输入的方法；但有余额和发生额的会计科目不能修改与删除。修改已存在的会计科目，主要针对初始设置中弄错的会计科目以及由于核算要求需修改的会计科目。在进行日常账务处理之前，若会计科目本期未有发生额的，此时可对该科目属性及初始余额进行修改。但当初始化工作结束，财务软件进入日常账务处理后，只能修改没有发生额和余额的会计科目。

一级会计科目，科目代码长度固定为4位。一级会计科目编码名称和编号方案中，首位码是用于标识科目性质，后两位按照顺序编码，如表1-10所示。

表1-10　　会计科目（一级会计科目）编码示例

科目类别	序号	一级科目编号及其名称	二级及明细科目编号名称
资产类科目	1	1001 库存现金	
	2	1002 银行存款	100201 中国工商银行
	…	…	100202 中国农业银行
			100203 中国银行；10020301 人民币户；10020302 美元户
			100204 中国建设银行
			100205 交通银行
			100206 中信银行
			…

续表

科目类别	序号	一级科目编号及其名称	二级及明细科目编号名称
负债类科目	70 … 80 …	2001 短期借款 … 2202 应付账款 …	220201 北京现代汽车有限责任公司 220202 北京摩比斯汽车配件有限责任公司 220203 北京大丰汽车用品有限公司 220204 暂估应付账款 …
所有者权益科目	110 111 …	4001 实收资本（或股本） 4002 资本公积 …	400201 资本（或股本）溢价 400202 其他资本公积 …
成本类科目	119	5201 劳务成本	520101 索纳塔；52010101 工资；52010102 福利费；52010103 工会经费；52010104 职工教育经费；52010105 待业保险费；52010106 劳动保险费；52010107 住房公积金；52010108 奖金 520102 瑞纳 520103 悦动 520104 名图 520105 ix35 520106 间接费用；52010601 折旧费；52010602 摊销费；52010603 租赁费 …
损益类科目	124 … 137 …	6001 主营业务收入 … 6401 主营业务成本 …	600101 整车销售；60010101 新车销售；60010102 二手车销售 600102 配件销售；60010201 索纳塔；60010202 瑞纳；60010203 悦动；60010204 名图；60010205 ix35 600103 精品销售；60010301 导航仪；60010302 贴膜；60010303 护板 600104 售后维修；60010401 工时；60010402 配件；60010403 保养 …

21. 怎样对部门代码和往来客户代码进行设置？

除会计科目代码外，财务软件系统的主要代码有部门代码、往来客户代码、职工代码、项目代码等，这些代码都是计算机识别和分类处理的标志。其中，部门代码设计应体现部门的类别和职能，以区分不同性质的费用开支，为编制各项费用结转的自动分录做好准备工作。部门代码可由英文字母与阿拉伯数字组成，英文字母代表部门，阿拉伯数字代表顺序。部门代码设置的举例如表1－11所示。

表1－11　　部门代码设置举例

序号	部门代码	部门名称	有关说明
01	GL01	管理部门—办公室	“GL”代表管理部门
01	GL02	管理部门—财务部	
…			
11	WX01	维修部门—维修车间	“WX”代表维修部门
12	WX02	维修部门—喷漆车间	
…			

往来客户代码的设计要充分考虑客户所在地区及往来客户的数量，以确定代码层次和宽度。往来客户代码可由英文字母与阿拉伯数字组成，英文字母代表客户所在地区，阿拉伯数字代表顺序。如表1－12所示。

表1－12　　客户代码设置举例

序号	客户代码	单位名称	地址	电话	联系人
01	BJ101	北京祥瑞汽车贸易有限责任公司	（略）	（略）	（略）
02	BJ102	北京恒华汽车贸易有限责任公司			
…					
31	TJ101	天津华贸商行			
32	TJ102	天津隆德贸易有限责任公司			
…					

22. 怎样输入初始数据?

初始余额装入功能是将手工会计系统各科目的余额装入财务软件系统。初始余额装入是根据已建立的会计科目表逐行进行的年初余额的输入，并确定余额方向；若是从一年之中某月开始使用，还需输入借方累计发生额及贷方累计发生额。

账务处理辅助账子系统能够进行银行对账和往来核销，若在启用日期前含有未达账项，还应输入辅助账初始未达账项。在进行初始化余额设置时，只需输入最低级的明细科目余额，总账科目及中间明细分类科目的余额由财务软件自动汇总生成。应注意的是，初始余额输入完毕后必须进行期初余额的试算平衡，以保证初始数据的正确无误。

23. 如何进行记账凭证的类型设置？如何操作自动转账分录？

财务软件允许用户自行设置记账凭证的类型。记账凭证的类型应根据会计核算与管理的需要进行设置。若用户不设置记账凭证类型，财务软件将按照默认的通用记账凭证格式进行自动设置，即使用统一的记账凭证。企业的会计人员可按收款凭证、付款凭证和转账凭证进行分类设置；业务量多的4S店，记账凭证类型可以进一步划分为现收、现付、银收、银付、转账等类型。与手工记账凭证不同的是，财务软件还允许定义机制转账凭证，这是用于财务软件根据系统提供的会计数据自动编制转账凭证的功能。

记账凭证类型设置必须进行正确性校验设置，即要求用户根据记账凭证类型含义和记账规则，将该类记账凭证在填制时必有或必无的会计科目进行定义，以便日后会计人员录入记账凭证时由财务软件自动进行校验和控制。操作例子是：正在输入的收款凭证借方科目不是“库存现金”或“银行存款”科目、付款凭证贷方不是“库存现金”或“银行存款”科目，应提示并拒绝执行。在进行记账凭证类型设置时，系统通常提供“借方必有科目”、“贷方必有科目”、“凭证必有科目”、“凭证必无科目”等四个可定义的栏目，用户应在这四个栏目中输入要定义的会计科目。将记账凭证分为收款、付款、转账和机制四类记账凭证下分类操作如表1－13所示。

表1－13 凭证类型设置举例

类型代码	类型简称	凭证类型名称	限制类型	限制科目
1	收款	收款凭证	借方必有	1001或1002
2	付款	付款凭证	贷方必有	1001或1002
3	转账	转账凭证	凭证必无	1001或1002
4	机制	机制凭证	凭证必无	1001或1002

会计人员在进行记账凭证类型设置时应注意以下事项：记账凭证类型的代码可使用阿拉伯数字或英文字母表示，且应该容易记忆；记账凭证类别的设置应在计算机记账凭证使用前完成，且选中的记账凭证类型一旦使用后中途不得修改；对同一类型的记账凭证，财务软件按月从1开始连续编号；记账凭证类型可以只设置“记账凭证”一种类型，财务软件对全部记账凭证按月处理的前后顺序自动连续编号。

自动转账分录用于处理每月有规律的重复发生的业务。凡借贷方科目、摘要和金额计算方法固定的记账凭证，系统可根据用户在初始设置中定义的自动转账分录自动生成机制转账凭证，而无需人工输入记账凭证。在定义自动转账分录时，财务软件规定使用时间是：日常使用或结账使用，以确定该自动转账分录何时用来编制机制凭证。设置为日常使用的自动转账分录，应在凭证输入与修改功能下完成机制凭证的编制。设置自动转账分录的基本步骤是：

（1）定义分录号。分录号是自动转账的唯一标识，不同的自动转账分录应有不同的分录号。分录号可用数字或字母表示。自动转账分录号是在编制转账公式时设置的分录代码。在输入记账凭证时，通过分录代码调用自动转账凭证。

（2）定义凭证类型。若用户已经进行了凭证类型设置，在此时可指定该自动分录编制的凭证属于何种已定义的凭证类型。自动转账分录的凭证类型可单独设置，例如，机制1、机制2等，也可以与其他类型混合编号。

（3）设定使用时间。使用时间用来标识该自动分录何时可以用来编制记账凭证。自动转账分录可以在输入凭证或结账时用来编制记账凭证。在记账凭证输入时编制机制凭证的自动转账分录应标识为“日常使用”，“日常使用”的机制凭证需审核后才能记账；用于结账时的自动转账分录应标识为“结账使用”，其金额产生方法与本月发生的经济业务直接相关。因此，必须按账户结转的顺序编号，注意各分录之间的关系和结账顺序，“结账使用”类自动分录多用于账户结转类转账凭证的定义，结账时软件将自动根据这些分录编制机制凭证并登记账簿。

（4）设置自动转账科目代码。自动转账分录中会计科目的输入分两步进行，首先应输入会计科目的记账方向；其次输入应借或应贷会计科目的代码。会计科目代码可使用系统提供的会计科目选择功能进行输入，也可以直接按会计科目表的编号输入或按会计科目的汉字名称进行输入。输入科目代码后，系统会自动显示所输入会计科目的汉字名称。

（5）定义金额来源表达式。金额来源表达式是用于定义自动转账分录中金额来源的计算公式。其中，自动转账分录中的金额来源主要从“会计科目表”中取得，可选定科目的余额、发生额或累计发生额，当然还可以来源于常数。即：用户可以自行定义某些常数作为金额来源或计算表达式的一部分。税率、折旧率、分配系数都用此方法定义。自动转账分录中的金额数据还可以来源于部门表、项目表等，会计人员可以根据所使用软件操作提示与说明进行金额来源定义。

自动转账分录中金额来源的计算公式由“运算因子”与算数运算符组成，通过运算符连接起来的运算因子是金额来源表达式。其形式是：TYPE（C/S，科目代码）。其中，科目代码取数函数“TYPE”的取数含义如下：CJ：期初借方余额、CD：期初贷方余额、JF：借方合计发生额、DF：贷方合计发生额、JL：借方累计发生额、DL：贷方累计发生额、MU：期末借方余额、MD：期末贷方余额；取数内容代码“C/S”的含义是：本位币及数量单位。而借贷平衡函数“GC（）”的含义是：借方和贷方的差额挤入该行，使借贷平衡。

金额来源表达式的定义方法分为两种：一种是直接在系统提示的“金额来源”栏目中定义运算因子和运算符，完成金额来源表达式的定义。这种方法适用于对运算因子和计算公式很熟悉的用户。另一种方法是利用软件提供的记账金额来源表达式的引导功能来完成表达式的定义。在利用软件提供的金额来源表达式的引导功能来完成表达式的定义时，首先应定义金额的数据来源，例如，从科目表中取数、从部门表中取数、取常数等。若从科目表中取数还需选择会计科目和该科目余额、发生额或累计发生额；若金额的数据来源由多项运算因子构成，要定义运算因子之间的算术运算符，然后继续利用引导功能定义下一个运算因子，直至金额来源表达式全部定义完毕。金额来源表达式可以由多种不同的运算因子组成。下面是举例在输入记账凭证时可以调用自动转账分录（如表1-14、表1-15所示），从而使当期损益的结转实现自动转账。

表1-14　金额来源表达式的定义方法举例

自动转账公式-1
分录号1　　凭证类型：机制凭证　　日常使用

摘　要	借/贷	会计科目	借方金额	贷方金额
结转各项收入	借	6001 主营业务收入	DF（C，6001）	
	借	6051 其他业务收入	DF（C，6051）	
	借	6111 投资收益	DF（C，6111）	
	借	6301 营业外收入	DF（C，6301）	
	贷	4103 本年利润		GC（C，4103）

主管：××　　审核：××　　录入：××

表1-15　金额来源表达式的定义方法举例

自动转账公式-2
分录号2　　凭证类型：机制凭证　　日常使用

摘　要	借/贷	会计科目	借方金额	贷方金额
结转各项成本费用	借	4103 本年利润	GC（C，4103）	
	贷	6401 主营业务成本		JF（C，6401）
	贷	6402 其他业务成本		JF（C，6402）
	贷	6403 营业税金及附加		JF（C，6403）
	贷	6601 销售费用		JF（C，6601）
	贷	6602 管理费用		JF（C，6602）
	贷	6603 财务费用		JF（C，6603）
	贷	6711 营业外支出		JF（C，6711）
	贷	6801 所得税费用		JF（C，6801）

主管：××　　审核：××　　录入：××

这里必须注意，若定义为“结账使用”，则自动转账分录不能在此例中编制机制凭证，而应该是在结账时由系统自动编制。

24. 如何进行操作权限管理?

操作权限管理是财务软件初始设置中的首要环节，要明确每个操作岗位的职责范围，才能建立有效的内部工作岗位控制和管理制度。账套主管具有操作人员注册登记权限，而操作员根据个人的操作权限进行相应的操作。操作人员的操作权限设置仅授予系统管理员或账套主管，其他操作人员不具有此项权限。系统管理员可对多个账套主管进行管理，账套主管可对所负责的账套进行控制。

操作员权限设置包括三项工作内容：注册操作人员姓名、设置操作员密码、设置操作员权限。其中，操作员必须设置操作密码，操作员密码一般由6~8位数字组成，密码由操作员本人设置，操作人员应保护好自己的密码，并应定期或不定期的通过软件提供的修改密码功能进行密码更换，确保数据保管的安全。

软件操作权限主要包括：建立会计科目、初始余额装入、凭证类型设置、自动转账分录定义、凭证输入修改、凭证审核、记账、结账、银行对账和往来管理等。在使用财务软件过程中，为了防止非法操作和非法侵入，保护会计数据安全完整，根据岗位的职责分工，对所有操作员应进行权限设置。操作权限应根据岗位分工进行设置，并遵循会计内部牵制制度。操作员必须使用真实姓名，严禁设置不存在的操作员。权限设置完毕后，应将系统原默认的操作员删除或取消其所有的权限，防止使用默认的操作员进行实际的会计核算操作。

25. 使用操作日志有哪些规定?

财务软件操作日志是系统对软件操作情况以及运行情况的自动记录。操作日志有手工操作日志和机内操作日志两种形式。手工操作日志是由操作员使用软件时手工登记的，而机内操作日志会在财务软件运行时自动登记。不管是手工还是机内操作日志，其主要内容都应有：操作员姓名、使用功能、进入日期及时间、退出日期及时间，以及系统运行状况等。

操作日志是进行系统管理、维护的主要依据，也是对会计业务处理情况进行监督的重要手段，同时为审计工作提供重要线索。会计人员应认真输录并严格管理，在每个会计期间结束后，机内操作日志应打印输出，连同手工操作日志一起作为其他会计档案装订、保存，打印前不能进行删除操作。

26. 会计数据的输出形式有哪些? 怎样进行会计数据的备份与恢复?

会计数据输出操作主要是记账凭证输出、会计账簿输出和财务报表输出操作。其中，记账凭证输出包括屏幕显示输出与打印输出两种形式。记账凭证输出的格式可以是统一式样的单张记账凭证格式，还可以是汇总表格式。表 1－16 是财务软件输出的“记账凭证综合查询汇总表”的格式。

表 1－16　　　　　　　　　　**记账凭证综合查询汇总表**

编制单位：北京现代隆盛祥汽车贸易有限责任公司　2014 年 03 月 31 日　　　　　　　单位：元

月	日	凭证号	摘　要	科目代码	科目名称	借方金额	贷方金额
1	1	收款 1	收到中信投资现金投资	100206	银行存款——中信银行	27 000 000	
				400102	实收资本——中信投资		27 000 000
1	5	转账 1	收到北京现代汽车集团设备投资	160103	固定资产——维修设备	40 000 000	
				400101	实收资本——现代集团		40 000 000
1	6	转账 2	收到北京摩比斯公司产品投资	140502001	库存商品——配件（索纳塔）	6 000 000	
				400102	实收资本——摩比斯		6 000 000
1	6	收款 2	取得临时借款	100206	银行存款——中信银行	7 000 000	
				200106	短期借款——中信银行		7 000 000
1	8	付款 9	归还临时借款	200103	短期借款——中国银行	500 000	
				100203	银行存款——中国银行		500 000
1	10	收款 1	采购汽车配件	140502001	库存商品——配件（索纳塔）	301 500	
				100206	银行存款——中信银行		301 500

财务软件生成的会计账簿主要有日记账、明细账、总账。实际工作中，若选择屏幕显示输出，是指将用户需要的会计账簿数据在屏幕上按用户要求显示出来，用户可以进行各种查询；若选择打印输出，是指将用户需要的输出信息按规定的格式打印出来，以备保管。会计账簿中的日记账必须及时打印；明细账和总账可根据需要按月、按季或按年打印；账页登载不满页时，可以满页后再打印。打印出的账页应连续编号，经审核无误后作为正式账页装订成册，并由记账人员和会计机构负责人、会计主管人员签名或盖章。通过财务软件输出的“总账及科目余额表”的格式如表 1－17 所示。

表 1－17　　　　　　　　　　**总账及科目余额表**

编制单位：北京现代隆盛祥汽车贸易有限责任公司　　2014 年 04 月 30 日　　　　　　单位：元

科目名称	期初余额		本期发生额		期末余额		累计发生额	
	借方	贷方	借方	贷方	借方	贷方	借方	贷方
库存现金	500 000		2 200 000	2 260 000	440 000		440 000	
银行存款	15 000 000		25 500 000	10 107 300	30 392 700		30 392 700	

续表

科目名称	期初余额		本期发生额		期末余额		累计发生额	
	借方	贷方	借方	贷方	借方	贷方	借方	贷方
应收账款	300 000		1 200 000		1 500 000		1 500 000	
库存商品			4 510 000	865 000	3 645 000		3 645 000	
——整车			3 160 000	784 000	2 376 000		2 376 000	
——配件			1 350 000	81 000	1 269 000		1 269 000	
……								
固定资产	3 200 000		6 000 000		9 200 000		9 200 000	
累计折旧		200 000		730 000		930 000		930 000
短期借款		3 780 000	5 000 000	5 000 000		3 780 000		3 780 000
合计（一级科目）	20 000 000	20 000 000	76 930 000	76 930 000	96 930 000	96 930 000	96 930 000	96 930 000

数据备份是指将存贮在计算机硬盘上的会计数据复制到光盘或磁性存储介质上面，并另行保管。当硬盘上的会计数据遭到破坏时，能及时的通过光盘或磁性存储介质恢复以前正确的数据。数据备份的另一个功能是供日后查询或打印输出以往年度的会计数据。会计数据备份基本操作方法是：准备两个经确认没有病毒感染的移动硬盘或两个U盘存储介质，每日业务终了分别用其进行会计数据备份，当硬盘数据发生故障时，可利用移动硬盘或U盘存储介质恢复到最新或最近的状态。

数据恢复是指将备份到移动硬盘或U盘存储介质的会计数据恢复到计算机硬盘里面。在下列情况下应进行会计数据恢复：当硬盘数据被破坏时；当需要查询以往年份的历史数据，而这些数据已从硬盘清除掉；当需要转移到另一台计算机运行财务软件时，需要在安装财务软件后将原会计数据恢复到这台计算机的硬盘里面。数据恢复时应注意的事项有：恢复操作是覆盖原有数据，因而错误的恢复会致使原有数据丢失，在做会计数据恢复操作前，必须先将现有硬盘数据进行备份。同时，进行恢复操作，操作员应定义恢复何年何月的数据。当开始恢复数据时，财务软件首先识别外存储介质所载备份数据的备份日期是否与用户选择的日期相同，如果不相同将提醒用户换盘。操作过程中需注意的是，不要在恢复过程中进行关机、断电或重新启动机器的操作，不要在数据恢复过程中强行拔出移动硬盘的连接线或U盘，除非系统提示换盘。

二、4S店会计凭证管理

1. 什么是原始凭证？原始凭证的种类有哪些？

原始凭证是在经济业务发生或完成时最初取得或填制的、用以记录和证明经济业务的发生或完成情况的文字凭据。原始凭证又称作单据。原始凭证不仅用来记录经济业务的发生和完成情况，还可以用来明确经济责任。原始凭证是企业进行会计核算的原始资料和重要依据，是会计资料中最具有法律效力的证明文件。

原始凭证按照来源不同可以分为自制原始凭证和外来原始凭证两类。自制原始凭证是指在经济业务发生时由企业内部经办业务的部门和人员，在执行或完成某项业务时填制的、仅供企业经济内部使用的原始凭证。主要有：收料单、领料单、差旅费报销单、借款单、支出凭单等；外来原始凭证是指在经济业务发生或者完成时，从企业外部其他单位和个人直接取得的原始凭证。主要有：增值税专用发票、普通发票、交通运输业专用发票、各种银行结算凭证等。

原始凭证按照填制手续是否能够一次完成来分，可分为一次凭证、累计凭证、汇总凭证。一次凭证是指一次填制完成、只记录一笔经济业务的原始凭证。如：收料单、领料单、借款单、银钱收据等。一次凭证的填制手续是一次完成的、是一次有效的凭证。累计凭证是指在一定时期内多次记录发生的同类型经济业务的原始凭证。累计凭证在一张凭证内可以连续多次记录相同性质的业务，并随时结出累计数量和金额。如：限额领料单。汇总凭证是指对一定时期内反映业务内容相同的若干张原始凭证，按照一定的标准综合填制的原始凭证。如：工资汇总表、差旅费报销单、销售日报表等。

2. 原始凭证填写的基本要求是什么？原始凭证审核的基本要求是什么？

原始凭证既是载明经济业务原始数据的重要凭据，又是用来表明相关经济责任的最有利证明。从某种意义上讲，原始凭证还是重要的法律证据。原始凭证的填写必须要符合以下基本要求：

（1）记录要真实。原始凭证所填列的经济业务内容和数字必须真实可信，反映业务发生的客观实际。

（2）内容要完整。原始凭证上面所要求填列的项目必须逐项填列齐全，不能有所遗漏甚至是省略。

（3）手续要完备。企业自制的原始凭证必须有企业负责人或者其他指定人员的签名或盖章；对外开出的原始凭证必须加盖企业的公章；从个人处取得的原始凭证，必须有填制人员的签名或盖章。

（4）书写要规整。原始凭证要按照规定填写，文字简要，字迹清楚，易于辨认。不得使用未经国务院公布的简化汉字。大小写金额必须相符且符合规范要求，且小写金额用阿拉伯数字逐个书写，不得连写数字。小写金额前面要填写人民币符号“¥”，且人民币符号“¥”与阿拉伯数字之间不得留有空白。金额数字一律填写到角分值；无角分值的，写“00”或者符号“—”；有角无分的，分位写“0”，不得使用符号“—”。大写金额使用汉字壹、贰、叁、肆、伍、陆、柒、捌、玖、拾、佰、仟、万、亿、元（圆）、角、分、零、整（正），且一律用正楷字体或者行书字体进行书写；大写金额前面未印有“人民币”字样的应加写“人民币”三个汉字，且人民币与大写金额之间不得留有空隙。大写金额到元或角为止的，后面加写汉字“整”或者“正”；而有分值的，不得加写汉字“整”或者“正”字。小写阿拉伯数字金额中间不管有多少个“0”，其大写金额只写一个汉字“零”字；同时要注意特殊数字的正确书写，如小写金额“18”元，其大写金额要写作人民币“壹拾捌元整”。

（5）编号要连续。重要的原始凭证都是带有连续编号的。带有连续编号的原始凭证必须按照编号顺序使用；若填错带有连续编号的原始凭证需要作废时，应加盖“作废”戳记并按照规定进行记录、妥善保管、不得撕毁丢弃。

（6）更正要守纪。原始凭证不得涂改、刮擦、挖补。原始凭证填写内容发生错误后，具备条件的应由原出具单位重开或者更正，允许更正的错误之处更正正确后，其更正处必须加盖出具单位的印章。但是，原始凭证金额有错误的，应当由出具单位重开，不得在原始凭证上直接进行错误金额的更正。

（7）填制要及时。原始凭证一定要在经济业务或者事项发生后及时填写，并按照规定的程序及时送交有关部门和人员进行审核和保存，以便及时进行账务处理。

原始凭证的审核是一项政策性很强的工作，也是一项十分细致和严肃的工作。会计人员要坚守制度、坚持原则、秉公守法。只有经过审核无误的原始凭证，才能作为编制记账凭证和登记会计账簿的依据。审核原始凭证是会计工作不可缺少的重要步骤。但需要强调的是，经手人填写原始凭证后不能再由其履行审核该原始凭证的手续义务，审核手续要交叉进行。

对于原始凭证的审核，主要有以下几个方面的内容：

（1）真实性的审核。原始凭证是证明经济业务发生的依据，真实的原始凭证是保证会计信息真实的重要基础。对原始凭证的审核，首先要审核原始凭证的真实性，不真实的原始凭证不能作为进行会计处理的依据，同样也不能作为经济业务发生的书面证明。

(2) 合法性的审核。会计人员对原始凭证合法性的审核，是以国家有关政策、法令，以及相关制度规定为依据，审核原始凭证所反映经济业务是否合法，有无违反财经制度的行为。企业的会计人员应该自觉遵守法律法规，拒绝接受不合法的原始凭证。

(3) 合理性的审核。会计人员对原始凭证合理性的审核，是比照企业的预算及收益目标进行的。通过审核原始凭证的内容，检查企业的各项业务活动是否按照预算规定的进度和标准展开、费用开支额度是否合理、成本费用开支范围是否在控制的范围以内、支出是否能够产生最大的经济效益。

(4) 完整性的审核。对原始凭证完整性的审核，是对原始凭证的内容和填制手续是否完整的审核。首先是审核原始凭证是否具备作为合法凭证所必须具备的基本内容，其次是审核原始凭证上面相关信息填写有无缺陷和遗漏、相关人员是否都进行了签字或者盖章。

(5) 正确性的审核。原始凭证记载了经济业务的全部信息。对原始凭证正确性的审核，是检查原始凭证所载的文字、数量、单价、金额是否正确无误，是否与实际业务相一致。

(6) 及时性的审核。经济业务信息得不到及时处理会影响不同时期企业会计信息的有效性和科学性。经济业务发生后，业务经办人员应该及时将相关业务的原始凭证交给会计人员进行处理；同时，会计人员应该审核原始凭证填制日期与经济业务实际发生日期是否一致，以及是否在本期及时取得本期的原始凭证。

3. 原始凭证出现问题时怎样处理?

(1) 失真、违法和不完整的外来原始凭证均不能接受。具体是：应该盖有税务机关发票监制章、填制单位公章而未加盖；未填写填制单位名称和填制人姓名、没有经办人的签字或盖章；填制单位名称与所盖公章显示单位名称不符；未填写接受凭证的单位全称或者填写的名称与企业名称不符；所得凭证的联次不是所需要的联次；凭证有涂改；凭证所列经济业务不符合企业的成本费用开支范围与标准；凭证所列金额大小写不一致、数量金额计算不正确。

按照我国《会计法》的相关规定，对于不真实、不合法的外来原始凭证，会计人员不予接受，并向企业负责人报告；而对于记载不准确、不完整的外来原始凭证，会计人员应该予以退回，要求其进行更正与补充。需要注意的是，退回更正的外来原始凭证，必须在更正处加盖出具单位的印章；而金额有错误的，必须由原出具单位重开，不得在原始凭证上面直接更正。

(2) 外来原始凭证不慎丢失后，应当由原出具单位出具相关证明文件，证明经济业务的内容、原始凭证的编号、金额。所出具证明文件必须加盖原出具单位的公章，然后由接受凭证的企业负责人批准签字。手续齐全后才能将证明文件代替原来的原始凭证。对于外来原始凭证丢失后无法取得相关证明的，如出租车发票、火车票、航空行程单等，可由当事人写出详细情况说明，然后由企业负责人签字后代作外来原始凭证使用。

（3）不符合要求的自制原始凭证均不能接受。具体是：没有经办人员的签字或者盖章；凭证摘要填写不清楚；所得凭证的联次不是所需要的联次；凭证有涂改；凭证所列经济业务不符合企业的成本费用开支范围与标准；凭证所列金额大小写不一致、数量金额计算不正确。

对于不真实、不合法、不合理的自制原始凭证，会计人员不予接受；问题严重的，及时向企业负责人报告；而对于数字计算不准确、手续不齐全、文字说明不完整、项目填写有遗漏的外来原始凭证，会计人员应该予以退回，要求其按照规定进行更正与补充。需要注意的是，退回更正的自制原始凭证，必须在更正处加盖更正人员的印章；而金额有错误的，必须由原经手人重开，不得在原始凭证上面直接更正。

4. 开具机动车销售发票的基本要求是什么？

发票是指企业在购销商品、提供或接受服务以及从事其他经营活动中，开具、收取的收付款凭证，是确定相关经营收支行为发生的法定证明，是会计核算的重要原始依据。而机动车的销售需要开具专门的机动车销售发票，包括零售给个人客户和企业事业单位、机关团体、部队机动车所开具的机动车销售统一发票和批发给客户机动车所开具的增值税专用发票；而对外提供机动车维修服务业务则须要向客户开具增值税普通发票。

机动车销售统一发票和增值税普通发票的基本联次为三联，第一联为存根联，开票方留存备查；第二联为发票联，收执方作为付款或者收款原始凭证；第三联为记账联，开票方作为记账原始凭证。增值税专用发票基本联次为三联，第一联为税款抵扣联，购货方作为扣税凭证使用；第二联为发票联，购货方作为记账的原始凭证使用；第三联为记账联，销货方作为记账的原始凭证使用。销售机动车产品、提供售后服务的单位或者个人，对外发生经济业务收取款项，收款方应向付款方开具发票；收购单位支付款项时，由付款方向收款方开具发票。开具发票时必须遵循以下规定：

（1）单位和个人应在发生经济业务、确认营业收入时才能开具发票，未发生经济业务一律不得开具发票。

（2）开具发票时应按号顺序填开，填写项目齐全、内容真实、字迹清楚、全部联次一次性复写或打印，内容完整一致，并在发票联加盖单位财务印章或者发票专用章。

（3）填写发票应当使用汉字的正楷或行书字体书写文字，小写数字、日期可以使用阿拉姆数字书写，民族自治地区可以同时使用当地通用的一种民族文字同时书写。

（4）开具发票的时限和地点要符合相关的规定，使用计算机开具发票后的存根联应当按照顺序号装订成册。

(5) 任何单位和个人不得转借、转让、代开发票，不得拆本使用发票，不得自行扩大发票的使用范围。

(6) 企业所开具的增值税专用发票是否符合下列要求：项目齐全，与实际交易相符；字迹清楚，不得压线、错格；发票联和抵扣联加盖财务专用章或者发票专用章；按照增值税纳税义务的发生时间开具。按照国家有关法律规定，增值税专用发票不能补开。

(7) 企业发生销货退回、或者销售折让的，由购买方填报“申请单”，填写具体原因以及相对应蓝字增值税专用发票信息，购买方主管税务机关审核后出具“开具红字增值税专用发票通知单”，并购买方交给销售方；销售方持“开具红字增值税专用发票通知单”到主管税务机关开具红字增值税专用发票。

(8) 因开票有误购买方拒收专用发票的，企业须在专用发票认证期限内向主管税务机关填报申请单，并在申请单上填写具体原因以及相对应蓝字专用发票的信息，同时提供由购买方出具的写明拒收理由、错误具体项目以及正确内容的书面材料，主管税务机关审核确认后代开具红字增值税专用发票。

(9) 因开票有误等原因尚未将增值税专用发票交付购买方的，企业须在开具有误的增值税专用发票的次月内向主管税务机关填报申请单，并在申请单上填写具体原因以及相对应蓝字专用发票的信息，同时提供由企业出具的写明具体理由、错误具体项目以及正确内容的书面材料，主管税务机关审核确认后代开具红字增值税专用发票。

增值税专用发票填写格式如表2-1和表2-2所示。

表2-1 **北京增值税专用发票** №. 11000345070

11001341140 **记 账 联** 开票日期：2014年04月28日

<table>
<tr><td>购货单位</td><td colspan="4">名　　称：北京博瑞汽车销售服务有限责任公司
纳税人识别号：110097710054309
地 址、电 话：北京市朝阳区百子湾路127号　010-65170089
开户行及账号：中国工商银行北京百子湾支行　776598001079</td><td>密码区</td><td colspan="3">1 <003 + 1 < + 84362 - 2 * 212 >　加密版本：
01 < 808 < 0884 + /0 * 294 + < - <
1100051170 78 >45 > - * 3/32 * 26 - 844/0
00496153 01 - 3018012 * 435 * >1 > >8</td></tr>
<tr><td colspan="2">货物或应税劳务名称</td><td>规格型号</td><td>单位</td><td>数量</td><td>单价</td><td>金额</td><td>税率</td><td>税额</td></tr>
<tr><td colspan="2">1.8AT伊兰特悦动汽车</td><td>1.8AT</td><td>辆</td><td>10</td><td>168 000.00</td><td>1 435 897.44</td><td>17%</td><td>244 102.56</td></tr>
<tr><td colspan="2">合　　计</td><td></td><td></td><td></td><td></td><td>￥1 435 897.44</td><td>17%</td><td>￥244 102.56</td></tr>
<tr><td colspan="2">价税合计（大写）</td><td colspan="7">×仟壹佰陆拾捌万零仟零佰零拾零元零角零分　　（小写）￥1 680 000.00</td></tr>
<tr><td>销货单位</td><td colspan="4">名　　称：北京现代隆盛祥汽车贸易有限责任公司
纳税人识别号：110570988340034
地 址、电 话：北京市朝阳区十里河桥南路15号 61770097
开户行及账号：招商银行十里河支行　00970001241</td><td>备注</td><td colspan="3"></td></tr>
</table>

收款人：刘丽　　复核：高雅　　开票人：马莉亚　　销货单位：（章）

表2－2　　　　机动车销售统一发票　　　　发票代码 11101478060

开票日期 2014－04－28　　　　**发　票　联**　　　　发票号码 00789010

机打代码 机打号码 机器编号	11100078060 00789010		税控码	1 <303 +1 < +81162 －2 ∗212 >加密版本： 01 < 444 < 0884 +/0 ∗ 294 + < － < 110005117078 >45 > － ∗3/32 ∗26 －844/0 0909775301 －3018012 ∗490 ∗ >1 > >7	
购货单位（人）	北京祥瑞金属制品有限责任公司		身份证号码/组织机构代码	110104196311144808	
车辆类型	小轿车	厂牌型号	丰田 TV7180GLX－13	产　地	广州
合格证号	WAJ330001815877	进口证明书号		商检单号	
发动机号码	IZZA98399		车辆识别代码/车架号码	LTVBR23E240698788	
价税合计	壹拾陆万元整		小写	￥160 000.00	
销售单位名称	广汽丰田（北京）五道口汽车贸易有限公司		电　话	67503380	
纳税人识别号	110347742613304		账　号	0800005608880044776	
地　址	海淀区五道口汽贸配件城120店		开户银行	交通银行五道口支行	
增值税税率或征收率	17%	增值税税额	￥23247.86	主管税务机关及代码	北京市海淀区国税局 112033660
不含税税价	小写　￥136 752.14	吨位		限乘人数	5人

销售单位盖章　　　　开票人　项鸣　　　　备注：一本一票

5. 4S店汽车重要销售凭证管理要求是什么？

4S店所出售的整车产品其销售价格相对来说是比较高的，而其使用又涉及道路交通安全保障问题，因而必须履行行驶登记手续并获得机动车行驶证。按照有关的规定，只有出厂合格并符合国家产品质量规定的汽车才能通过公安交通管理部门的审核登记，并获得机动车行使证。合格证是汽车登记并获得机动车行驶证的唯一合法凭证。因而4S店所销售的汽车必须获得厂家提供的合格证并完整无误的向客户提供，同时在销售时向客户开具增值税专用发票（对单位客户）或机动车销售统一发票（对个人客户），协助客户办理机动车强制保险和商业保险的缴纳并向客户提交保险单据。另外，个人购买者还要缴纳车辆购置税并获得缴税的完税凭证。所有这些销售凭证都是非常重要的单据，对于购买者来说缺一不可。因而，4S店销售凭证的管理必须遵循以下基本要求：

（1）指定专人负责合格证的接收和管理，严格内部交接合格证的登记和验证手续。企业接收和移交合格证时，必须在有关的登记簿上面认真登记合格证编号、数量、接收或移交日期、责任人姓名等重要信息并核对无误。

（2）增值税专用发票和机动车销售统一发票开具后必须认真核对购买单位或者购买人的名称或姓名、所销售汽车的型号及其配置信息、数量、大写和小写金额是否正确无误。必要时，应预留客户有效联系方式以及时联系到客户进行问题的处理。

(3) 协助客户办理的强制保险和商业保险缴费单据、车辆购置税缴纳凭证，应在办理前与办理后认真仔细核对客户相关信息，保护客户的合法利益不受侵犯，并在妥善保管后适时提交给购车客户自行保管。

6. 职工公出借款如何处理？职工报销差旅费需要履行的手续是哪些？

企业职工出差通常需要事先支取一部分现款，但这时，由于职工并未发生实际的出差行为，因而并不能提供相关的费用报销单据，如住店发票、火车票、航空行程单、餐饮发票、旅行保险单据，会计人员自然不能按照本期费用开支处理。这个业务的性质应该是职工的借款，会计人员要求其按照规定填写借款单，并按照借款进行会计处理；待职工出差回来，相关费用单据都取得并审核无误后，再按照所报销的实际金额计入管理费用账户，同时收回或者补齐职工未使用完毕或者超过预支数的现款。职工借款的原始单据必须附在记账凭证后面，收回多余现款应另开收据，不得将原借款单据退回给当事人本人（但借款单的副本可以退还给原借款人）。同样，职工借款后，会计人员也不得采取借款单另行保管，待职工出差回来后再进行账务处理的做法。

企业职工报销有关出差费用开支时，应按照规定填写差旅费报销单，并报企业负责人审查签字。会计人员对差旅费报销单据进行审核的主要内容如下：费用单据是否真实可靠、是否存在较多的连号单据；费用开支是否符合规定的范围与标准；相关费用单据所在信息是否合法合理；有关人员是否签字或者盖章；汇总凭证金额是否与所附原始单据金额合计相符；费用报销单据有无涂改、刮擦或挖补的痕迹等等。报销差旅费的单据审核无误、并确认原预支未使用的现款收妥入库并开具收据后，会计人员（或者报账员）可进行账务处理。差旅费报销单的格式如表2-3所示。

表2-3 差旅费报销单

2014年5月6日

姓名：王琳							出差事由：去上海静安区现代4S店联系配件销售。					
出发		到达		出差补助			飞机票	火车票	住宿	车费	其他	合计
日期	地点	日期	地点	天数	标准	金额						
4.29	北京	4.29	上海	4	0.00	0.00					餐费	
5.2	上海	5.2	北京					1 210.00	870.00	143.00	207.00	2 430.00
合计(大写)人民币	贰仟肆佰叁拾元整							预支：2 000.00	核销：2 430.00		补付：430.00	

部门负责人：姬有财　　会计主管：王辉　　审核：刘青青　　出纳：王小环　　领款人：王琳

差旅费报销单后面所附的航空电子客票行程单、住店及餐费发票、出租车发票，由于原始单据较多，需要在差旅费报销单的后面进行粘贴处理。粘贴时应保持各个单据都清晰可辨且不能造成关键数据及其文字信息遮盖；原始单据较多时亦可以单独粘贴在空白纸的上面；同时，原始凭证的粘贴还应考虑到期末整个会计凭证的装订问题，因而必须平整干净，无戳无皱。整理完毕的原始凭证应使用夹子夹牢。差旅费报销单背面原始凭证粘贴示意图如图2-1所示。

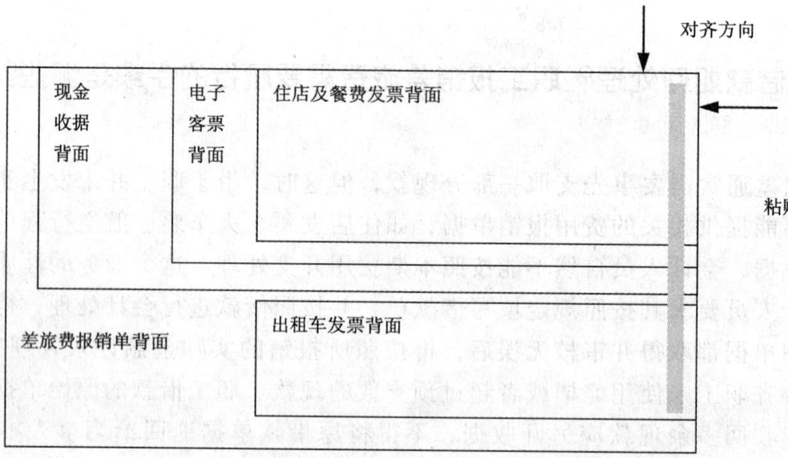

图2-1 差旅费报销单后面费用单据粘贴示意图

7. 对原始凭证上面的签字有什么具体要求?

原始凭证是证明经济业务事项发生或完成情况的书面证明，是会计核算的重要依据，是具有法律效力的重要文件。原始凭证上面相关责任人员的签字是明确其经济责任、履行相关手续的直接证据，是日后出现问题时查找线索、分清责任的重要参考。原始凭证上面的签字应该符合以下要求：

（1）按照规定应该在原始凭证上面相关签字处进行签字的人员必须全部签字，且签字必须签姓名的全称，不得只签姓氏。

（2）签字必须使用汉字正楷或者行书书写，不得使用异体字或者变体字进行书写。签字人签署姓名后，还应当签署签字的具体日期。

（3）责任人或者负责人签字时应该用文字表明是否同意报销相关费用或者按照有关文件的规定办理。

（4）在没有标明签字位置的原始凭证上面，签字最好签在原始凭证的正面右上方处，而如果签字（如经手人的签字）必须签在原始凭证的反面，最好签在反面的左上方，以方便日后装订会计凭证时不会压住签字。

（5）有连续多张原始凭证都需要签字时，应该一张一张分别签字并签署日期，不得使用复写纸进行复写。

8. 什么是记账凭证？记账凭证的种类有哪些？

记账凭证是会计人员根据审核无误的原始凭证或原始凭证汇总表，按照经济业务事项的内容加以归类，并据以确定应借、应贷会计科目名称、方向及其金额后所填制的一种会计凭证。记账凭证又称作记账凭单，它是登记会计账簿的直接依据。但是，记账凭证不是记账的唯一依据。原始凭证、原始凭证汇总表、记账凭证都是登载明细分类账的重要依据。

记账凭证可以根据每一张原始凭证编制，也可以根据同类原始凭证汇总编制或者根据原始凭证汇总表编制。

记账凭证按照是否涉及现金和银行存款的收付（或者称作按其反映经济业务的内容）来分，可分为收款凭证、付款凭证和转账凭证。其中，收款凭证是指用于记录现金和银行存款收款业务的会计凭证。它是根据现金和银行存款收入业务的原始凭证编制的。收款凭证又可分为现金收款凭证和银行存款收款凭证两种。其格式如表2-4所示。

表2-4　　收 款 凭 证

借方科目：银行存款——中国工商银行　　201×年　6　月17日　　银收字19号

摘　　要	贷方科目	明细分类科目	记账	金　　额
向恒源商行销售2.0AT索纳塔汽车	主营业务收入	整车销售	√	260 000.00
采用转账支票结算				
合　　计				￥260 000.00

附件3张

会计主管：××　　记账：××　　出纳：×××　　填制：××　　审核：×××

付款凭证是指用于记录现金和银行存款付款业务的会计凭证。它是根据现金和银行存款付出业务的原始凭证编制的。付款凭证又可分为现金付款凭证和银行存款付款凭证两种。其格式如表2-5所示。

表2-5　　付 款 凭 证

贷方科目：银行存款——招商银行　　201×年6月23日　　银付字7号

摘　　要	借方科目	明细分类科目	记账	金　　额
提现备用	库存现金		√	4 000.00
合　　计				￥4 000.00

附件1张

会计主管：××　　记账：××　　出纳：××　　填制：××　　审核：××

为了保证现款安全，出纳员不能直接根据有关收、付现款的原始凭证来收、付现款，而必须根据审核后的现金收款凭证收款、或根据审核后的现金付款凭证付款，同时要在相关凭证上面加盖“现金收讫”或“现金付讫”印章，以防止现款的重收或重付。

转账凭证是指用于记录不涉及现金和银行存款业务的会计凭证。它是根据不涉及现金和银行存款收付的转账业务的原始凭证而填制的。转账凭证是登记有关明细分类账簿和总分类账簿的依据。其格式如表2－6所示。

表2－6 转 账 凭 证

201×年6月18日 银收字23号

摘　　要	会计科目	明细分类科目	记账	借方金额	贷方金额
计提固定资产折旧	劳务成本	间接费用	√	57 600.00	
	销售费用	折　旧	√	40 100.00	
	管理费用	折　旧	√	10 330.00	
	累计折旧				108 030.00
合　　计				￥57 600.00	￥57 600.00

附件1张

会计主管：××　　记账：××　　填制：××　　审核：××

收款凭证、付款凭证、转账凭证在实际使用时采用不同的颜色印刷，以方便识别、减少工作差错、提高工作效率。在业务少、记账凭证使用量不大的企业，为简化工作手续，可以采用不分收款凭证、付款凭证和转账凭证的通用型记账凭证，其格式如表2－7所示。

表2－7 记 账 凭 证

年　月　日　　第　号

摘　　要	会计科目	明细分类科目	记账	借方金额	贷方金额
合　　计					

附件　张

会计主管：××　　记账：××　　出纳：××　　填制：××　　审核：××

9. 怎样编制收款凭证、付款凭证和转账凭证？

收款凭证的填制方法如下：在收款凭证的左上角“借方科目”处应填写“现金”或者“银行存款”科目名称；右上角应填写凭证的编号，如“现收字×号”、“银收字×号”；摘要栏内应填写记录经济业务的简要内容；“贷方科目”栏应填写与“库存现金”或者“银行存款”收入相对应的会计科目名称，并在后面的“明细分类科目”栏填写相应的明细分类科目名称（二级科目直接写出名称、三级科目名称要使用括号）；“金额”栏应填写贷方科目及其明细分类科目对应的金额，而“合计”栏的金额则是对应左上角“借方科目”处“库存现金”或者“银行存款”科目的金额，且合计金额前面必须加写人民币符号“¥”；“金额”栏内空行的部分由右上角到左下角划一条斜线表示注销；“记账”栏标注“√”符号，表示已经登账，或者使用“账页”栏注明记入有关账簿的页次，以备查对，但一般只是主要是防止漏记账或重复记账现象发生；“附件”栏反映收款凭证所附原始凭证的张数，如果有原始凭证汇总表在内，则只按汇总表张数计算。

付款凭证的填制方法如下：在付款凭证的左上角“贷方科目”处应填写“库存现金”或者“银行存款”科目名称；右上角应填写凭证的编号，如“现付字×号”、“银付字×号”；摘要栏内应填写记录经济业务的简要内容；“借方科目”栏应填写与“库存现金”或者“银行存款”付出相对应的会计科目名称，并在后面的“明细分类科目”栏填写相应的明细分类科目名称（二级科目直接写出名称、三级科目名称要使用括号）；“金额”栏应填写借方科目及其明细分类科目对应的金额，而“合计”栏的金额则是对应左上角“贷方科目”处“库存现金”或者“银行存款”科目的金额，且合计金额前面必须加写人民币符号“¥”；“金额”栏内空行的部分由右上角到左下角划一条斜线表示注销；“记账”栏标注“√”符号，表示已经登账，或者使用“账页”栏注明记入有关账簿的页次，以备查对，但一般只是主要是防止漏记账或重复记账现象发生；“附件”栏反映收款凭证所附原始凭证的张数，如果有原始凭证汇总表在内，则只按汇总表张数计算。

转账凭证与收款凭证、付款凭证在格式上的区别在于：转账凭证的左上角没有设置会计科目项目，某项经济业务所涉及的全部会计科目以及明细分类科目都要反映在“会计科目”、“明细分类科目”栏内；借方科目应记金额在“借方金额”栏内填列、贷方科目应记金额在“贷方金额”栏内填列；“借方金额”栏合计数与“贷方金额”栏合计数应该相等。其他项目填列方法与收、付款凭证相同。

10. 现金和银行存款对转业务应编制哪种记账凭证？原因是什么？

对于现金和银行存款之间相互划转的经济业务，即从银行存款中提取现金、或把现金存入银行的经济业务，只编制付款凭证、不编制收款凭证，以避免重复编制记账凭证或重复登记账簿。

11. 记账凭证编制的基本要求是哪些？记账凭证出现差错应该怎样处理？使用财务软件条件下，输入和查阅记账凭证时需要注意哪些方面的问题？记账凭证出错应该怎样处理？

（1）记账凭证可以根据每一张原始凭证编制，也可以根据同类原始凭证汇总编制或者根据原始凭证汇总表编制，但不得将不同业务性质、内容及类别的原始凭证强制汇总编制在一张记账凭证上面。

（2）记账凭证上面的日期是指会计人员处理经济业务事项的日期，而不是指经济业务事项发生的日期。

（3）记账凭证采用自然号顺序进行每月的凭证编号，记账凭证必须连续编号。编号方案主要有：现收字×号、银收字×号、现付字×号、银付字×号、转字×号；通用型记账凭证直接采用自然号连续编号。每类记账凭证的编号自成一个系列，不能相互混用。若一笔经济业务需编制多张记账凭证时，应采用分数编号法，如转账的第8笔业务需要填制两张记账凭证，这两张记账凭证的编号应该是“转字 $8\frac{1}{2}$”和“转字 $8\frac{2}{2}$”。为了防止编号重复或者编号空缺问题的出现，可以通过使用凭证销号单的办法加以杜绝，即记账凭证编制后在销号单上相应的数字上面划线注销。销号单的格式如表2-8所示。

表2-8 记账凭证销号单

1	2	3	4	5	6	7	8	9	10	11	12	13	14	15
16	17	18	19	20	21	22	23	24	25	26	27	28	29	30
31	32	33	34	35	36	37	38	39	40	41	42	43	44	45
46	47	48	49	50	51	52	53	54	55	56	57	58	59	60
91	92	93	94	95	96	97	98	99	100	101	102	103	104	105

（4）记账凭证必须使用国家规定的统一的会计科目名称，会计科目、二级科目、明细科目必须填写齐全，对应关系清楚，金额正确无误。

（5）书写文字时最好占在空格的中间位置，而数字最好是压着空格的下边线书写。文字和数字大小不要超过空格的$\frac{1}{2}$高度。文字数字必须书写清晰、工整。

（6）除结账和更正错误的记账凭证可以不附原始凭证外，其余记账凭证必须附有审核无误的原始凭证。其中，一张原始凭证只对应一张记账凭证的，应将原始凭证直接附在记账凭证后面；一张原始凭证涉及多张记账凭证的，将原始凭证放在一张主要的记账凭证后面，然后在其他记账凭证上注明附有该张原始凭证的记账凭证的编号，或者在其他记账凭证后面附上该原始凭证的复印件；一张原始凭证所列支的费用需要几个单位共同承担的，该原始凭证由本企业保留并附在有关记账凭证后面，同时给其他应承担费用开支的单位开出原始凭证分割单，列明凭证名称、填制日期、填制单位名称或个人姓名、接受凭证单位名称、费用的内容及其数额、费用分摊数额、经办人员的签字或者盖章，供其核算使用。

（7）记账凭证的摘要必须能够准确表述经济业务的基本内容及重要单据的号码。

（8）记账凭证填写金额后，如有空行，应当自“金额（借方金额或者贷方金额）”栏最后一笔金额下面的空行处至合计行上面的空行处自右上角到左下角划一条斜线表示注销。

（9）相关人员签字或盖章。

（10）记账凭证编制发生错误，在没有登账前应当重新编制一张正确的记账凭证，原有的记账凭证作废。若发现错误时已经登账，属于本年度的，应使用红字填写一张与原记账凭证内容相同的记账凭证，并在摘要栏内注明“注销某月某日某号凭证”字样，同时使用蓝字重新填制一张正确的记账凭证，在摘要栏内注明“订正某月某日某号凭证”字样。如果会计科目没有错误，只是金额多写或者少写，可将多写或少写的金额用红字或蓝字编制一张记账凭证，调减或调增错误的金额，在摘要栏内注明“冲减某月某日某号凭证多计金额”或“调增某月某日某号凭证少计金额”字样。

财务软件允许输入一借一贷、一借多贷、多借一贷、甚至多借多贷的记账凭证。但用户在使用时仍要按照《会计基础工作规范》的要求，一张记账凭证记录一笔完整的经济业务事项，不应将不同性质的经济业务事项记录在同一张记账凭证上面。

对于设有辅助核算的会计科目输入时，系统将在相应位置开设窗口，提示输入相应内容。例如，设有数量核算的，系统将要求输入数量和单价；需要进行外币核算的，将要求输入外币金额和汇率；设为银行类别的，将要求输入结算种类和结算单据号。这些内容应按要求输入。

记账凭证输入完毕，财务软件会自动将进入系统时注册的操作人员姓名填入有关签章位置，该项内容不能输入。

财务软件除了设有自动转账分录功能外，还设有定义凭证格式功能。设置定义凭证格式功能是为处理那些有规律性的会计业务。在一个会计期间内（通常为一个月），经常会出现会计业务性质相同只是日期和金额不同的经济业务事项。而为了减少记账凭证输入的工作量，可以事先在这类凭证中设置摘要和借贷方会计科目等会计要素，并将其以文件形式保存在系统中。这种特殊的凭证称作自动定义格式凭证。当需要输入这类业务的记账凭证时，可以按系统提示调出相应的格式，输入该笔业务的日期和金额，即可完成一张记账凭证的录入工作。定义凭证格式与自动转账分录的功能相似但使用场合不同。

未经审核的记账凭证，可由制单人直接进行修改；已经审核但尚未登记入账的记账凭证，必须先由审核人员取消审核，然后由制单人进行修改；对已经登记入账的记账凭证，不能进行修改，应当采用错账更正方法。

当某张记账凭证不想要或者出现不便修改的时候，可以将其直接作废。方法是：进入填制对话窗口后，找到要作废的记账凭证，执行“制单——作废/恢复”命令，记账凭证上面显示“作废”字样，表示将该凭证作废。作废的记账凭证仍保留凭证内容及凭证编号。所想要删除所有作废的记账凭证，需要选择“凭证整理”功能实现，并对未记账凭证重新编号。若记账凭证已经记账，则需要利用“恢复记账前状态”功能恢复本月月初记账前的状态，而后再进行凭证整理。

记账凭证的数量往往非常大，所以财务软件提供多种查询方法以满足用户的不同查询要求，用户只需给出一定的查询条件，便可以查找出满足需要的记账凭证。

12. 记账凭证审核的基本要点是什么？使用财务软件条件下，记账凭证审核有哪些具体的操作要求？

记账凭证审核是会计工作中非常重要的工作内容。记账凭证审核的基本要点是：审核记账凭证所反映的经济业务性质是否与所附原始凭证所记载的经济业务事项内容相符，经济业务事项本身是否具有真实性；审核记账凭证中有关项目的填列是否完整，有关人员是否履行相关职责后进行了签字或盖章；审核记账凭证中应借应贷的会计科目和金额是否正确，账户之间的对应关系是否清楚，所记载内容及方式是否符合企业会计准则的相关要求；审核记账凭证上面所记录会计科目的金额和明细分类科目的金额是否准确无误，借方金额合计与贷方金额合计是否相等。

除结账和更正错误的记账凭证可以不附原始凭证外，记账凭证必须附有审核无误的原始凭证。应审核记账凭证所列张数与实际后附原始凭证张数是否一致。若所附原始凭证汇总表根据多张原始凭证数额汇总而成，则在记账凭证上面只标注原始凭证汇总表张数，而原始凭证张数则标注在原始凭证汇总表上面。

会计人员输入的记账凭证必须经过审核并确认无误后才可在财务软件系统中生效，设置凭证审核功能的目的在于防止记账凭证输入人员出现的错误，保证输入会计数据的质量。

在日常财务软件操作过程中，编制并输入记账凭证几乎是唯一由人工进行的操作，所有账簿的数据都是由财务软件自动计算汇总记账凭证生成，用户无法在记账过程中再次修改和计算，因而对记账凭证的审核显得十分重要。只有做好记账凭证的审核工作才能为以后获得正确的账簿数据、报表数据打好基础。尽管财务软件系统在记账凭证录入的过程中设计了大量的正确性检验功能，但一些人为的错误，如记账凭证的科目代码输错导致会计科目错误，记账凭证的借贷方发生相同金额错误，都是目前财务软件无法检测出来的。这就要求审核人员检验原始凭证的内容是否与记账凭证的内容完全一致。记账凭证的审核应由审核岗位的操作人员进行，任何人员都无权审核自己输入的记账凭证。在财务软件系统中，记账凭证的审核有两种方式：

如果记账凭证是根据手工编制的记账凭证输入到计算机上，记账凭证的审核主要是审核输入计算机内的记账凭证是否与审核无误的手工记账凭证相同，有无输入错误。

同时也应对手工记账凭证做进一步的复核，这种复核与手工审核内容相同，即审核记账凭证所载经济业务事项是否真实、合法；记账凭证是否与原始凭证相符；会计分录编制是否正确。

如果记账凭证是根据原始凭证直接利用财务软件进行编制，则记账凭证审核人员按照会计制度的要求，对记账凭证录入人员输入的凭证进行检查核对。审核中发现有错误的记账凭证应退回凭证录入人员进行修改。对于存在输入错误的记账凭证，录入员应及时改正。只有审核无误的记账凭证才能据以登记会计账簿。

利用财务软件进行审核包括逐张凭证审核与逐批凭证审核两种。采用逐张凭证审核需要指定待审核凭证的类型、时间、录入员、借贷科目及金额等凭证要素，系统随后将要求审核的记账凭证逐张显示，审核人员经过认真审核确认无误后，进行签名操作；系统则在记账凭证的审核栏中填入审核人员的姓名，表示该张记账凭证已审核通过，再继续显示下一张待审核的记账凭证，重复上述操作直至所有凭证审核完毕。在实际工作中，若直接根据原始凭证输入记账凭证，然后利用财务软件进行审核，或者手工填制记账凭证并已审核通过，然后再输入到财务软件系统，都是采用逐张凭证审核的方法。而采用逐批凭证审核方法须将所有已输入、未审核的记账凭证全部打印出来并提供给凭证审核人员，凭证审核人员审核每一张记账凭证，经过审核并确认无误后，在打印出来的记账凭证上签章表示通过，直至打印输出的全部记账凭证审核通过。

13. 科目汇总表是怎么回事？怎样编制科目汇总表？使用财务软件时，怎样进行凭证的汇总操作？

为了简化总分类账的登记手续，在实际会计核算工作中，可以将本期记账凭证上面的相同会计科目的借方金额与贷方金额分别进行汇总，编制科目汇总表或者称作记账凭证汇总表，并据此登记相关总分类账。因而，科目汇总表是指将本期记账凭证上相同会计科目的借方或贷方金额进行汇总后填制的一种会计凭证。

科目汇总表可以根据实际工作的繁重程度，确定1日、5日、10日、15日、或者1个月编制一次。定期编制科目汇总表时，将一定时期内记账凭证上面每一会计科目所有借方金额相加，其合计数填入科目汇总表的“借方金额”栏内；同时，将记账凭证上面每一会计科目所有贷方金额相加，其合计数填入科目汇总表的“贷方金额”栏内。在分别汇总了所有科目的借贷方金额后，应该加计本期全部借方金额与全部贷方金额，若其合计数相等则表明所汇总的记账凭证金额是基本正确的。

科目汇总表“借方金额”、“贷方金额”栏内空行的部分必须从右上角至左下角划一条斜线表示注销。其附件张数填写所附记账凭证的实际张数。其编号采用自然号“汇字×号”方案。签字盖章以及合计金额前面加写人民币符号“￥”等规定与记账凭证相同。

在使用科目汇总表的条件下，会计凭证装订时必须将科目汇总表放在所有凭证的最前面，而记账凭证则作为科目汇总表的附件处理。科目汇总表的格式如表2-9所示。

表2-9 **科目汇总表**

2014年6月1日 汇字 × 号

借方金额	会计科目	贷方金额
20 000.00	库存现金	
1 110 000.00	银行存款	620 000.00
20 000.00	应收账款	
150 000.00	短期借款	180 000.00
50 000.00	应付账款	23 000.00
12 000.00	资本公积	
530 000.00	实收资本	1 062 000.00
30 000.00	主营业务收入	30 000.00
20 000.00	主营业务成本	20 000.00
3 000.00	管理费用	3 000.00
23 000.00	本年利润	30 000.00
1 968 000.00	合 计	1 968 000.00

附件67张

会计主管：×× 记账：××× 制单：××× 审核：×××

财务软件中的凭证汇总功能，是指对连续编号的记账凭证所涉及的相同会计科目的借方金额和贷方金额分别进行加计，计算出这些总账科目的借方金额合计数和贷方金额合计数。在实际工作中，会计人员可以按照一定张数记账凭证装订成册并附一张科目汇总表的习惯进行凭证汇总操作。打印出来并装订成册的记账凭证连同科目汇总表应作为重要的会计档案保存以备审计和查询。财务软件内嵌的科目汇总表是反映某一阶段所有记账凭证所涉及的各科目借方金额和贷方金额汇总数字的表格，通过科目汇总表可以查询到每个一级科目在查询范围内的借方金额和贷方金额合计数值，以及该册记账凭证的起止编号及记账凭证张数。

14. 使用财务软件时，如何对所输入的科目代码和金额的正确性进行检验？

会计科目和金额是记账凭证中最重要的内容。财务软件是通过科目代码输入会计科目的。用户可根据发生的经济业务类型，确定所涉及的会计科目后，输入该会计科目的代码即可完成对整个会计科目名称的输入。在科目代码输入过程中，软件会自动显示代码及会计科目名称提示信息，用来帮助用户查询科目代码及其会计科目名称。财务软件对会计人员所输入的科目代码自动进行正确性校验，但科目代码输入正确与否，其前提是科目表中已经存在该科目代码。当然，在记账凭证输入过程中，系统会同时检验金额的正确性并进行必要的平衡性提示。

15. 使用财务软件时，如何设置常用摘要？

使用财务软件下的记账凭证摘要是事先输入并存储于系统中的，日后需要输入记账凭证摘要内容时可以直接调用。从而避免了每次人工输入的不确定性和随意性，使摘要内容更加固定，并提高输入记账凭证内容的效率。摘要内容词组设置一般都在输入凭证画面里，选择“增加常用的摘要”栏操作即可。日后使用时，通过摘要代码输入，或使用功能键调出提示输入。摘要代码（助记符）的设置方法是：摘要代码一般为 4 位，摘要内容词组一般不超过 10 个汉字。例如：用“TXJ”代表“提现金”词组、用“WGCP”代表“结转完工产品成本”词组、用“ZFLX”代表“支付借款利息”词组。

三、4S店会计账簿使用

1. 什么是会计账簿？4S店核算中使用的会计账簿有哪些种类？登记账簿的基本要求是哪些？使用财务软件时应注意事项是什么？

会计账簿通俗的讲就是账本，简称账簿。它是由一定格式账页组成、以经过审核的会计凭证为依据，全面、系统、连续地记录各项经济业务事项的簿籍。会计账簿从外表形式上看，是由具有专门格式而又相互连接在一起的若干账页组成的；而从所记录的内容来看，是对各项经济业务事项按照账户进行分类后序时进行记录的簿籍。

设置和登记账簿是编制财务报表的基础，是连接填制与审核会计凭证和编制财务报表工作的中间环节。会计账簿按照用途不同，分为序时账簿、分类账簿和备查账簿三种。其中，序时账簿是指按照经济业务发生或完成时间的先后顺序逐日逐笔进行登记的账簿，又称作日记账。序时账簿可以用来记录全部经济业务事项的完成情况，也可以用来记录某一类经济业务事项（现金或者银行存款）的完成情况。前者称作普通日记账，后者称作特种日记账。在我国，特种日记账使用最为广泛的是现金日记账和银行存日记账两种。分类账簿是对全部经济业务事项按照会计要素的具体类别而设置的分类账户进行登记的账簿，又称作分类账。分类账簿按照反映指标的详细程度来分，可分为总分类账簿和明细分类账簿，简称为总账和明细分类账。总账是按照会计科目开设，用来反映某一会计科目总金额的增减及其结果；明细分类账按照二级科目或明细科目开设，用来反映某一会计科目所属明细项目金额的具体增减及其结果。备查账簿是对序时账簿、分类账簿中不能登记或者登记不详细的经济业务事项进行补充记录的账簿。由于是补充登记的性质，其账页格式没有统一规定的必要，其记录方式不必完全遵循复式记账原理，会计凭证不是其登载的直接依据。常见的备查簿有代管原材料备查簿、租入固定资产备查簿等。

会计账簿按照外表形式来分，可分为订本式账簿、活页式账簿、卡片式账簿。其中，订本式账簿是在启用之前就已将账页及其扉页（账簿启用登记表或称经管人员一览表）装订在一起，并对账页进行了连续编号。这种账簿在使用中既不能再次增加账页，又不可撕减账页，而且每年初必须更换新的账本。总账、现金日记账、银行存款日记账均采用订本式。活页式账簿是在账簿登记未结束之前并不将所有账页固定装订在一起，而是装在专门的塑料账夹中。在每年年终时，再将这些账页抽出装订并加具扉页、封面，装订成册。为了有效防止日常账簿登载过程中出现账页丢失的问题，空白账页在使用前最好编制页码。卡片式账簿通常将所需账页格式印刷在硬纸片上面。严格而言，卡片式账簿应该属于活页式账簿。固定资产明细账由于使用期限较长，可以采用卡片式账簿。

登记账簿的基本要求如下：

（1）登记会计账簿时，应当将会计凭证的日期、编号、摘要、金额及其他需要登载的信息逐项记入账簿相关账页的有关栏内。登载的信息要做到数字准确、摘要清楚、字迹工整、录入及时。

（2）账簿登载完毕之后，要在记账凭证或者科目汇总表相关“页数”栏或者“记账符号”栏标注已经登账的页数或“√”符号、在“记账”处由记账人员签字或者盖章。

（3）账簿中书写文字或数字应该不超过格距的$\frac{1}{2}$。文字最好写到空行上下两条边线的中间位置，而数字最好压在空行下边线上面。数字必须逐个书写，并有60~75度的向右方向倾斜，数字的书写除“7”和“9”可以向下出格之外，其余数字必须写在格内。登记账簿可以使用蓝黑墨水或碳素墨水书写，但不得使用圆珠笔或者铅笔书写。

（4）账簿应该按照页次顺序连续登记，不得跳行、隔页。如果出现跳行、隔页现象，应该将空行、空页划线注销，或者注明“此行空白”、“此页空白”字样，并由记账人员签字或者盖章。

（5）凡需要结出余额的账户，结出余额后，应当在“借或贷”栏内标明“借”或“贷”字样；没有余额的账户应当在“借或贷”栏内标明“平”字样，并在余额栏内元位用“θ”表示。

（6）每一页登载完毕结转下页时，应在摘要栏内书写“过次页”，并将本页合计数和余额写在下页第一行有关栏内，同时在摘要栏内注明“承前页”。对需要结计本月发生额的账户，结计“过次页”的本页合计数，应当为自本月初开始至本页末止的发生额合计数；对需要结计本年累计发生额的账户，结计“过次页”的本页合计数，应当为自本年初开始至本页末止的发生额合计数；对于不需要结计本月、本年发生额的账户，应将每页末的余额直接结转至下一页。

（7）账簿记录发生错误后，必须按照正确的方法进行更正，不得涂改、刮擦、挖补或者使用药水消除字迹，也不得重新抄账。采用订本式账簿所记录经济业务发生错误后更不得撕毁或者抽换账页。

使用财务软件时，当所有的记账凭证输入完毕并经过审核签章后，就可进行会计账簿的登记工作。但与手工会计核算不同的是，财务软件系统中并不存在手工意义上的账簿登记程序，所有的账簿数据都是以数据库文件的形式在系统中自动生成。从数据处理方式来看，登账处理实际上是在数据库文件上做一个记账的标记，使含有记账标记的记账凭证自动生成正式的会计账簿数据。

使用财务软件登账时应注意的事项有：审核通过的记账凭证才能记账；记账后的记账

凭证不能再被修改或删除；若上月没有做结账，本月数据将被拒绝登载；若记账凭证中有银行账或往来账科目，财务软件会将相应的经济业务转到“银行存款未达账”和“未清理往来业务”辅助账进行处理。

2. 会计账簿启用时应该履行哪些手续？年度必须更换新账的品种是哪些？

启用会计账簿时，应在账簿封面上面写明单位名称和账簿名称，并在账簿扉页上附上“账簿启用登记表”；活页账、卡片账可在年终整理装订成册的时候再填列。账簿启用登记表应该填写的内容是：启用日期、账簿页数、会计机构负责人、会计主管人员和记账人员的姓名、人名章和单位公章。记账人员、会计主管人员、会计机构负责人调动工作时，应注明交接日期、接办人员或监交人员姓名，并由交接双方签字或盖章。

启用订本式账簿应当从第一页至最后一页顺序编定页数，不得跳页、缺号。启用活页式账簿应当按照会计科目表排列顺序对账户顺序编定排序，年终装订成册时再按照实际的账页顺序编定页数，并加编账户目录，标明实际使用账户的名称和页次。

账簿的扉页右上角处应按规定粘贴印花税票并以双红线表示画销。

在年度开始启用新账簿时，应将上年度的年末余额记入本年新账的第一行，并在摘要栏内注明“上年结转”或“年初余额”字样。

总分类账簿及序时账簿启用登记表的格式如表3－1和表3－2所示。

表3－1　　账簿启用登记表

单位名称			印　鉴	
账簿名称				
账簿编号				
账簿页数	本账簿共计　页			
启用日期	年　月　日			
责任人	主　管	会　计	记　账	审　核
经管人员姓名以及交接日期		经管　年　月　日		
		交出　年　月　日		
		经管　年　月　日		
		交出　年　月　日		
		经管　年　月　日		
		交出　年　月　日		
		经管　年　月　日		
		交出　年　月　日		
备　考				

表 3－2 现金日记账启用登记表

<table>
<tr><td colspan="2">单位名称</td><td colspan="3"></td><td colspan="3" rowspan="5">印 鉴</td></tr>
<tr><td colspan="2">账簿编号</td><td colspan="3"></td></tr>
<tr><td colspan="2">账簿页数</td><td colspan="3">本账簿共计 页</td></tr>
<tr><td colspan="2">启用日期</td><td colspan="3">年 月 日</td></tr>
<tr><td colspan="2">截止日期</td><td colspan="3">年 月 日</td></tr>
<tr><td rowspan="2">责任人盖章</td><td>出 纳</td><td>审 核</td><td colspan="2">主 管</td><td colspan="3">部门领导</td></tr>
<tr><td></td><td></td><td colspan="2"></td><td colspan="3"></td></tr>
<tr><td colspan="8">交接记录</td></tr>
<tr><td rowspan="2">姓 名</td><td colspan="3" rowspan="2">交接日期</td><td colspan="2" rowspan="2">交接盖章</td><td colspan="2">监交人员</td></tr>
<tr><td>职务</td><td>姓名</td></tr>
<tr><td></td><td colspan="3">经管 年 月 日</td><td colspan="2"></td><td></td><td></td></tr>
<tr><td></td><td colspan="3">交出 年 月 日</td><td colspan="2"></td><td></td><td></td></tr>
<tr><td></td><td colspan="3">经管 年 月 日</td><td colspan="2"></td><td></td><td></td></tr>
<tr><td></td><td colspan="3">交出 年 月 日</td><td colspan="2"></td><td></td><td></td></tr>
<tr><td></td><td colspan="3">经管 年 月 日</td><td colspan="2"></td><td></td><td></td></tr>
<tr><td></td><td colspan="3">交出 年 月 日</td><td colspan="2"></td><td></td><td></td></tr>
<tr><td></td><td colspan="3">经管 年 月 日</td><td colspan="2"></td><td></td><td></td></tr>
<tr><td></td><td colspan="3">交出 年 月 日</td><td colspan="2"></td><td></td><td></td></tr>
<tr><td>印花
税票</td><td colspan="7"></td></tr>
</table>

按照《会计基础工作规范》的要求，4S 店每个会计年度必须更换新账的品种是总分类账、现金日记账、银行存款日记账。

3. 总分类账的建账要求是什么？总账在启用时怎样建立账户目录和索引？如何登记总账？

总分类账是根据总分类科目（一级科目或会计科目）开设的会计账簿，又称总账，用来分类登记企业的全部经济业务事项，提供资产、负债、所有者权益、收入、费用和收益要素总括资料。总分类账的建账要求是：

（1）总分类科目（一级科目或会计科目）的名称必须与财政部规定使用的统一会计

科目名称一致。同时，企业应该根据自身的生产经营特点和经济业务事项的具体内容来规划企业的总分类账的设置，不要设置过多的总分类账，以够用为基本要求。

（2）依据企业的账务处理程序的需要来选择总分类账的格式。一般情况下，选择三栏式账页格式的总分类账，基本能够满足4S店核算的需要。

（3）总分类账必须选用订本式账簿，且一年一换，使用中不许增减账页，以保证账簿记录的完整齐全和会计数据的严肃真实。

总账在启用时有一项非常重要的工作，就是对账簿的使用页次进行安排、给总账建立账户目录。目录是总账中各个账户起止页数的名目，科学合理建立目录会大大提升会计人员的记账效率和相关人员查账速度。会计人员在建立目录时必须遵循以下几个方面要求：按照常用的会计账户名称建立目录，不常用的会计账户暂不编排；按照会计账户的分类顺序（即按照资产类、负债类、所有者权益类、成本类、损益类账户的顺序）和会计账户排列顺序（即会计科目表会计科目排列顺序）进行目录编制，以方便日后的登账和查账；每个类别会计账户及其所使用页数应该有所预留，以便日后增添新的账户页次。

会计人员为了方便记账，还可在账页右侧边粘贴写有账户名称的口曲纸作为索引来使用。但需要注意的是，上下账页口曲纸的位置应该错开，且不同类别的账户最好使用不同颜色的口曲纸加以区分。账户目录的格式如表3－3所示。

表3－3　账户目录

科目名称	页号	科目名称	页号	科目名称	页号
库存现金	01—02	短期借款	41—42	主营业务收入	71—72
银行存款	03—04	应付账款	43—44	其他业务收入	73—74
应收账款	05—06	应付职工薪酬	45—46	主营业务成本	75—76
其他应收款	07—08	应交税费	47—48	其他业务成本	77—78
原材料	09—10	应付股利	49—50	营业税金及附加	79—80
库存商品	11—12	预收账款	51—52	销售费用	81—82
		累计折旧	53—54	管理费用	83—84
固定资产	21—22			财务费用	85—86
		实收资本	61—62	营业外收入	87—88
劳务成本	31—32	盈余公积	63—64	营业外支出	89—90
		利润分配	65—66	所得税费用	91—92
		本年利润	67—68		

一般情况下，总账是根据科目汇总表（或称记账凭证汇总表）进行登记的，当然还可以根据记账凭证或者汇总记账凭证进行登记。总账账页的格式通常采用借方、贷

方、余额三栏式。根据实际工作量的大小和繁简程度，可以每1日、每5日、每10日、每15日，每一个月根据科目汇总表登账一次。借方栏根据科目汇总表借方金额填列；贷方栏根据科目汇总表贷方金额填列；同时在余额栏结出余额数字。结出余额后，应当在“借或贷”栏内标明“借”或“贷”字样；没有余额的应当在“借或贷”栏内标明“平”字样，并在余额栏内元位用“θ”表示。总账在月末需要加计发生额并结出余额。在登记总账时，摘要栏内主要填写的内容有“上年结转”、“汇总第×号凭证至第×号凭证”、“本月合计”、“本年累计”字样。总账的登记方法如表3－4所示。

表3－4　总分类账

会计科目：预付账款　　第××页

2014年		凭证编号		摘要	借方	贷方	借或贷	余额
月	日	种类	号码					
2	1			期初余额			借	75 000.00
	10	汇	1	汇总第1号至第25号记账凭证	25 000.00	15 000.00	借	85 000.00
	20	汇	2	汇总第26号至第40号记账凭证	10 000.00	50 000.00	借	45 000.00
	28	汇	3	汇总第41号至第63号记账凭证	25 000.00	50 000.00	借	20 000.00
				本月合计	60 000.00	115 000.00	借	20 000.00

4. 现金和银行存款日记账的建账要求是什么？怎样登载现金日记账和银行存款日记账？

现金和银行存款日记账是按照现金和银行存款收、付业务发生的时间顺序逐日逐笔进行登记的账簿。现金和银行存款日记账的建账要求是：

（1）现金和银行存款日记账的账页的格式采用三栏式。其中，现金日记账的三栏式账页中有“对应科目”栏；银行存款日记账的三栏式账页中有“结算方式”栏。

（2）现金和银行存款日记账必须选用订本式账簿，且一年一换，使用中不许增减账页，以保证账簿记录的完整齐全和会计数据的严肃真实。企业不得用银行对账单或其他方法代替现金和银行存款日记账。

现金日记账由出纳人员根据审核无误的现金收、付款凭证，按照业务发生的顺序逐日逐笔登记，并做到日清日结。现金日记账中账页的格式采用三栏式，“借方栏”登记现金的收入；“贷方栏”登记现金的付出；每日业务终了结出余额并登在“余额栏”内，同时将余额与库存现金进行核对，如账款不符应查明原因并记录备案，即“日清”；同时要计算本日现金的收、付和结存合计数，即“日结”。现金日记账各栏的登载内容要求如下：

日期栏：反映登载记账凭证的日期，应与实际的现金收、付日期相一致。

凭证栏：登记据以入账的记账凭证种类及其编号。

摘要栏：简要描述经济业务事项的内容。

对应科目栏：登记记账凭证上面除现金科目以外的其余会计科目，主要是方便判断经济业务事项的性质。

借方栏：登记现金收入金额。

贷方栏：登记现金付出金额。

余额栏：登记现金收、付变动的结果。其计算公式是："原有现金余额+本次收入金额"或者"原有现金余额——本次付出金额"。

借或贷栏：表明余额"借"或"贷"方向。

出纳人员记账完毕之后，应在现金收、付凭证的"页数"栏注明记账页数，或者在"记账"栏采用划"√"方式表明已经登载入账。现金日记账的格式如表3－5所示。

表3－5　现金日记账

2014年		凭证		摘要	对应科目	借方	贷方	借或贷	余额
月	日	字	号						
12	3			承前页				借	12 000.00
	3	银付	124	提现	银行存款	420 000.00		借	432 000.00
	3	现收	104	设备租金收入	其他业务收入	400.00		借	432 400.00
	3	现付	105	发工资	应付职工薪酬		420 000.00	借	12 400.00
	3	现付	95	购置办公用品	管理费用		4 000.00	借	8 400.00
	3	现付	96	李云交回差旅费余款	其他应收款	400.00		借	8 800.00
	3	现付	97	向鸿达公司收取押金款	应付账款	60 000.00		借	68 800.00
	3	现付	106	姚杰还差旅费余款	其他应收款	2 000.00		借	70 800.00
	3	现付	107	业务员李凌报销差旅费	销售费用		9 500.00	借	61 300.00
	3			本日合计		482 800.00	433 500.00	借	61 300.00

银行存款日记账由企业出纳人员根据审核无误的银行存款收、付款凭证，按照业务发生顺序逐日逐笔登记银行存款日记账，并同样做到日清日结。银行存款日记账的格式采用三栏式，其登记方法与现金日记账的登记方法基本相同。只是取消"凭证栏"增加"结

算方式栏”，用以反映结算方式的种类及结算单据编号。银行存款日记账的格式如表3－6所示。

表3－6　　　　银行存款日记账

2014年		凭证		结算方式		摘要	借方	贷方	借或贷	余额
月	日	字	号	种类	号码					
10	30					承前页			借	1 380 000.00
	31	银收	118	进账单		销售精品	180 000.00		借	1 560 000.00
	31	银付	78	进账单		支付工程款		210 000.00	借	1 350 000.00
	31	银收	119	借款凭证		短期借款	200 000.00		借	1 550 000.00
	31	银付	79	委收		支付电话费		20 000.00	借	1 530 000.00
	31	银付	80	现支	5079	提现		5 000.00	借	1 525 000.00
	31	银收	120	进账单		销售配件	40 000.00		借	1 565 000.00
	31					本日合计	420 000.00	235 000.00	借	1 565 000.00

5. 明细分类账的建账要求是什么？如何根据业务类型选择不同格式的明细账？不同格式的明细账应如何进行登记？

明细分类账是根据明细分类科目设置，用来登载某一类经济业务事项的明细核算资料。明细分类账可以再分为根据二级科目设置的二级账和根据明细科目设置的明细账。其设置的层次根据企业核算的实际需要进行安排。借助于明细分类账可以对经济业务事项的数据做进一步的加工整理，提供更加详细的线索和内容。明细分类账的建账要求是：

（1）明细分类科目的设置应该根据企业的管理需要进行安排。明细分类账的层次应该符合企业对该项经济业务的管理深度要求，本着既能满足管理需要的多种数据要求，又不浪费账簿资源的要求进行合理设置。

（2）根据财产物资管理的不同需要选择明细分类账的具体账页格式，如只反映金额指标的三栏式、多栏式、平行式明细分类账页，同时反映数量、金额指标的数量金额式明细分类账页，或者还需要增加记录其他信息的明细分类账页，如在数量金额式明细分类账页中的结存栏内增加物资的“存放地点”栏。

（3）明细分类账一般采用活页式账簿，平日使用时将账页放在专门的塑料账夹内用账绳固定好后使用，账页可以根据需要随时增添。主要是使用方便，便于账页的重新排列和记账人员的工作分工。但是，活页式账簿容易出现账页丢失和随意抽换的问题，必须定期装订成册。

三栏式明细账适用于只需进行金额明细核算，而不需要进行数量核算的账户。例如：应收款、应付款、应付工资、内部往来的明细核算。

数量金额式明细账的格式是在“收入”、“发出”、“结存”三大栏内分别设置“数量”、“单价”、“金额”三小栏，同时提供数量金额两个指标。一般适用于既要进行金额核算，又要进行实物数量核算的各种财产物资。例如：库存商品明细账、周转材料明细账、固定资产明细账。

多栏式明细账是根据管理需要，在一张账页内不仅按照“借”、“贷”、“余”三个部分设置金额栏，还要按照明细分类科目在借方或者贷方栏设立许多金额栏，以集中反映有关明细分类科目的核算资料。如：劳务成本明细账、管理费用明细账、销售费用明细账、财务费用明细账、主营业务收入明细账。

平行式明细账只设借方贷方两栏。平行式明细账的特点是将前后密切联系的经济业务事项，于核销账时在同一横格内进行登记，用以检查每笔经济业务的适时完成情况。这种格式在“在途物资”明细账登记中有着一定的运用。

不同格式的明细账其主要登记方法如下：

三栏式明细账的登记方法是由会计人员根据审核无误的记账凭证或原始凭证、原始凭证汇总表，按照经济业务发生的先后顺序逐日进行登记。

登记三栏式明细账的摘要时，不一定完全按照记账凭证摘要栏内的记载照搬照抄。因为某些内容在明细账上设有专栏，其摘要填写无需照记账凭证抄录。明显的例子是，应收账款、应付账款明细账上面设置有反映债务人、债权人名称或者姓名的“明细分类科目”项目，正是如此，在记账凭证的摘要栏里可以省略上述内容。

每一页最后一行登记完毕后，应在摘要栏内书写“过次页”三个字，并将本页合计数和余额写在下页第一行有关栏内，同时在摘要栏内注明“承前页”三个字。对需要结计本月发生额的账户，结计“过次页”的本页合计数，应当为自本月初开始至本页末止的发生额合计数；对需要结计本年累计发生额的账户，结计“过次页”的本页合计数，应当为自本年初开始至本页末止的发生额合计数；而对于不需要结计本月、本年发生额的账户，可以只将每页末的余额直接结转至下一页。

凡需要结出余额的账户，结出余额后，应当在“借或贷”栏内标明“借”或“贷”字样；没有余额的账户应当在“借或贷”栏内标明“平”字样，并在余额栏内元位用“θ”表示。

余额的填写方法是：每月结账时，应将月末余额写在本月最后一笔经济业务记录的同一行内。但在需要按月结计发生额的账户，如生产成本明细账、管理费用明细账、经营收入明细账、经营支出明细账，以及现金、银行存款日记账，每月结账时还应将月末余额和发生额写在同一行内，同时在摘要栏内注明“本月合计”字样。而需要结计本年累计发生额的明细账户，每月结账时，由于“本月合计”行已有余额，“本年累计”行就无需再写余额了。三栏式明细账的登载方法如表3－7所示。

表 3 – 7　　应收账款明细账

明细科目：北京鑫瑞博恒有限责任公司　　共×页　第×页

2014 年		凭证编号		摘　要	借　方	贷　方	借或贷	余　额
月	日	种类	号码					
2	1			期初余额			借	350 000.00
	12	转账	4	销售配件	250 000.00		借	600 000.00
	15	银收	6	收回欠款存入银行		500 000.00	借	100 000.00
	28			本月合计	250 000.00	500 000.00	借	100 000.00

数量金额式明细账的登记方法是由会计人员根据审核无误的记账凭证或原始凭证、原始凭证汇总表，按照经济业务发生的先后顺序逐日进行登记。其登载方法如表 3 – 8 所示。

表 3 – 8　　库存商品明细账

材料类别：配件　　共×页　第×页

材料名称：汽油　规格：洗涤汽油　计量单位：升　储备定额：20 000 升　存放地点：1 号库房

2014 年		凭证编号		摘　要	收入			发出			余额		
月	日	种类	号码		数量	单价	金额	数量	单价	金额	数量	单价	金额
1	1	（略）	（略）	上年结转							22 150	2.60	57 590
	5			购　进	10 000	2.60	26 000				32 150	2.60	83 590
	10			维修领用				5 600	2.60	14 560	26 550	2.60	69 030
	18			维修领用				7 200	2.60	18 720	19 350	2.60	50 310
	20			车间消耗				250	2.60	650	19 100	2.60	49 660
	30			购　进	8 000	2.60	20 800				27 100	2.60	70 460
	31			本月合计	18 000		46 800	13 050		33 930	27 100		70 460

多栏式明细账的账页格式有借方多栏、贷方多栏、借贷方都是多栏三种。若以借方多栏为例，平时会计人员根据审核无误的记账凭证或原始凭证、原始凭证汇总表，按照经济业务发生的先后顺序逐日进行登记；若有贷方栏设置，则月末将借方发生额一次从贷方栏

转出；若没有设置贷方栏，则使用红字将借方发生额从借方栏一次转出。其登载方法如表3－9所示。

表3－9　　劳务成本明细账

产品名称：2.0AT索纳塔　　　　共×页　第×页

2014年		凭证编号		摘要	借方			
月	日	种类	号码		工资费用	社会保险	间接费用	合计
2	1			期初余额	3 000.00	2 000.00	1 000.00	6 000.00
	28	（略）	（略）	分摊工资费用	8 000.00			8 000.00
	28			分摊社会保险		6 000.00		6 000.00
	28			分摊折旧费用			4 000.00	4 000.00
	28			全部成本合计	11 000.00	8 000.00	5 000.00	24 000.00
	28			结转完工劳务成本	9 000.00	6 500.00	4 500.00	20 000.00
	28			月末未完劳务成本	2 000.00	1 500.00	500.00	4 000.00

平行式明细分类账的登记方法是：当经济业务发生后，在某一行的借方栏（或贷方栏）登载相关金额后，与之相应的业务则不管什么时候发生，均应在同一行次的贷方栏（或借方栏）平行登记，以便监督检查每笔业务的完成情况。在途物资、应收账款、应付账款明细账都可采用平行式账页格式。平行式明细分类账的登载方法如表3－10所示。

表3－10　　在途物资明细账

材料名称：2.0AT索纳塔门把手　　　　共×页　第×页

2014年		凭证编号		借方		2014年		凭证编号		贷方		余额
月	日	种类	号码	摘要	金额	月	日	种类	号码	摘要	金额	
3	5	银付	1	购入	33 000.00	3	7	转账	4	入库	33 000.00	
	6	银付	2	购入	75 000.00	3	11	转账	10	入库	75 000.00	
	24	银付	9	购入	80 000.00							
	31			本月合计	188 000.00		31			本月合计	108 000.00	80 000.00

6. 使用什么方法能够快速找到账簿中的错数?

在账簿记录中如果发生了错数，应确定可能出现差错的范围，据以确定查找的线索，并采用适当的方法进行查错。查找错数的方法主要有六种：差数查找、除二法查找、除九法查找、顺查法、逆查法、抽查法。

(1) 差数查找。差数查找是直接从账账之间的差额数字来查找错数的方法。例如：现金日记账余额为7 540元，总账中现金账户的余额为7 500元，相差40元。可直接根据现金日记账余额与总账中现金账户的余额的差额来查找。若是重复记账问题，可从账簿记录中查找，如发现同一账户记录中，有两个数相同且与这个差额40元正好相等，则其中一个数字极有可能是重复登记的金额；若是漏记数字的问题，可在记账凭证中直接查找金额是40元的经济业务事项，看是否有漏记账的问题。

(2) 除二法查找。除二法查找是将账账之间差额数字除以二，按商数来查找差错的方法，这种方法适用于在账簿中查找方向登反了的数字。例如：原有某种库存原材料6 000元，又验收入库原材料2 000元，则该业务应在“库存物资”账户的借方登记2 000元，其期末余额应是借方8 000元。但是，会计人员在“库存物资”账户的贷方错登了2 000元，致使期末余额变成了贷方4 000元，两个余额数字相差4 000元。查找时，用这个差额数字4 000除以二，商数是2 000元，便是该错数。查找时应注意有无2 000元的业务在登账时记反了借贷栏。

(3) 除九法查找。除九法查找是指用差数除以9来查找错账的方法。此法适用于查找数字错位和邻数倒置所引起的差额。

会计人员在登账过程中有时会把数字的位数搞错。如十位数记成百位数，或将千位数记成百位数，如果出现这种情况，差数均可被9整除，其商数，就是要查找的错数。如果是大数记成了小数，例如。52 830误记成5 283，差数47 547，除以9后，商为5 283，你就可以在账簿上查找是否将52 830误计为5 283；如果是将小数记成大数，例如420误记成4 200，差数为3 780，除以9后，商为420，将以420乘以10后得4 200，你就可以在账簿中查找是否将420误记为4 200的情况。

如果记账时出现了将相邻两位数或三位数的数在顺序上进行了颠倒的错误，则是邻位倒置。如将52误计为25，或将25误记为52，两个数字颠倒后，个位数变成了十位数，十位数变为个位数，这就造成了差额为9的倍数。如果前大后小的数字颠倒成了前小后大的数字，正确与错误的差额就是一个正数，这个差数除以9后所得的商数便是相邻颠倒两数的差值，如将52错记为25，差数27除以9的商为3，这就是相邻颠倒两数5和2的差值。如果前小后大的数字颠倒成了前大后小的数字，正确数与错误数的差数则是一个负数，这个差数除以9后所得的商数是相邻颠倒两数的差值。如将25错记为52，差数－27除以9的商为－3，这就是相邻颠倒两数2和5的差值。实际工作中可从与差值相同的两个相邻数范围内去查找，这样会缩小查找范围。相邻数字颠倒对照表如表3－11所示。

表 3－11　　　　邻位数字颠倒对账表

大数颠倒成小数									差额	小数颠倒成大数								
89	78	67	56	45	34	23	12	01	9	10	21	32	43	54	65	76	87	98
	79	68	57	46	35	24	13	02	18	20	31	42	53	64	75	86	97	
		69	58	47	36	25	14	03	27	30	41	52	63	74	85	96		
			59	48	37	26	15	04	36	40	51	62	73	84	95			
				49	38	57	16	05	45	50	61	75	83	94				
					39	28	17	06	54	60	71	82	93					
						29	18	07	63	70	81	92						
							19	08	72	80	91							
								09	81	90								

（4）顺查法。顺查法是沿着填制会计凭证、登记会计账簿、结账、试算平衡的财务处理程序，从头到尾进行的普遍检查。采用这种方法，第一步，要将记账凭证与原始凭证核对，检查有无制证错误；第二步，将记账凭证及所附原始凭证与账簿记录逐笔核对，检查有无登账错误；第三步，结计各个账户的本期发生额及期末余额，检查有无计算错误；第四步，检查试算平衡表有无抄写与计算数字错误。

（5）逆查法。逆查法是沿着试算平衡、结账、登记会计账簿、填制会计凭证的相反账务处理程序，从尾到头进行的普遍检查。采用这种方法，第一步，检查与复核试算平衡表内各栏金额合计数是否平衡，检查平衡表内各账户的期初余额加减本期发生额是否等于期末余额；核对平衡表内该账户的各栏金额是否存在抄写数字有错；第二步，检查各账户的发生额及余额的计算是否正确；第三步，将记账凭证、原始凭证及账簿记录逐笔核对，检查过账有无错误问题；第四步，将记账凭证于原始凭证进行核对，检查记账凭证的数字填制是否正确无误。

（6）抽查法。抽查法是在初步掌握情况和一些线索的基础上，有重点的抽取账簿记录中某些部分进行检查的方法。例如，差数是元数时、只查找元、角、分位的数字，其他数字则不必逐一检查。这样就缩小了查找的范围，且查找的效率非常高。

7. 会计核算出现差错后如何处理才算正确？使用财务软件条件下如何进行错账更正？

一般情况下，本年度决算前发现的本年度错账，应该使用划线更正法、红字冲销法和补充登记法三种方法进行错账更正。

（1）划线更正法。若在记账后结账前，发现账簿记录有错误，而记账凭证无错误，即纯属笔误造成登账时文字或数字出现了错误，应采用划线更正法进行更正。

具体做法是：先将错误的文字或数字全部划一条红线予以注销，然后在划线上方用蓝字填写正确的文字或数字；更正后经办人员应在划线的一端盖章以明确责任。

在划线更正时应注意以下问题：在划线时，如果是文字错误，可只划错误部分，如果是数字错误，应将全部数字划销，不得只划错误数字部分。例如，将数字“4 424”错写成了数字“5 424”，则对错数划线时应贯穿全部，即“~~5 424~~”而不得只更正错数部分，即“~~5~~ 424”。同时，更正处都应加盖记账员图章，以明确责任。需要注意的是，书写过程中发现数字有错时，应继续书写其余数字，不可采用连续书写“0”的方式，要保持原有的错误数字仍可辨认。

（2）红字冲销法。红字冲销法，是采用红字冲销或冲减原记录数字，以更正或调整账簿记录的一种方法。若在记账后发现记账凭证发生会计科目错误或者金额多写而导致记账错误时，可采用红字冲销法进行更正。红字冲销法在使用中分两种情况分别处理。

第一种情况。记账后发现所依据的记账凭证中应借、应贷会计科目的方向、名称写错或连同金额都有错误，导致账簿记录有错误。其更正方法是：首先用红字金额填制一张与原错误凭证完全相同的记账凭证，在摘要中注明“冲销×年×月×日第×号凭证”，并用红字（金额）登记入账，以冲销原有的错误账簿记录；而后再用蓝字填制一张正确的记账凭证，在摘要中注明“更正×年×月×日第×号凭证”，并据以登记入账。冲销和订正的记账凭证后面不附原始凭证。

例题 3－1：2014 年 5 月 7 日，某 4S 店维修车间领用前保险杠计 3 000 元。会计人员根据领料单编制转字 12 号记账凭证的会计分录如下：

借：管理费用——维修车间　　3 000

　　贷：库存商品——配件（索纳塔前保险杠）　　3 000

会计人员对记账凭证进行审核时，没有发现问题并据以登记入账；而在核对账簿记录时，会计人员注意到维修领用的前保险杠应该直接记入主营业务成本，不应该记入管理费用。用红字冲销法更正如下：

用红字金额填写一张与原错误凭证一样的记账凭证，并在摘要栏注明“冲销 2014 年 5 月 7 日转字第 12 号凭证”。

借：管理费用——维修车间　　3 000

　　贷：库存商品——配件（索纳塔前保险杠）　　3 000

同时用蓝字填制一张正确的记账凭证，并在摘要中注明“更正 2014 年 5 月 7 日转字第 7 号凭证”，并据以登记入账。

借：主营业务成本——配件　　3 000

　　贷：库存商品——配件（索纳塔前保险杠）　　3 000

第二种情况。记账后发现记账所依据的记账凭证的金额有错误，且所写金额大于应记金额，导致账簿记录金额多记，而会计科目及记账方向均无错误。其更正方法是：对所多写的金额用红字填写一张会计科目、借贷方向与原记账凭证一致，只是红字金额为多写金额的记账凭证，在摘要栏注明“冲销×年×月×日第×号凭证多记金额”，并据以登记入账，把原账簿中多写的金额冲掉。

例题 3－2：2014 年 6 月 10 日销售给百果香果品公司 2.0AT 名图汽车一辆，财会人员结转其销售成本180 000元，所编制转字29号记账凭证上面的会计分录如下：

借：主营业务成本——整车　　200 000

　　贷：库存商品——整车　　200 000

会计人员已经根据转字29号凭证登记入账。而2014年6月15日会计主管核对账目时，发现记载不一致，查找到该笔错误记录，属多写了117 000元。当即对所多写的金额用红字填写一张与转字29号记账凭证会计科目、借贷方向相一致，只是红字金额为多写金额的记账凭证，并在摘要栏注明“冲销2014年6月10日转字第29号凭证多记金额”字样，并据以登记入账，冲销2014年6月10日转字第29号凭证多记金额。记账凭证上面会计分录如下：

借：主营业务成本——整车　　20 000

　　贷：库存商品——整车　　20 000

（3）补充登记法。补充登记法是用补写金额差额来更正账簿记录错误的一种方法。若记账后发现所依据的记账凭证的金额有错误，并且错误金额小于应记的金额，导致账簿记录金额少写，而会计科目及记账方向均无错误，这种情况下可用补充登记法。其更正方法是：填写一张会计科目名称、方向与原记账凭证一致，但金额是少写金额的记账凭证。在摘要栏注明“补记×年×月×日第×号凭证少记金额”，并据以登记入账，补齐原账簿少写的金额。

例题3－3：2014年7月13日计提企业管理部门固定资产折旧11 000元，其转字第40号记账凭证所反映会计分录如下：

借：管理费用——折旧费　　10 000

　　贷：累计折旧　　10 000

数日后，会计人员发现错误时已经登账完毕。会计人员当即填写一张与转字40号记账凭证会计科目、借贷方向相一致，蓝字金额为少写金额的记账凭证，并在摘要栏注明“补记2014年7月13日转字第40号凭证少记金额”字样，据以登记入账，补齐2014年7月13日转字第40号凭证少写的金额。记账凭证上面会计分录如下：

借：管理费用——折旧费　　1 000

　　贷：累计折旧　　1 000

采用红字冲销法和补充登记法下，在重新填制的记账凭证摘要栏内，必须注明原记账凭证日期、编号及更正原因，以便查阅核实。

在使用财务软件条件下出现的错账，肯定是由于记账凭证的错误而导致会计账簿的内容出现错误。因而只能采用红字冲销法（在凭证录入时，用负数表示红字）和补充登记法进行更正。

8. 怎样进行对账工作？在什么情况下需要进行结账？如何进行结账？使用财务软件后如何进行试算平衡及其对账与结账操作？

（1）对账。对账是对账簿记录的正确与否进行的核对工作。由于账簿中所记录的经济业务事项称作账目，因而对账就是核对账目。对账的内容如下：

账证核对。核对账簿记录与原始凭证、记账凭证的时间、凭证字号、内容、金额、借贷方向是否一致。一般是在日常填制会计凭证和登记会计账簿的过程中进行核对检查。账证核对是追查会计记录正确与否的最终途径，即账账不相符时的最后查证手段。

账账核对。核对不同账簿之间的记录是否相符。主要有：总分类账簿相互之间的核对，即全部总分类账的本期借方余额合计与全部总分类账的贷方余额合计相符；总分类账簿与所属明细分类账簿的核对，即总分类账借、贷方本期发生额及其余额与所属明细分类账的借、贷方本期发生额及其余额合计相符；总分类账簿与序时账簿的核对，即现金总账和银行存款总账分别与现金日记账和银行存款日记账余额核对相符；明细分类账簿之间的核对，即会计人员记录的财产物资明细账与这些财产物资使用保管部门的相关明细账核对相符。

账实核对。对各项财产物资、债权债务账面余额与实有数额之间的核对。主要有：现金日记账余额与库存现款实有数额是否相符；银行存款日记账余额与银行对账单余额是否相符；各项财产物资明细账账面余额与财产实际数额是否相符；有关债权债务明细账账面余额与对方单位相应账面记录是否相符。其中，现金核对主要通过清点库存现款的方式进行；银行存款核对主要通过与银行转来对账单的记录进行核实进行；财产物资核对主要是通过定期盘点进行；债权债务核对主要是通过与主要资金往来单位之间定期对账进行。

使用财务软件后，操作人员进行记账凭证录入时软件会自动进行平衡验证，因而记账后各种账簿都应是平衡的。但由于非法操作、突然断电或病毒感染原因，极有可能造成某些数据被破坏。所以，财务软件在期末结账前，仍保留了进行自动试算平衡与自动对账功能。为了保证账证相符、账账相符、账表相符，可以通过调用总账科目余额及发生额对照表，进行试算平衡检验。

（2）结账。结账是在会计期末（月末、年末）将本期内所发生的经济业务事项全部登记入账之后，在账页上面计算本期借方、贷方发生额及其余额。会计人员除了按照规定需要在月末、年末进行结账外，如有工作交接、企业清算情况，也需要按照规定进行结账。

月结的方法是：本月最后一笔经济业务登记入账后，应在余额栏结出余额。同时，在下一行“摘要”栏内标明“本月合计”字样，并将本月借方所有数额相加写在本月合计行“借方”栏、本月贷方所有数额相加写在本月合计行“贷方”栏，同时结出余额。然后在其下面划一条通栏单红线。

年结的方法是：在本年12月份的月结之后，在其下面一行“摘要”栏内标明“本年累计”字样，并将本年借方所有数额相加写在本年累计行“借方”栏、本年贷方所有数额相加写在本年合计行“贷方”栏，同时结出余额。然后在其下面划一条通栏双红线。

结账时，应当结出每个账户的期末余额。在每月需要结出当月发生额的，应当在摘要栏内注明“本月合计”字样，并在下面划通栏单红线；在每月需要同时结出本年累计发生额的，应当在摘要栏内注明“本年累计”字样，并在下面划通栏单红线。由于12月末的“本年累计”就是全年的累计发生额，因而全年累计发生额下面应该划通栏双红线。年度终了结账时，所有总账账户都应结出全年发生额和年末余额。

结账时，如果余额出现负数，可以在余额栏内用红字登记，但如果余额栏前有余额方向的“借或贷”栏，则余额数字只能使用蓝黑墨水书写，不能使用红色墨水书写。

年度终了，要将各账户的余额结转到下一会计年度，并在摘要栏内注明“结转下年”字样；在下年度建账时，新账簿的第一行余额栏内填写上年结转的余额，同时在摘要栏内注明“上年结转”字样。结账方法式样如表 3－12 所示。

表 3－12　　　　　　　　　　总 分 类 账

账户名称：周转材料

2014 年		凭 证		摘　　要	借　方	贷　方	借或贷	余　额
月	日	字	号					
1	1			上年结转			借	75 900.00
	10	汇	1	汇总第 1 号至第 30 号记账凭证	29 800.00	1 000.00	借	104 700.00
	20	汇	2	汇总第 31 号至第 78 号记账凭证	45 500.00		借	151 200.00
	31	汇	3	汇总第 79 号至第 94 号记账凭证		70 620.00	借	79 580.00
	31			本月合计	75 300.00	71 620.00	借	79 580.00
2	1			月初余额			借	79 580.00
	10	汇	1	汇总第 1 号至第 28 号记账凭证	10 500.00	10 580.00	借	79 500.00
12	31			本月合计	81 010.00	79 450.00	借	83 050.00
	31			本年累计	901 200	894 050.00	借	83 050.00
	31			结转下年		83 050.00	平	0

企业会计人员工作交接时，交出账簿人员需要在最后一笔经济业务记入相关账页并结出余额后，在余额数字下面划单红线，并在余额数字前面签章。

使用财务软件后每个月末都要进行结账。利用财务软件进行结账不仅要结转各个账户的本期发生额和期末余额，还要检查记账凭证是否全部登记入账并审核签章、是否进行试算平衡、是否进行辅助账处理等。结账工作需注意的事项有：

每月结账后将不能再次输入和修改该月的记账凭证，因而结账工作应由专人负责管理，以防止其他人员的误操作。

结账前应检查该月的结账条件是否具备，即所有记账凭证是否均已登账、结账日期是否正确、其他相关模块的数据是否传递完毕。若结账条件不满足，应立即退出结账功能，检查本月输入的记账凭证是否全部登记入账，只有在本期输入的记账凭证全部登记入账后才允许进行结账操作。

结账必须逐月进行，上月未结账的本月拒绝结账。结账成功之后不能再输入该月的记账凭证和登记该月的账簿；若结账不成功，则恢复账前的状态，同时给出提示信息，要求操作人员做出相应的调整。

年底结账，则系统自动产生下年度的空白数据文件（即数据结构文件。包括记账凭证临时文件、记账凭证库文件、科目余额发生额文件），并结转年度余额。同时自动对“固定资产”会计文件做跨年连续使用的处理。

跨年度时因年终会计工作的需要，财务软件允许在上年度未结账的情况下输入本年度一月份的记账凭证；操作人员还可以根据具体要求设置：在上年未结账的情况下不允许输入本月的凭证。

9. 什么情况下才能使用红字登账?

按照红字冲账的记账凭证，冲销错误记录；在不设借贷栏的多栏式账页中，登记减少数；在三栏式账户的余额栏前，如未印明余额方向的，在余额栏内登记负数余额；根据国家会计制度的规定，可以使用红字的其他会计记录。

10. 编制试算平衡表有什么用? 怎样编制试算平衡表? 试算平衡表有哪些记账错误无法查出?

在实际工作中，会计人员根据记账凭证将相关会计数据登记会计账簿后，其相关会计数据是否全部得到正确反映，需要提供一种简便快捷的有效方法。同时，由于种种原因，账簿数据记录难免会发生错误。在实际会计核算中，可采取通过编制试算平衡表的方法来检查和验证账簿记录是否正确。试算平衡的原理是根据会计等式的恒等关系和借贷记账法的借贷记账规则，检查企业的会计账簿记录是否正确。其方法包括发生额试算平衡和余额试算平衡两种方法。由于借贷记账法是建立在“资产=负债+所有者权益”这一恒等式的平衡原理基础上，并采用“有借必有贷，借贷必相等”的记账规则在有关账簿中进行复式记录，确保了每一项经济业务所填制的记账凭证中的借方发生额与贷方发生额之间必然存在着平衡相等的关系。在一定时期内，根据相关记账凭证的数据登载有关会计账簿之后，所登记的所有账户借方发生额合计数和所有账户贷方发生额数合计必然相等，发生额试算平衡法由此产生。同时，由于“资产=负债+所有者权益”的恒等关系存在，所有账户的期初借方余额合计数与所有账户期初贷方余额合计数是必然相等的，而所有账户的期末余额又是根据一定时期的本期借、贷方发生额计算的结果，因而全部账户的借方期末余额合计数也必然与所有账户的贷方期末余额合计数相等，从而也就有了余额试算平衡法。复式记账试算平衡的原理在于根据上述平衡关系来检验账簿记录的正确性。

（1）发生额试算平衡法。是根据本期所有账户借方发生额合计数与所有账户贷方发生额合计数的恒等关系，检验本期发生额记录是否正确的方法。其试算平衡公式是“全部账户本期借方发生额合计数=全部账户本期贷方发生额合计数”。

在逐笔记账的条件下，根据发生额试算平衡的原理，应将本期所发生的经济业务，按照所编制记账凭证全部记账之后，根据各类账户的本期借、贷方发生额编制发生额试算平衡表，以检查与验证本期记入各账户借贷方发生额是否正确。如果试算结果是平衡的，则证明记入各账户的发生额可能是正确的；如果试算结果不平衡，则证明记账有错误，应对账簿记录进行及时认真的检查。

（2）余额试算平衡法。是指为了确保账户的期末余额的正确性，除了检查发生额记录是否正确外，还应检查各账户的期末余额是否有误。因为在日常会计记录中，即使记入账簿的发生额是正确的，但由于计算的差错，所结出账簿的余额也极有可能发生错误。余额试算平衡法就是根据本期所有账户借方余额合计数与贷方余额合计数的恒等关系，验证本期账户记录是否正确的方法。而根据余额时点的不同，余额试算平衡法又分为期初余额试算平衡与期末余额试算平衡两类。期初余额平衡与期末余额试算平衡都是所有账户借方余额合计数与所有账户贷方余额合计数相等，这是由“资产 = 负债 + 所有者权益”的恒等关系决定的。其平衡公式是“期初（或期末）所有账户借方余额合计数 = 期初（或期末）所有账户贷方余额合计数”。

会计人员在相关会计账簿登载完毕之后，应将所登载的全部账户的期初借方余额、期初贷方余额、本期借方发生额、本期贷方发生额、期末借方余额、期末贷方余额分别抄录在本期发生额及余额试算平衡表中，并进行期初借贷方余额分别合计、本期借贷方发生额分别合计、期末借贷方余额分别合计，同时检验期初（或期末）所有账户借方余额合计数与期初（或期末）所有账户贷方余额合计数是否相等、本期所有账户借方发生额合计数与本期所有账户贷方发生额合计数是否相等。如果试算平衡的结果是发生额与余额都是不平衡，则可以确认本期内的记账与结账肯定有错误；而如果两者都是平衡的，则说明记账与结账可能是正确的。需要注意的是，上面所说“全部账户”是指企业实际使用中的全部账户。它既不是按照会计科目表中全部会计科目开设在账簿中的账户，也不是特指只在本期实际发生经济业务的账户，特别是在余额的试算平衡中更应该注意到这一点。发生额和余额试算平衡表的样式如表3－13所示。

表3－13　　各账户本期发生额和余额试算平衡表

2014年6月30日

单位：元

账户名称	期初余额		本期发生额		期末余额	
	借　方	贷　方	借　方	贷　方	借　方	贷　方
库存现金	1 000.00		20 000.00		21 000.00	
银行存款	1 999 000.00		1 110 000.00	620 000.00	2 489 000.00	
应收账款			20 000.00		20 000.00	
短期借款		300 000.00	150 000.00	180 000.00		330 000.00
应付账款		500 000.00	50 000.00	23 000.00		473 000.00
资本公积		190 000.00	12 000.00			178 000.00
实收资本		1 000 000.00	530 000.00	1 062 000.00		1 532 000.00

续表

账户名称	期初余额		本期发生额		期末余额	
	借　方	贷　方	借　方	贷　方	借　方	贷　方
主营业务收入			30 000.00	30 000.00		
主营业务成本			20 000.00	20 000.00		
管理费用			3 000.00	3 000.00		
本年利润		10 000.00	23 000.00	30 000.00		17 000.00
合　计	2 000 000.00	2 000 000.00	1 968 000.00	1 968 000.00	2 530 000.00	2 530 000.00

试算平衡表虽然有利于及时检查和发现记账过程中的差错，但其本身也存在着一定的局限性，即它并不能发现记账过程中全部的错误和遗漏，因为有些错误并不影响借贷方的平衡关系。主要有：记账时漏记或者重复登载整笔经济业务；对相互对应的账户都以大于或者小于正确金额的数字进行记账反映；同方向账户选错串户，都难以通过试算平衡表检查出来，因而还必须借助其他的会计方法进行核对与检查。在实际工作中，通常是在月末进行一次试算平衡表的编制，可以满足账簿记录检查的基本需要。

四、4S店出纳与收银工作

1. 出纳人员的职责是哪些？出纳的主要工作内容是什么？

根据《会计法》和《会计基础工作规范》的规定，企业的出纳人员具有以下职责：按照国家有关现金管理的暂行规定和银行结算制度的规定，办理现金收付和银行结算业务；严格审核有关现金和银行存款业务的原始凭证，依据原始凭证编制收、付款凭证，然后根据收、付款凭证逐笔顺序登记现金日记账和银行存款日记账，并将余额与实物进行核对；随时查询银行存款余额，不准签发空头支票，不准出租出借银行账户；保证库存现金和各种有价证券的安全与完整；按照国家外汇管理和结汇、购汇制度的规定进行外币买卖、办理结汇购汇；出纳人员不得兼任与现款收付相关的收入、费用、债权债务的登记，以及会计稽核和会计档案的保管工作。出纳人员可以登记现金日记账和银行存款日记账。

出纳的日常工作主要包括货币资金核算、往来结算、工资核算等三方面的内容。货币资金核算包括：办理现金收付；办理银行结算，规范使用各种银行票据；及时登记现金和银行存款日记账，并做到日清日结；保管好库存现金和有价证券；复核收入凭证，办理销售回款；保管有关印章。往来结算包括：建立往来款项的结算、清算制度；建立客户信用档案及信用评估体系，防止坏账损失发生。工资核算包括：执行工资预算，核算工资单据，发放工资奖金。

2. 现金管理的有关规定是哪些？怎样理解“管钱的不管账、管账的不管钱”这句话？

财务管理中所说的现金既包括企业库存现金，也包括企业在途现金（来不及送存银行的销货款）。而会计核算中的现金仅指企业的库存现金，包括库存的用于日常零星开支的人民币和外币。在货币资金中，库存现金的流动性最大，也很容易滋生舞弊行为，所以必须对其实施严格的控制和管理，确保库存现金的安全。企业的库存现金主要用于日常的零星开支，对它的管理一般涉及使用范围、限额和日常收支控制三个方面。

（1）现金的使用范围。按照国务院颁发的《现金管理暂行条例》的规定，允许企业使用现金支付的范围是：支付个人工资，各种工资性津贴；支付个人的劳务报酬；根据国家规定颁发给个人的各种科学技术、文化艺术、体育等各种奖金；支付各种劳保、福利费用以及国家规定的对个人的其他现金支出；企业向个人收购农副产品和其他物资的价款；企业出差人员预借的差旅费；转账结算金额起点人民币1 000元以下的零星支出；中国人民银行确定需要现金支付的其他支出。

凡不属于上述现金结算范围的款项支付，一律通过银行进行转账结算；凡属于上述现金结算范围的支出，企业可以根据需要向银行提取现金支付。

（2）库存现金的限额。为了加强现金管理，保证各单位日常零星开支的需要，《现金管理暂行条例》规定，凡在银行开户的单位，银行根据实际需要核定3~5天的日常零星开支所需的库存现金限额。距离银行较远的且交通不便地区的开户单位，其库存现金限额的核定天数可适当放宽，但最多不得超过15天的日常零星开支的需要量。日常零星开支需要量不包括企业每月发放工资和不定期差旅费等大额现金支出。库存现金限额一经核定，各单位就必须严格遵守，每日现金结余数不得超过核定的限额，所有超过限额的现金必须于当天送存银行。当留存的库存现金低于库存限额时，可以向银行提取现金补足限额。

（3）日常收支控制。企业在经营活动中，允许其收入一部分现金。企业的现金收入应于当日送存开户银行，当日送存银行确有困难的，由开户银行确定送存时间。企业支付现金，可以从其库存现金限额中支付或者从开户银行提取，但不得从本单位的现金收入中直接支付。将收入的现金直接用于支出的行为称作坐支现金。企业因特殊情况需要坐支现金的，应事先报经开户银行审查批准，由开户银行核定坐支范围和限额，并定期向银行报送坐支金额和使用情况。为了加强银行的监督，企业从开户银行提取现金时应写明用途，并由企业负责人签字盖章，经开户银行审核后予以支付。因采购地点不固定、交通不便、生产或市场急需以及其他特殊情况必须使用现金的，应向开户银行提出申请，经开户银行审核后予以支付现金。不得使用不符合财务制度的凭证顶替库存现金，即不得“白条顶库”；不得谎报用途套取现金；不准用银行账户代其他单位和个人存入或支取现金；不准保留账外公款，即不得“公款私存”和设置“小金库”。

一般来讲，现金和银行存款的管理既涉及到会计核算，又涉及到钱款实物的控制，其安全性备受企业的重视。同时，会计账簿记录的逐级之间及其实物又起着非常重要的控制作用，如库存现金总账、银行存款总账分别对现金日记账、银行存款日记账起着控制作用；现金日记账对现款起着控制作用、银行对账单对银行存款日记账起着控制作用。相互牵制的关系可以保证企业的资金安全。但是，所有这些的前提是建立在会计核算与实物控制要实行岗位分离并由不同的人员去操作。否则，极容易给涂改收支单据和账簿记录并同时挪用和贪污公款提供机会，并使企业的资金管理与控制处于瘫痪状态。在实际工作中，必须实行会计岗位和出纳岗位的分离，即“管钱的不管账、管账的不管钱”。但从实际工作效率考虑，在保证资金安全的前提下，出纳人员可以兼做一定的与资金收付无关的会计业务。但是，按照规定，出纳人员不得兼任与现款收付相关的收入、费用、债权债务的登记，以及会计稽核和会计档案的保管工作。出纳人员可以登记现金日记账和银行存款日记账。

3. 现金清点发现差错后怎么办？

为了加强对库存现金的管理，保证现金的安全，防止诸如丢失、被盗、侵占挪用和记账错误的发生，出纳人员每个工作日必须对现金进行清查，即清点现款库存数，并与现金日记账当日账面余额记录进行核对。核对中若发现账款不符应及时查明原因，并按有关规定进行处理，及时更正，不得擅自用盘点的长款抵补以前的短款。现款的清点出现账实不符后，应进行复盘，确认结果后，列示实存、账存及盈亏现款的数额，据此进行盈亏核算。

例题 4－1：某日出纳人员在清点现款时，发现短款 100 元，原因不清，按规定由出纳人员负责赔偿，编制会计分录如下：

借：待处理财产损溢——待处理流动资产损溢　　100

　　贷：库存现金　　100

次日，出纳人员将其赔偿交齐，编制会计分录如下：

借：库存现金　　100

　　贷：待处理财产损溢——待处理流动资产损溢　　100

例题 4－2：某日出纳人员在清点现款时，发现长款 20 元，编制会计分录如下：

借：库存现金　　20

　　贷：待处理财产损溢——待处理流动资产损溢　　20

经反复核查，原因不明，经批准做营业外收入处理，编制会计分录如下：

借：待处理财产损溢——待处理流动资产损溢　　20

　　贷：营业外收入——现金长款　　20

4. 可以在银行开立的结算账户有哪些种？有什么具体规定？在什么情况下需要进行银行结算账户的变更或撤销？

银行存款账户分为基本存款账户、一般存款账户、临时存款账户和专用存款账户。基本存款账户是存款人办理日常转账结算和现金收付需要开立的银行结算账户。企业工资、奖金等现金的支取，只能通过基本存款账户办理。一般存款账户是存款人因借款或其他结算需要，在基本存款账户开户银行以外的银行营业机构开立的银行结算账户。企业通过该账户办理借款转存、偿还、资金收付和现金缴存，但不能办理现金支取。临时存款账户是存款人因临时需要并在规定期限内使用而开立的银行结算账户。企业可以通过本账户办理转账结算和根据国家现金管理的规定办理少量现金收付，该账户用完即撤销，有效期限最长不超过 2 年。专用存款账户是企业对其特定用途资金进行专项管理和使用开立的银行结算账户，如基本建设资金、财政预算外资金、期货交易保证金等在指定银行开立的账户。

企业申请开立基本存款账户应持有以下文件办理：当地工商行政管理机关核发的营业执照；主管部门准许开户的批件；负责人居民身份证。开户程序是：填写开户申请书；提供相关文件；提供盖有存款人结算用章的印鉴卡片；经银行审核同意后，开户银行自行向中国人民银行当地分支机构申请开户许可，并凭开户许可证开立账户。

在基本存款账户以外的银行取得借款的企业可以申请开立一般存款账户，必须向开户银行出具借款合同或借款借据；与基本存款账户的存款人不在同一地点的非独立核算单位开立一般存款账户，必须向开户银行出具基本存款账户存款人同意开户的证明。

一个单位只能选择一家银行的一个营业机构开立一个基本存款账户，不得在多家银行机构开立基本存款账户；不得在同一家银行的几个分支机构开立一般存款账户。

银行存款账户是企业与其他单位通过银行办理结算和进行现金收付的重要工具。为了维护正常的金融秩序，保证各项经济业务的正常开展，开户单位通过银行账户办理资金收付时，必须做到符合下列基本要求：

（1）企业在银行开立的账户，只供本企业经营范围内的资金收付，不许出租、出借或转让给其他单位或个人使用。

（2）各种收付款凭证必须如实填明款项来源或用途，不得巧立名目，弄虚作假；不得编造用途套取现金、套购物资；严禁利用银行存款账户进行非法活动。

（3）在银行的账户必须有足够的资金保证支付，不准签发空头票据、远期支票。

（4）不得无理拒绝付款，任意占用他人资金。

企业更改名称、但不改变开户银行及账号的，应于5个工作日内向开户银行提出银行结算账户的变更申请，并出具有关部门的证明文件。企业的法定代表人或主要负责人、住址以及其他开户资料发生变更的，应于5个工作日内书面通知开户银行并出具有关证明文件。开户银行在接到企业的变更通知后，应及时办理变更手续，并在两个工作日内向中国人民银行报告。

企业存在下列情形之一的，应向其开户银行提出撤销银行结算账户的申请：被撤并、解散、宣告破产或者关闭；注销、被吊销营业执照；因迁址需要变更开户银行；其他原因需要撤销银行结算账户。需要注意的是，企业尚未清偿其开户银行债务的，不得申请撤销银行结算账户。

企业撤销银行结算账户，必须与开户银行核对银行结算账户的存款余额，同时交回各种重要空白票据、结算凭证以及开户登记证；开户银行核对无误后才可办理销户手续。开户银行对已经开户一年，但未发生任何资金往来业务的账户，会通知企业自发出通知30日内到开户银行办理销户手续，逾期不办理的视同自愿销户处理。

5. 出纳如何与开户银行对账？银行存款余额调节表能否作为记账依据？使用财务软件后如何与开户银行核对账目？

为了保证银行存款日记账的账目正确无误，出纳人员应定期将4S店的银行存款日记账与银行转来的对账单进行核对。出纳人员利用对账单与企业的银行存款日记账进行核对的，应每月至少核对一次。目前，大部分银行对客户结算款项的记录满规定次数后就会自动提交银行对账单。4S店出纳人员核对时，需要逐笔核对凭证的种类、编号、摘要内容、记账方向及金额。由于企业或银行错记、漏记、重记、串户等情况造成银行对账单余额和银行存款日记账余额不相符，属于银行对账单差错或串户造成的，应立即通知银行核查更正；属于企业差错造成的，则由企业更正。为了保证对账的效率和减少查对时间，4S店出纳人员在登记银行存款日记账时应采用和银行相同的记账习惯，即一张结算单据的数据在银行存款日记账的账页上面登载一行。银行对账单余额与银行存款日记账余额发生不符的另外一个重要原因就是未达账项的存在。所谓未达账项，是指银行结算凭证在银行与企业之间，由于传递时间的不同所造成的银行与企业之间一方已入账，而另一方由于未接到结算凭证而尚未入账的款项。未达账项有如下四种情况：企业已收，银行未收账项；企业已付，银行未付账项；银行已收，企业未收账项；银行已付，企业未付账项。

对于未达账项，必须通过编制“银行存款余额调节表”来进行调节。调节后双方余额如果相等，说明记账没有错误；如果仍不相等，应进一步查找原因，更正错误记录。银行存款余额调节试算平衡公式如下：

$$\text{银行存款日记账余额}+\text{银行已收企业未收账项}-\text{银行已付企业未付账项}=\text{银行对账单余额}+\text{企业已收银行未收账项}-\text{企业已付银行未付账项}$$

例题4-3：2014年11月10日银行转来对账单，在与4S店银行存款日记账的记录进行核对后发现有以下5笔未达账项：

(1) 11月7日，上海容华汽车贸易集团电汇款项500 000元，银行已收妥入账，而企业未入账；

(2) 11月8日，本市自来水公司托收无承付水费1 000元，银行已代付并入账，企业未入账；

(3) 11月9日，企业因销货收到转账支票送存银行400 000元，企业已做收账，银行尚未入账；

(4) 11月9日，企业接到托收凭证需承付货款11 000元，企业已默认承付记账，由于承付期未满银行未入账；

(5) 11月10日，企业签发转账支票支付货款100 000元，企业已根据转账支票存根记账，而由于银行未收到转账支票正本而未记账。

银行存款余额调节表如表4-1所示。

需要注意的是，银行存款余额调节表主要是用来核对企业与银行双方的记账有无差错，不属于原始凭证的范畴，不能作为记账的依据。对于因未达账项而使银行存款日记账与银行对账单纪录出现的不同，待结算凭证到达后再登记入账。

使用财务软件后，核对存款数据、核销已达账项以及编制银行存款余额调节表的工作由财务软件自动完成。会计人员将银行发来的对账单输入到财务软件内嵌的银行对账单库中，然后确定需要对账的银行存款科目以及对账方式，财务软件自动将存贮的银行存款日记账数据按对账的条件进行核对，并将未达记录转入银行存款日记账未达账库中，最后在银行对账单库与日记账未达账库之间进行记录的自动核对和核销，并自动生成银行存款余额调节表。

表 4－1　　银行存款余额调节表

2014 年 11 月 10 日　　单位：元

银行存款日记账	金　额	银行对账单	金　额
调节前余额	1 565 000.00	调节前余额	1 775 000.00
加：银行已收企业未收账项		加：企业已收银行未收账项	
1. 电汇款	500 000.00	1. 存入转账支票	400 000.00
2. ……		2. ……	
减：银行已付企业未付账项		减：企业已付银行未付账项	
1. 托收无承付水费	1 000.00	1. 支付托收凭证款	11 000.00
2. ……		2. 支付转账支票款	100 000.00
		3. ……	
调节后余额	2 064 000.00	调节后余额	2 064 000.00

6. 如何根据业务需要选择银行结算工具?

企业可以选择的银行结算工具主要有：支票（现金支票和转账支票）、银行本票、银行汇票、商业汇票（商业承兑汇票和银行承兑汇票）、委托收款、托收承付、汇兑（信汇和电汇）、信用卡和信用证。其中，支票、银行本票、银行汇票、商业汇票属于《票据法》规定的票据品种。除了现金支票用于提取现款、信用证用于国际结算外，其他结算方式用于国内转账结算。从款项结算内容来看，转账支票、银行本票、银行汇票、委托收款、汇兑和信用卡没有具体的款项结算内容的限制，既可用于货物交易结算，还可用于债权债务的直接清算；而商业汇票主要是用于先发货后收款以及延期付款的商品交易，托收承付必须是签订有经济合同的货物交易及其代垫运费结算。从结算金额起点看，现金支票、商业汇票、委托收款、汇兑及其信用卡结算工具没有金额起点限制；而转账支票、银行本票、银行汇票结算工具有金额起点限制，具体是：转账支票结算金额起点是 1 000 元；银行本票结算金额起点是 100 元；银行汇票结算金额起点是 500 元；托收承付结算金额起点 10 000 元。从结算特点看，银行本票与银行汇票是付款人提前存入银行款项后开户银行才出具结算单据的结算工具，其安全性最高；而转账支票需要收款人将票据存入其开户银行并通过银行内部划转款项才知道付款人账户是否有足够的支付能力，因而收款人通常需要确认款项到账后才能让付款人将货物提走；如果选择商业汇票结算，则企业必须在收到货物后才能签发并承兑商业承兑汇票或银行承兑汇票，但银行承兑汇票还需要企业与其开户银行签订银行承兑协议后才能办理。

7. 怎样使用支票并进行核算?

支票是出票人签发的，委托银行或者其他金融机构见票时无条件支付款项给收款人或持票人的票据。支票分为现金支票、转账支票和普通支票。现金支票只能用于提取现金；转账支票只能用于转账；在支票上未印有“现金”或“转账”字样的为普通支票，普通支票可以用于支取现金，也可以用于转账。支票适用于单位和个人的各种款项结算。

签发和使用支票应注意的主要问题是：支票应由企业会计部门或类似部门统一负责管理，并指定专人保管，避免发生丢失和被盗。签发支票时必须将收款单位名称、开票日期、款项用途和金额等项目填写清楚。支票上的大小写金额和收款人不得更改，其他项目更改时必须加盖印鉴。签发支票应用碳素墨水填写，也可以用专用的支票打印机打印，不得用圆珠笔或其他颜色的墨水填写。不准签发空头支票和远期支票。对签发空头支票的出票人，银行有权拒绝支付，并对出票人处以票面金额5%但不低于1 000元的罚款。采购人员不得随身携带空白支票。如果确需携带不填写金额的转账支票，则必须填明日期、收款单位名称和款项用途、规定的付款期限和报销限额。已签发的现金支票如果遗失，在未被提现前可以向银行申请挂失；转账支票如果遗失，银行不受理挂失，但可以请求收款人协助防范。支票必须妥善保管，作废的支票注销后应和存根一起保存。支票的提示付款期为自出票日起10日（提示付款期限到期遇法定假日的顺延，但提示付款期限中间含有法定假日的则不扣除），超过提示付款期限提示付款的，出票人开户银行不予受理，付款人不予付款。支票一律记名，转账支票可以根据需要背书转让。现金支票、现金支票背面和转账支票、转账支票背面格式如表4－2、表4－3、表4－4、表4－5所示。

表4－2　　　　现金支票正面格式

存根：

中国××银行
现金支票存根
XⅣ0020003400007115
附加信息
出票日期　年　月　日
收款人：
金　额：
用　途：
单位主管　　会计

正面：

中国××银行　现金支票　　00200034
00007115

本支票付款期限十天

出票日期（大写）　　年　　月　　日　　付款行名称：
收款人：　　出票人账号：

人民币（大写）	千	百	十	万	千	百	十	元	角	分

用途　　　　密码

上列款项请从
我账户内支付
出票人签章　　复核　　记账

表 4－3 现金支票背面格式

附加信息：	收款人签章 年 月 日	（贴粘单处）
	身份证件名称：　　　　发证机关：	
	号码	

表 4－4 转账支票正面格式

<table>
<tr><td rowspan="6">中国××银行
转账支票存根
X Ⅵ002000000070
附加信息

出票日期　年　月　日</td><td rowspan="9">本支票付款期限十天</td><td colspan="2">中国××银行　转账支票　002000 000070
出票日期（大写）　年　月　日　付款行名称：
收款人：　出票人账号：</td></tr>
<tr><td>人民币
（大写）</td><td>千 百 十 万 千 百 十 元 角 分</td></tr>
<tr><td rowspan="4">用途
上列款项请从
我账户内支付
出票人签章
33688　GFF7544　99087666009
UYY　44</td><td rowspan="4">密码
行号

复核　记账</td></tr>
<tr></tr>
<tr></tr>
<tr></tr>
<tr><td>收款人：</td></tr>
<tr><td>金　额：</td></tr>
<tr><td>用　途：
单位主管　会计</td></tr>
</table>

表 4－5 转账支票背面格式

附加信息：	被背书人 背书人签章 年 月 日	被背书人 背书人签章 年 月 日	（贴粘单处）
	身份证件名称：	发证机关：	
	号码		

例题 4-4：某4S店从其银行存款中提取现金15 000元备用，会计部门根据现金支票存根编制会计分录如下：

借：库存现金　　15 000

　　贷：银行存款　　15 000

例题 4-5：某4S店以转账支票结算方式从摩比斯公司购进现代索纳塔汽车配件700 000元，并已验收入库。根据转账支票存根与发票、入库单等单据，会计部门编制会计分录如下：

借：库存商品——配件（索纳塔）　　700 000

　　贷：银行存款　　700 000

例题 4-6：某4S店采用转账结算方式销售现代2.0AT索纳塔8代汽车一辆，价款200 000元，增值税34 000元。收到转账支票存入其开户银行。会计部门根据进账单回单联、出库单及增值税专用发票等单据，编制会计分录如下：

借：银行存款　　234 000

　　贷：主营业务收入——整车销售（新车销售）　　200 000

　　　　应交税费——应交增值税（销项税额）　　34 000

银行进账单的格式如表4-6所示。

表4-6　　**中国××银行　进账单（回单）**　1

年　月　日

<table>
<tr><td rowspan="3">出票人</td><td>全　称</td><td></td><td rowspan="3">收款人</td><td>全　称</td><td colspan="10"></td></tr>
<tr><td>账　号</td><td></td><td>账　号</td><td colspan="10"></td></tr>
<tr><td>开户银行</td><td></td><td>开户银行</td><td colspan="10"></td></tr>
<tr><td colspan="2" rowspan="2">人民币
（大写）</td><td colspan="3" rowspan="2"></td><td>千</td><td>百</td><td>十</td><td>万</td><td>千</td><td>百</td><td>十</td><td>元</td><td>角</td><td>分</td></tr>
<tr><td></td><td></td><td></td><td></td><td></td><td></td><td></td><td></td><td></td><td></td></tr>
<tr><td>票据种类</td><td></td><td>票据张数</td><td colspan="12" rowspan="3">复核　　记账</td></tr>
<tr><td>票据号码</td><td colspan="2"></td></tr>
<tr><td colspan="3">备注：</td></tr>
</table>

在银行开户的存款人领购支票，须填写“票据和结算凭证领用单”并盖章，签章应与预留银行的印鉴相符，同时持支票购领证及指定人员的居民身份证、由指定人员到开户银行办理购买手续。开户银行对相关证件审核无误后即可将支票售给存款人。需要使用密码支付的存款人还需要领取支付密码。

8. 怎样使用银行汇票并进行核算?

银行汇票是出票银行签发的，由其在见票时按照结算金额无条件支付给收款人或者持票人的票据。单位、个体经济户和个人各种款项结算，均可使用银行汇票。银行汇票可以用于转账，填明现金字样的银行汇票，可以向银行支取现金。

银行汇票签发和使用的主要规定有：(1) 银行汇票一律记名。(2) 银行汇票的提示付款期限自出票日起 1 个月，(按次月对日计算，到期遇法定休假日顺延)，持票人超过付款期限提示付款的，银行不予受理。(3) 超过付款期限不获付款的，持票人需在票据权利时效内向出票银行做出说明，并提供本人身份证或单位证明，持银行汇票和解讫通知向出票银行请求付款。(4) 银行汇票的收款人可以将银行汇票背书转让给被背书人，背书转让以不超过出票金额的实际结算金额为限，未填写实际结算金额或实际结算金额超出票面金额的银行汇票不得背书转让。如果银行汇票不能满足背书人记载事项的需要，可以加粘单附于票据凭证上。银行汇票上记载"不得转让"字样的不得背书转让。(5) 申请使用现金银行汇票的，其申请人和收款人必须都是个人，申请人或收款人为单位的，银行不予签发现金银行汇票。(6) 银行汇票的实际结算金额不得更改，更改实际结算金额的银行汇票无效。

企业使用银行汇票的基本程序是：申请人填写"银行汇票申请书"，到开户银行办理银行汇票；出票行在办好转账或收妥现金后，签发银行汇票，银行签发汇票必须记载下列事项：表明"银行汇票"的字样；无条件支付的承诺；出票金额；付款人名称；收款人名称；出票日期；出票人签章。欠缺记载上列事项之一的，银行汇票无效。汇票的出票日期和出票金额必须大写，转账银行汇票一律不填写代理付款行名称；如收款人可以在代理付款行支取现金的，须在四联汇票的"出票金额人民币（大写）"之后紧接填写"现金"字样，再填写出票金额。申请书的备注栏内说明"不得转让"的，出票行应当在汇票正面备注内说明。所填汇票复核无误的，在第二联上加盖汇票专用章并由授权的经办人签名或盖章，在实际结算金额栏的小写金额上端用银行统一制作的压数机压印出原金额，然后连同第三联一并交给申请人。收款人在收到申请人提交的银行汇票之后，应审查票据内容并如实填写结算金额，同时将银行汇票和解讫通知连同进账单提交开户银行，办理款项结算。银行汇票及粘单、银行进账单的格式如表 4-7 和表 4-8 所示。

表 4－7　　中国××银行　　01000047

银行汇票　2　　00023780

出票日期　　年　月　日

（大写）　　代理付款行：　　行号：

提示付款期限自出票之日起壹个月

收款人：											
出票金额	人民币（大写）										
实际结算金额	人民币（大写）		百	十	万	千	百	十	元	角	分

申请人：　　账号：

出票行：　　行号：

备　注：

凭票付款

出票行签章

密押：	
多余金额	复核　记账

表 4－8　　银行汇票背面格式

被背书人 背书人签章 年　月　日	被背书人 背书人签章 年　月　日	（贴粘单处）
持票人向银行 提示付款签章：	身份证名称：　　发证机关： 号码：	

例题 4－7：（1）某4S店从温州伴你行车饰用品有限责任公司购进汽车保温箱价值600 000元。为保证尽快拿到货，该4S店到开户银行申请办理银行汇票。会计部门根据银行汇票委托书回单联编制会计分录如下：

借：其他货币资金——银行汇票　　600 000

　　贷：银行存款　　600 000

（2）数日后，店采购员将汽车保温箱拉回验收入库，实际采购金额500 000元、增值税85 000元。会计部门根据销货方开具的增值税专用发票、入库单等单据，编制会计分录如下：

借：库存商品——精品（汽车保温箱）　　500 000

应交税费——应交增值税（进项税额）　85 000
　贷：其他货币资金——银行汇票　585 000

（3）财会部门收到银行转来银行汇票第四联（多余款入账通知），未使用款项15 000元划回4S店存款账户。编制会计分录如下：

借：银行存款　15 000
　贷：其他货币资金——银行汇票　15 000

例题4-8：某4S店收到天津道通工贸公司交来的银行汇票第二、三联，金额234 000元，准备购置现代名图2.0AT型汽车。财会人员对银行汇票第二、三联审核无误后，连同进账单当即存入开户银行划款。根据进账单回单联、增值税专用发票及出库单编制会计分录如下：

借：银行存款　234 000
　贷：主营业务收入——整车销售（新车销售）　200 000
　　　应交税费——应交增值税（销项税额）　34 000

9. 怎样使用银行本票并进行核算?

银行本票是银行签发的，承诺在见票时无条件支付确定的金额给收款人或者持票人的票据。单位、个体经济户和个人不管其是否在银行开户，相互之间在同一票据交换区内的商品交易、劳务供应以及其他款项的结算都可使用银行本票。

采用银行本票支付的有关规定是：（1）银行本票一律记名，允许背书转让。（2）银行本票的提示付款期限为自出票日起最长不得超过2个月。超过提示付款期限不获付款的，在票据权利时效内向出票银行做出说明并提供本人身份证或单位证明，可持银行本票向银行请求付款。（3）收款单位和个人持银行本票可以办理转账结算，也可以支取现金。银行本票用于转账的，在本票上划去“现金”字样；用于支取现金的，在本票上划去“转账”字样。银行本票需用压数机压印出票面金额。（4）银行本票由银行签发并保证兑付，而且见票即付。如果银行本票遗失，失票人可以凭人民法院出具的其享有票据权利的证明，向出票银行请求付款或退款。

企业使用银行本票的基本程序是：申请人使用银行本票，应填写“银行本票申请书”并交给出票银行。出票银行受理申请人提交的申请书审核无误后，收妥申请人的款项签发银行本票。收款人受理本票后，应认真进行审查，并在银行本票背面“持票人向银行提示付款签章”处签章，签章须与预留银行印鉴相同，同时填制进账单连同银行本票一并送交开户行，银行审查无误后办理转账。银行本票及粘单格式如表4-9、表4-10所示。

表 4－9　　　　中国××银行　京　03000047
　　　　　　　　　　　　　　　　　00020330

本　票　2

出票日期（大写）　　年　　月　　日

提示付款期限自出票之日起贰个月				
	收款人：			申请人：
	凭票即付	人民币（大写）		百 十 万 千 百 十 元 角 分
	转账　现金			
	备注：			密押： 行号：
			出票银行签章	出纳　复核　经办

表 4－10　　　　银行本票背面格式

被背书人	被背书人	（贴粘单处）
背书人签章 年　月　日	背书人签章 年　月　日	
持票人向银行 提示付款签章：	身份证件名称：　　　发证机关： 号码	

银行本票的核算方法与银行汇票的核算方法基本相同。

10. 怎样使用商业汇票并进行核算?

商业汇票是出票人签发的，委托付款人在指定日期无条件支付确定金额给收款人或者持票人的票据。商业汇票按承兑人不同分为商业承兑汇票和银行承兑汇票。商业承兑汇票是指由付款人或收款人签发，必须由银行以外的付款人承兑的商业汇票。银行承兑汇票是指由付款人或收款人签发，必须由银行承兑的商业汇票。在银行开立账户的结算双方，当发生真实的商品交易或债权债务关系，并约定延期付款或分期付款时可以采用此种结算方式。

（1）签发和使用商业汇票的主要规定是：商业汇票一律记名，并允许背书转让。商业汇票的付款期限最长不超过6个月；如属分期付款，应一次签发若干张不同期限的商业汇票；定日付款的商业汇票自出票日起按日计算其付款期限；定期付款的商业汇票自出票日起按月计算其付款期限。商业汇票的持有人应在规定的提示付款期内（汇票到期日起10日）通过银行向付款人委托收款，逾期银行不予受理。付款人到期无力支付款项的，如果是商业承兑汇票，银行将汇票退回原持票人，由双方自行解决；如果是银行承兑汇票，作为承兑人的银行将无条件代为付款，并将所付款项转为对付款人的逾期贷款，按日计收罚息。付款人由于合法事由可以拒绝付款，但必须在接到付款通知的次日起3日内，填制拒绝付款证明交开户银行转交持票人。

（2）商业承兑汇票的基本结算程序是：购销业务发生延期付款或债务延期支付时，由出票人签发商业承兑汇票给收款人；收款人在提示付款期内委托银行向付款人收款，填制托收凭证；付款人开户银行收到商业承兑汇票后通知付款人付款；付款人收到托收凭证的付款通知联后通知银行付款；收款人开户银行通知收款人款已收妥入账。

（3）银行承兑汇票基本结算程序是：出票人与银行签署银行承兑协议，银行审核承兑条件后，签发银行承兑汇票交给出票人；出票人将银行承兑汇票转交收款人；收款人在银行承兑汇票到期时填制托收凭证，连同银行承兑汇票送交开户银行办理收款；付款人开户银行到期日凭票无条件支付款项给收款人或被背书人。

商业承兑汇票、银行承兑汇票及粘单格式如表4－11、表4－12及表4－13所示。

表4－11 商业承兑汇票 **2** 01000047

出票日期 年 月 日 00020310

（大 写）

<table>
<tr><td rowspan="3">付款人</td><td>全 称</td><td colspan="2"></td><td rowspan="3">收款人</td><td>全 称</td><td colspan="10"></td></tr>
<tr><td>账 号</td><td colspan="2"></td><td>账 号</td><td colspan="10"></td></tr>
<tr><td>开户银行</td><td colspan="2"></td><td>开户银行</td><td colspan="10"></td></tr>
<tr><td colspan="2" rowspan="2">汇票金额</td><td rowspan="2">人民币
（大写）</td><td colspan="3" rowspan="2"></td><td>千</td><td>百</td><td>十</td><td>万</td><td>千</td><td>百</td><td>十</td><td>元</td><td>角</td><td>分</td></tr>
<tr><td></td><td></td><td></td><td></td><td></td><td></td><td></td><td></td><td></td><td></td></tr>
<tr><td colspan="2">汇票到期日（大写）</td><td colspan="2"></td><td colspan="2" rowspan="2">付款人
开户行</td><td>行号</td><td colspan="9"></td></tr>
<tr><td colspan="2">交易合同号码</td><td colspan="2"></td><td>地址</td><td colspan="9"></td></tr>
<tr><td colspan="4">本汇票已经承兑，到期无条件支付票款。
承兑人签章
承兑日期 年 月 日</td><td colspan="12">本汇票请予以承兑于到期日付款。
出票人签章</td></tr>
</table>

表 4－12　　　　银行承兑汇票　**2**　　　　01000047

出票日期　年　月　日　　　　00000337

（大　写）

出票人全称		收款人	全 称	
出票人账号			账 号	
付款行全称			开户银行	
出票金额	人民币（大写）			千 百 十 万 千 百 十 元 角 分
汇票到期日（大写）		付款行	行号	
承兑协议编号			地址	
本汇票请你行承兑，到期无条件付款。 出票人签章		本汇票已经承兑，到期日由本行付款。 承兑行签章 承兑日期　年　月　日 备注：		密押 复核　记账

表 4－13　　　　银行承兑汇票背面格式

被背书人	被背书人	
背书人签章 年　月　日	背书人签章 年　月　日	（贴粘单处）

例题 4－9：（1）某 4S 店以赊销方式向哈尔滨秋林商务酒店销售 2.0AT 现代 ix35 型汽车一部，价款 141 025.64 元，增值税 23 974.36 元。收到哈尔滨秋林商务酒店签发并承兑同等金额的期限三个月的商业汇票第二联一张。会计部门根据商业汇票、增值税专用发票及出库单等单据，编制会计分录如下：

借：应收票据——哈尔滨秋林商务酒店　　165 000

　贷：主营业务收入——整车销售（新车销售）　　141 025.64

　　　应交税费——应交增值税（销项税额）　　23 974.36

（2）三个月后商业汇票到期，4S 店会计部门向开户银行提交商业汇票委托其向哈尔滨秋林商务酒店收取款项，根据入账通知编制会计分录如下：

借：银行存款　　165 000

　贷：应收票据——哈尔滨秋林商务酒店　　165 000

例题 4－10：（1）某 4S 店采用商业汇票结算方式从天津风神电子设备有限责任公司购进道通牌车用导航仪 100 个，单价 3 000 元，增值税 510 元。导航仪验收入库后，根据增值税专用发票、入库单和商业汇票第三联等单据，编制会计分录如下：

借：库存商品——精品（道通牌导航仪）　　3 000

　　应交税费——应交增值税（进项税额）　　510

　　贷：应付票据——天津风神电子设备有限责任公司　　3 510

（2）三个月后商业汇票到期，企业接到银行转来商业汇票付款通知，审核无误，承付款项。编制会计分录如下：

借：应付票据——天津风神电子设备有限责任公司　　3 510

　　贷：银行存款　　3 510

11. 怎样通过银行汇款并进行核算？

若企业欲通过银行将相关款项汇给收款人的话，可以选用银行提供的汇兑结算方式。它是汇款人委托银行将款项支付给收款人的结算方式。汇兑便于汇款人向异地的收款人主动付款，适用于单位和个人的各种款项的结算。汇兑有信汇和电汇两种。

汇款人需要汇款时，签发信汇或电汇凭证交给汇出银行；汇出银行受理后，向汇入银行办理汇款；汇入银行接到汇出银行凭证后，将款项划入收款人账户并提供收账通知。为了满足客户对资金到账时间的不同要求，电汇凭证上面增加了“普通”、“加急”两个选项。汇款人可根据银行对客户资金到账时间的承诺，选择普通或加急方式。若汇款人未对电汇凭证的“普通”、“加急”选项栏做出选择，应视为普通汇款方式。信汇和电汇凭证的格式基本相同。电汇凭证格式如表4－14所示。

表4－14　　**中国××银行　电汇凭证（回　单）1**

普通　加急　　委托日期　　年　月　日

汇款人	全　称		收款人	全　称												
	账　号			账　号												
	汇出地点	省　市／县		汇入地点	省　市／县											
汇出行名称			汇入行名称													
金额	人民币（大写）						千	百	十	万	千	百	十	元	角	分
			支付密码													
			附加信息及用途：													
汇出行盖章			复核　记账													

例题4－11：（1）某4S店需要职工张某去天津市武清县采购车用座套用品价值40 000元。财会部门通过开户银行将款项汇往天津武清县采购点附近的同一银行网点。会计人员根据电汇凭证第一联（回单），编制会计分录如下：

借：其他货币资金——外埠存款　　40 000

　　贷：银行存款　　40 000

（2）数日后，根据采购员寄回的增值税专用发票及库房转来的入库单据，编制会计分录如下：

借：库存商品——精品（座套）　　34 188.03

　　应交税费——应交增值税（进项税额）　　5 811.97

　　贷：其他货币资金——外埠存款　　40 000

例题4-12：某4S店预收客户北京朝阳阳光广场商务酒店预付的订车款400 000元。根据收到的电汇凭证第四联（入账通知）及银钱收据等单据，编制会计分录如下：

借：银行存款　　400 000

　　贷：预收账款——北京朝阳阳光广场商务酒店　　400 000

12. 怎样使用信用卡并进行核算？

信用卡是指商业银行向单位和个人发行的，凭以购物、消费和向银行存取现金且具有信用的特制载体卡片。信用卡按使用对象不同分为单位卡和个人卡；按信用等级不同分为金卡和普通卡。

凡在国内金融机构开立基本账户的单位可申领单位卡。单位卡可申领若干张，持卡人资格由申领单位法定代表人或其委托的代理人书面指定或注销，持卡人不得出租或转借信用卡。

单位或个人申领信用卡，应按规定填制申请表，连同有关资料一并送交发卡银行。符合条件并按银行要求交存一定金额的备用金之后，银行即为申领人开立信用卡存款账户并发给信用卡。持卡人用信用卡购物或消费应在签购单上签字，商户根据签购单与商业银行进行结算。采用信用卡结算的有关规定如下：单位卡账户的资金一律从其基本账户转账存入，在使用过程中需要向其账户续存资金的，也一律从其基本账户转账存入，不得交存现金，不得将销售收入的款项存入其账户；单位卡一律不得用于10万元以上的商品交易、劳务供应款项的结算，不得支取现金；用卡在规定的限额和期限内允许善意透支，透支额金卡最高不得超过10 000元，普通卡最高不得超过5 000元，透支期限为60天；如果信用卡遗失，持卡人应立即持有效证件向发卡银行或代办银行申请挂失。

例题4-13：（1）某4S店使用信用卡在某商厦购置办公用品价值5 000元，会计部门根据增值税专用发票及其签购单所载信息，编制会计分录如下：

借：管理费用——办公费　　4 273.5

　　应交税费——应交增值税（进项税额）　　726.5

　　贷：其他货币资金——信用卡　　5 000

（2）次月，代理服务机构根据银行转来信用卡对账单记录，编制会计分录如下：

借：其他货币资金——信用卡　　5 000

　　贷：银行存款　　5 000

银行签购单及其信用卡对账单的格式如表4-15和表4-16所示。

表 4－15 中国××银行 客户签购单

销 售 点 北京世纪陆锋文化传播公司
商户编号 403110256910029
终端编号 14031573
卡类别／卡号 工商银行
4370 30＊＊ ＊＊＊＊ 7518 S
交易类别 消费 有效期 2000/0
批号 000687 凭证号 005876
授权码 000768 169874343498563
日期/时间 2012/07/16 15：57：24
交易金额 RMB：300.00
合计金额 操作员号 07
备注
本人确认以上交易，同意将其记入卡账。 持卡人签名 吴春秀

表 4－16

中国××银行 信用卡对账单

100029

北京市朝阳区育慧中里 7 号楼三单元 603 房间

吴春秀

重要提示：

贷记卡到期还款日 2014 年 4 月 25 日

本期应还款总额 人民币 745.80

本期最低还款额 人民币 74.58

账单周期：2014 年 03 月 01 日—2014 年 03 月 31 日

需还款明细

卡号后四位	应还款额		最低还款额		信用额度	
	人民币	外 币	人民币	外 币	人民币	外 币
7518 牡丹贷记卡	300.00／CNY	0.00／USD	300.00／CNY	0.00／USD	10 000.00／CNY	0.00／USD
合 计	300.00／CNY	0.00／USD	300.00／CNY	0.00／USD	10 000.00／CNY	0.00／USD

13. 怎样进行网上银行结核算?

利用网上银行进行款项结算是非常方便快捷的结算方式。企业在完成网上银行收款业务之后，根据网上银行收款业务回单联，借记“银行存款”科目，贷记“主营业务收入”、“应收账款”或其他会计科目；企业在完成网上银行付款业务之后，根据网上银行付款业务回单联，借记“库存商品”、“应付账款”或其他会计科目，贷记“银行存款”科目。网上银行收款和付款业务回单联的格式如表4－17和表4－18所示。

表4－17

中国××银行 凭证

业务回单（收款）

日期：2014年04月15日 回单编号：1410000034

付款人名称：王益雄
付款人账号（卡号）：6235090020001l516077 付款人开户行：中国××银行北京亚运村支行
收款人户名：北京隆盛祥汽车贸易有限责任公司
收款人账号（卡号）：0300006709300039181 收款人开户行：中国××银行北京广渠路支行
金额：壹拾陆万柒仟叁佰元整 小写：167 300.00元
业务（产品）种类：汇划收报 凭证种类：000000000 凭证号码：000000000000000000
摘要：网转 用途：还款 币种：人民币
交易机构：0020000047 记账柜员：00017 交易代码：02713 渠道：网上银行
汇划种类：汇兑 客户附言：用于还款

本单为第一次打印，注意重复 打印日期：2014年04月15日 打印柜员：8 验证码：87A9B3483009

表4－18

中国××银行 凭证

业务回单（付款）

日期：2014年04月15日 回单编号：1410000034

付款人名称：北京隆盛祥汽车贸易有限责任公司
付款人账号（卡号）：0300006709300039181 付款人开户行：中国××银行北京广渠路支行
收款人户名：北京隆盛祥汽车贸易有限责任公司
收款人账号（卡号）：1000006702180039l953 收款人开户行：中国××银行北京中关村支行
金额：玖拾壹万柒仟零捌拾捌元整 小写：917 088.00元
业务（产品）种类：跨行发报 凭证种类：000000000 凭证号码：000000000000000000
摘要：货款 用途： 币种：人民币
交易机构：0030000998 记账柜员：00010 交易代码：57149 渠道：网上银行
附言：支付交易序号：13055774
报文种类：CMT100汇兑支付 报文 委托日期：2014－04－18 业务种类：普通汇兑
收款人地址：中国××银行北京中关村支行
付款人地址：中国××银行北京广渠路支行 指令编号：HQP881692587
提交人：YSL1.c.0200 最终授权人：123494.c.0200

本单为第一次打印，注意重复 打印日期：2014年04月18日 打印柜员：8 验证码：04E340C4857106

14. 填写银行结算单据的基本要求是什么？结算单据填错后怎样处理？

（1）大小写金额必须相符且符合规范要求，且小写金额用阿拉伯数字逐个书写，不得连写数字。小写金额前面要填写人民币符号“￥”，且人民币符号“￥”与阿拉伯数字之间不得留有空白。金额数字一律填写到角分值；无角分值的，写“00”；有角无分的，分位写“0”。大写金额数字使用汉字壹、贰、叁、肆、伍、陆、柒、捌、玖、拾、佰、仟、万、亿、元（圆）、角、分、零、整（正），且一律用正楷字体或者行书字体进行书写；不得使用一、二、三、四、五、六、七、八、九、十、园、毛、另进行大写数字书写。大写金额前面未印有“人民币”字样的应加写“人民币”三个汉字，且人民币与大写金额之间不得留有空隙。大写金额到元或角为止的，后面加写汉字“整”或者“正”；而有分值的，不得加写汉字“整”或者“正”。小写阿拉伯数字金额中间不管有多少个“0”，其大写金额只写一个汉字“零”字；同时要注意特殊数字的正确书写，如小写金额“16”元，其大写金额要写作人民币“壹拾陆元整”。

（2）票据的出票日期必须使用汉字大写。为防止变造票据的出票日期，在填写月、日时，月为壹、贰和壹拾的，日为壹至玖和壹拾、贰拾和叁拾的，应在其前加“零”；日为拾壹至拾玖的，应在其前加“壹”。票据的出票日期使用小写的，银行不予受理。大写日期未按照规定填写的，银行可予受理，但由此造成的经济损失由出票人自行承担。

15. 收到票据后应注意审核哪些事项？怎样做好票据背书转让？

（1）收款人或被背书人收到票据后，应根据所掌握票据防伪知识进行票据真伪的鉴别：现金支票、转账支票、汇票、非清分机本票纸张使用专用水印纸；清分机支票、清分机本票纸张使用专用清分机纸；所有纸张中采用荧光纤维；汇票、非清分机本票纸张中采用安全线；所有票据凭证均采用双色底纹印刷。现金支票的主题图案为梅花，转账支票、清分机支票主题图案为竹；汇票主题图案为兰花；本票主题图案为菊花；汇票、本票底纹采用彩虹印刷、微缩文字、变形曲线等多种防伪印刷技术；汇票、本票和支票大写金额栏采用水溶性红色荧光油墨印刷，在紫外灯光下发出微弱的红色荧光，涂改后的红水线表面会发生变化；号码采用棕黑色渗透性油墨印制，号码的正面为棕黑色，背面有红色渗透效果。

（2）收款人或被背书人在进行票据真伪鉴别的同时还应注意审核下列事项：票据必须记载的事项是否齐全，票据是否在提示付款期限之内；票据记载的收款人或被背书人是否确为本单位或者个人；出票日期、出票金额、收款人名称是否正确无误，是否有更改痕迹，其他记载事项的更改是否由原记载人签章证明；出票金额大小写是否一致，银行汇票、本票的小写金额是否用压数机压印；票据上出票人、承兑人、背书人签章是否清晰并符合规定；背书转让的票据，其背书是否连续，背书人为个人的是否附有身份证件号码；

票据附有粘单的，粘单是否粘附于票据背后的贴粘单处，粘单上的第一记载人是否在票据和粘单的粘接处签章，粘单上的第一记载人是否是前一手背书的被背书人；票据为银行汇票的，还应审查银行汇票和解讫通知是否齐全（即银行汇票第二联、第三联必须在一起才有效）。汇票号码和记载的内容是否一致，是否记载了实际结算金额，实际结算金额有无更改，其金额是否超过出票金额。收款人或被背书人若发现存在问题或有疑点，应主动到开户银行进行查证，不要急于让客户把产品提走。

背书是持票人以转让票据权利为目的，按照票据法规定的事项和方式记载于票据上并交付的一种票据行为。背书应记载事项有：背书人签章、背书人名称、背书日期。前两项为绝对记载事项，若欠缺记载，背书无效；背书日期是相对记载事项，若欠缺记载，背书仍然有效，并视为背书日期在到期日前。背书记载的位置应在票据的背面。若票据背面不敷记载时，可以在粘单上作成背书。但是，粘单的第一记载人必须在粘单与票据的粘接处签章，这种背书才有效。同时，背书必须是单纯的背书。背书附加条件的，所附条件无效，背书仍然有效；背书仅转让部分金额或转让两人以上的，背书无效。

可以背书转让的票据有：支票中的转账支票、银行本票、银行汇票、商业汇票。

16. 票据丢失后，怎样及时申请挂失止付？

在挂失前未获付款的记载完整的商业承兑汇票、支票和填明“现金”字样和代理付款人（即指定兑付行）的银行汇票丧失后，失票人需要挂失止付的，应填写挂失止付通知书签章后交付款人或代理付款人，并记载：票据丧失事由；票据种类、号码、金额、付款日期、付款人名称；通知止付人的姓名、联系地址。失票人应在通知挂失止付的次日起3日内向法院申请公示催告或提起诉讼，并向付款人或代理付款人提供已经申请公示催告或提起诉讼的证明。对失票人提供的已向法院申请公示催告或提起诉讼的证明的，在3日期满的次日起12日内付款人或代理付款人收到法院送达的“停止支付通知书”时，按照法院的停止支付通知书办理止付；在12日届满后，付款人或代理付款人按票据的记载事项付款，发生冒领对其不承担责任。

17. 怎样到开户银行办理存取现款并进行核算？

4S店在其向开户银行存入现金时，应由会计部门的出纳员填制一式两联的“现金缴款单”，在填写“现金缴款单”时必须采用双面复写纸，字迹必须清楚、规范，不得涂改，而后连同现金一并交银行营业大厅出纳柜台。银行出纳员现场根据现金缴款单所填列金额如数清点收妥后，在现金缴款单上加盖“现金收讫”印章及柜员人名章，并将第一联作为回单退给企业的送款人，表示现金收妥。送款人在接到“回单联”后应当即进行检查，确认为本企业交款回单，而且银行有关手续已经办妥后即可离开柜台。

若4S店交款数额经常较大时，银行当面点清确有困难的，可事先与银行协商，双方规定有关条件，并签定协议书，采取“封包交款”的办法交款。封包交款指的是企业把要交存银行的现款按有关要求进行整理，并按银行的规定捆包好，在捆包上加贴封签，写明金额，加盖公章，连同填写好的“现金缴款单”一并送交银行。银行凭封签上的金额轧清大数后收款，先在“现金缴款单”上加盖“现金收讫”章和柜员人名章，将“回单联”交给企业交款人，事后再按规定逐包清点细数。如发现长短款，再向企业办理多退少补手续。实行封包交款办法的单位在封包时，首先要把货币整理好，其次再按银行的要求进行“封包”（捆扎）。封包时纸币要按面额分类，每 10 把扎成一捆，捆扎时上下垫好衬纸，用十字型捆扎，在每捆钞票打结处要加贴封签，封签贴在衬纸上。如不满一百张的，按零头整理的要求，整理好后加贴封签。硬币按面额分类，每 10 卷扎成一捆，同样加贴封签。不满一百枚的零头按币别打卷，并在卷上写明枚数、金额、日期，加盖经手人名章。封包的封签必须写明金额、日期、封包经办人员姓名，并加盖单位公章。另外，要求封包必须露封，便于轧点大数。银行柜员在轧计大数时，即发现有差错的，应当立即告知交款人，经交款人当场复对后，在银行设置的“单位交款差错登记簿”上进行登记，并由交款人签章。单位交款人按照复对后的金额重新填制“现金缴款单”。如银行事后清点发现长款或短款，应在封包的封签上注明长款或短款的金额，由银行柜员和收款复核员共同签章，登记“单位交款差错登记簿”和填写错款证明单，并向企业退回长款或收回短款。企业交款人员在送存现金时应注意以下事项：凡经整理好准备送存银行的现金，在填好“现金缴款单”后，一般不宜再行调换票面，如确需调换的，应重新复点，同时重新填写“现金缴款单”。交款人最好是现金整理人，这样可以避免发生差错时责任不明的情况。送存途中必须保证安全，送存金额较大的款项时，最好用专车，并派人护送。临柜交款时，交款人必须与银行柜员当面交接清点，做到一次交清，不得边清点边交款。

4S 店的会计人员根据收到的“现金缴款单”第一联，借记“银行存款”科目，贷记“库存现金”科目。现金缴款单的格式如表 4－19 所示。

表 4－19　　北京××商业银行 现金缴款单（回单）　1

交款日期　2014 年 10 月 20 日

收款单位	全称	北京现代隆盛祥贸易有限责任公司	款项来源	配件销售
	账号	060500697514	款项类别	现金　本行票据　张

人民币（大写）	千	百	十	万	千	百	十	元	角	分
贰万壹仟零伍拾元整			¥	2	1	0	5	0	0	0

券别	张数	金额	券别	张数	金额	券别	枚数	金额	
壹佰元	200		贰元			伍分			上列款项已如数收妥入账（收款银行盖章）
伍拾元	20		壹元			贰分			复核
贰拾元			伍角			壹分			经办
壹拾元	5		贰角						
伍　元			壹角						

例题4－14：某4S店到某商业银行支行营业部缴存现金21 050元，会计人员根据现金缴款单第一联编制会计分录如下：

借：银行存款　　21 050

　贷：库存现金　　21 050

4S店向其开户银行提取现金时，应签发“现金支票”，填明支取现金的金额和款项用途，并加盖预留银行印鉴的印章。出纳人员持现金支票到开户银行现金柜台提出提现要求，银行柜员审核无误后并根据现金支票所载金额向取款人支付现款。属于销户的，应取得银行“单位活期存款利息清单”。4S店的会计人员根据留存的“现金支票”存根，借记“库存现金”科目，贷记“银行存款”科目。

例题4－15：某4S店会计部门的出纳员签发现金支票一张，支取现金40 000元。根据现金支票存根编制会计分录如下：

借：库存现金　　40 000

　贷：银行存款　　40 000

18. 4S店收银员使用POS机进行信用卡刷卡的主要工作流程及其要求是什么？

汽车4S店收银员接受购车客户或者售后服务客户的信用卡时，首先应仔细完成以下核对与确认工作：（1）验明持卡人所持信用卡的图案和标识与相应发卡银行卡是否相符。（2）核对信用卡的有效期，失效卡应立即拒绝受理。（3）识别卡片是否有打孔、剪角、作废、损毁等现象，如出现以上异常，应立即拒绝受理。（4）检查卡背面的签名栏是否有涂改痕迹及是否有签名，若卡片背面的签名栏没有任何签名，应建议客户先签字；若卡背面签名是中文，应与卡面凸印的英文名相符。如果发现明显不符，应立即拒绝受理。同时，检查是否有“样卡”或“测试卡”、“VOID”字样，如有，应立即拒绝受理。（5）对于照片卡，还要核对照片与持卡人相貌、持卡人性别是否与卡面凸印的MS或MR相符，如出现不符，应立即拒绝受理。（6）核对卡片凸印卡号前四位数字和平面印刷的微型数字是否一致，如不一致，应立即拒绝受理。（7）对于陌生的信用卡，收款员应拨打信用卡中心电话进行查询核对后再进行刷卡操作。其次，是在正常交易完成后，要详细核对交易凭证明细（卡号、金额、交易类型等）与实际交易是否相符。第三，POS机交易成功并打印出签购单后，收银员要立即请持卡人在签购单上签名，并与卡背面的签名进行核对。收银员刷卡完毕后不得立即将卡片交还给持卡人，应待核对签名完毕后才能将卡片予以交还。如果难以辨认签名，收银员可通过收单机构联系发卡机构，对持卡人身份进行确认。

以下两种情况下应判定遇到伪造卡并拒绝受理：一是检查凸印卡号的前四位数字与下方平面印刷的微型四位数字不一致；二是使用POS机刷卡，POS上显示的磁条信息中的卡号与卡面凸印的卡号不一致。

收银员的过失或欺诈行为将承担相应的民事及刑事法律责任，主要包括以下几个方面：(1) 拒绝受理信用卡。收单银行可以向商户追究违约赔偿责任。(2) 向持卡人收取刷卡手续费，一方面收单银行可以向商户追究违约赔偿责任，另一方面持卡人可以不当得利为由要求返还。(3) 将同一笔交易使用同一张卡时，分成几笔交易处理。(4) 违规向持卡人提供套现，收单银行可以向商户追究违约赔偿责任；情节严重的，将构成信用卡诈骗罪。(5) 收银员未核对刷卡者身份造成信用卡被他人冒用，持卡人将可以商户未尽到“表面审查义务”为由要求商户承担赔偿责任。(6) 以多刷卡、重复刷卡等方式侵占持卡人资金，将构成侵占财产罪或盗窃罪。(7) 收银员捡到他人信用卡后使用，涉嫌冒用他人信用卡，数额较大的，将构成信用卡诈骗罪。(8) 收银员窃取他人信用卡后使用，涉嫌盗窃并使用他人信用卡，数额较大的，将构成盗窃罪。(9) 收银员与伪卡团伙相勾结，盗录信用卡磁条信息，涉嫌共同犯罪，以伪造金融票证罪定罪处罚。(10) 收银员刷假卡或协助他人刷假卡，将构成信用卡诈骗罪。

带有持卡人签名的 POS 机签购单，必须要妥善保存两年后进行销毁。

五、4S店借入资金和所有者权益资金核算

1. 怎样核算投资人投入的资本？

4S店主要通过吸收投资人的投资进行经营性资金的筹集，是企业资金筹集的最主要渠道。其中，投资人的范围界定主要是国家、法人单位、个人或者外商实体。从投入资本的性质来看，接受投资者的投资是企业实际收到投资者投入企业的可作为长期周转使用的资金，是企业所有者权益的重要来源。投资人既可以用现金（包括人民币和各种外币）投资，也可以用非现金（机器设备、厂房及其他物资等）投资。投资人投入资本的不同，其享受的权益和承担的风险也不同，投资者应该按照投入资本的比例或依照合同、章程、协议的约定参与企业利润的分配并承担相应的风险损失。当这些资金进入企业之后，企业对这些投入的“资本”依法享有经营权，投资者除依法转让外，不得随意抽回。特殊情况下需要抽回出资的，须经股东会讨论决定。

为了反映企业按照有关章程的规定收到投资者投入的资本，一般应设置“实收资本”科目进行核算。“实收资本”科目属于所有者权益类科目，投资者投入和其他途径转入资本并注册时登记贷方，企业依法减少注册资本时登记借方，该科目余额在贷方，反映企业注册资本的实有数额。“资本”科目应按投资者进行明细核算。

企业收到投资者投入的货币资金时，按其实际收到的资金，借记“库存现金”、“银行存款”科目，按其在资本中所拥有的份额，贷记“实收资本”科目。若出资人实际缴付的出资额大于认缴的出资部分，其超过部分应在“资本公积”科目中进行核算，不在“实收资本”科目中反映。

例题5-1： 某4S店收到甲、乙、丙三个法人公司的共同出资。甲、乙、丙各出资500 000元已收存银行存款账户，会计人员根据入账通知和出资证明文件编制会计分录如下：

借：银行存款　　1 500 000

　　贷：实收资本——甲出资人　　500 000

——乙出资人　　500 000

——丙出资人　　500 000

某4S店收到投资者投入的固定资产、商品、材料物资等实物资产时，按投资合同或协议中确认的价值，借记"固定资产"、"库存商品"、"原材料"等科目，按其在投入资本中所拥有的份额，贷记"实收资本"科目。若出资人实际出资额大于认缴的出资额，其超过部分应在"资本公积"科目中进行核算，不在"实收资本"科目中反映。

例题5－2：某4S店收到顺达公司投入设备一台，双方协商确认价值300 000元。根据接受投资的有关文件，编制会计分录如下：

借：固定资产——设备　　300 000

　　贷：实收资本——顺达公司　　300 000

例题5－3：某4S店收到北京博瑞翔宏机械制造公司投入维修设备10台，双方协商按发票上注明的价款147 000元，作为"实收资本"账户的入账价值。会计人员根据发票及入库单，编制会计分录如下：

借：固定资产——维修设备　　147 000

　　贷：实收资本——北京博瑞翔宏机械制造公司　　147 000

企业若收到投资者投入的外币，应按收到出资额当日的汇率折合处理。

例题5－4：某4S店于2014年12月20日收到某外籍人士的投资款10万美元转存中国银行，当日的汇率为1∶6.05。根据入账通知编制会计分录如下：

借：银行存款——中国银行（美元户）　　605 000

　　贷：实收资本——某外商出资人　　605 000

实收资本是企业经营的"本钱"，一经投入就不得随意抽回。但因特殊情况需要，应向投资者返还投资时，按返还的数额，借记"实收资本"科目，贷记"银行存款"或"库存现金"科目。

2. 怎样核算从开户银行借入的款项?

会计核算中借入的款项主要是指4S店从商业银行及其他金融机构借入的款项。其中，偿还期限在一年以内（含一年）的借款称作短期借款；偿还期限在一年以上的借款称作长期借款及应付款。

短期借款主要是为了维持正常的生产经营需要而借入的用来填补资金缺口或者为抵偿其某项债务而借入。短期借款有以下几个特征：一是其债权人包括银行及非银行的金融机构。二是借款期限较短，一般为一年以下（含一年）；三是归还短期借款时，不仅要归还本金，还要支付相应的利息。

为了总括反映和监督短期借款的取得和归还情况，应设置"短期借款"科目进行总分类核算。该科目贷方登记取得的借款数，借方登记归还的借款数，余额反映企业尚未偿还的短期借款本金。该科目应按债权人设置明细分类科目，进行明细分类核算。

短期借款的利息支付应作为费用开支记入财务费用，由实现的经营收入补偿。短期借款利息的核算可视其具体支付方式及数额大小而有所不同：如果短期借款的利息是按期支付（按季）的，或者利息是在借款到期时连同本金一起归还，并且数额较大的，应采用预提的方法，按月预提时借记“财务费用”科目，贷记“应付利息”科目。实际支付时，按已预提的利息金额借记“应付利息”科目，贷记“银行存款”科目；如果短期借款的利息是按月支付的，或者利息是在借款到期连同本金一次还本付息，且数额不大的，可在实际支付时直接借记“财务费用”科目，贷记“银行存款”科目。

企业从银行取得借款时应根据借款凭证进行借入会计核算；属于一次还本付息的，贷款到期接到银行转来的贷款利息清单时进行贷款利息支付会计核算；归还银行贷款时应根据还款凭证进行还款会计核算。银行借款凭证、进账单收账通知联、还款凭证及贷款利息清单的格式如表5－1至表5－4所示。

表5－1　　　　中国××银行借款凭证　　　　№557809007

借款单位名称：北京现代隆盛祥汽车贸易有限责任公司　2014年3月30日　　　　利率：5.4%

<table>
<tr><td>借款种类</td><td>流动资金贷款</td><td>贷款账号</td><td colspan="10">701101012004567</td><td>存款账号</td><td>506060001017</td></tr>
<tr><td rowspan="2">借款金额</td><td rowspan="2">人民币
（大写）</td><td rowspan="2">柒佰万元整</td><td>千</td><td>百</td><td>十</td><td>万</td><td>千</td><td>百</td><td>十</td><td>元</td><td>角</td><td>分</td><td colspan="2" rowspan="2">用途：进货</td></tr>
<tr><td>¥</td><td>7</td><td>0</td><td>0</td><td>0</td><td>0</td><td>0</td><td>0</td><td>0</td><td>0</td></tr>
<tr><td colspan="3" rowspan="5">兹借到上列贷款，到期时请凭此凭证收回。

借款单位　盖　章　　负责人　盖　章</td><td colspan="12">约定还款期限　2014年9月30日</td></tr>
<tr><td colspan="12">分次还款记录</td></tr>
<tr><td colspan="4">日　期</td><td colspan="3" rowspan="2">偿还本金</td><td colspan="3" rowspan="2">结欠本金</td><td colspan="2" rowspan="2">复核</td></tr>
<tr><td colspan="2">月</td><td colspan="2">日</td></tr>
<tr><td colspan="2"></td><td colspan="2"></td><td colspan="3"></td><td colspan="3"></td><td colspan="2"></td></tr>
</table>

表5－2　　　　中国××银行　进账单（收账通知）　3

2014年3月30日

<table>
<tr><td rowspan="3">出票人</td><td>全　　称</td><td>北京现代隆盛祥汽车贸易有限责任公司</td><td rowspan="3">收款人</td><td>全　　称</td><td colspan="10">北京现代隆盛祥汽车贸易有限责任公司</td></tr>
<tr><td>账　　号</td><td>506060001017</td><td>账　　号</td><td colspan="10">506060001017</td></tr>
<tr><td>开户银行</td><td>中国××银行北京朝阳劲松支行</td><td>开户银行</td><td colspan="10">中国××银行北京朝阳劲松支行</td></tr>
<tr><td rowspan="2">人民币
（大写）</td><td colspan="4" rowspan="2">柒佰万元整</td><td>千</td><td>百</td><td>十</td><td>万</td><td>千</td><td>百</td><td>十</td><td>元</td><td>角</td><td>分</td></tr>
<tr><td>¥</td><td>7</td><td>0</td><td>0</td><td>0</td><td>0</td><td>0</td><td>0</td><td>0</td><td>0</td></tr>
<tr><td>票据种类</td><td>借　款</td><td>票据张数</td><td colspan="2">1</td><td colspan="10" rowspan="3">复核　记账</td></tr>
<tr><td>票据号码</td><td colspan="4">557809007</td></tr>
<tr><td colspan="5">备注：</td></tr>
</table>

表 5-3

中国××银行 **还款凭证**

2014 年 9 月 30 日 № 2007335

银行打印	单位名称：北京现代隆盛祥汽车贸易有限责任公司 还款账号：506060001017 贷款账号：701101012004567 约定还款日期：2014 年 7 月 1 日 还款方式：按全额 还款金额：人民币（大写）柒佰万元整 ¥7 000 000.00 流水号：20081231057

还款人	单位名称	北京现代隆盛祥汽车贸易有限责任公司	收款人	单位名称	中国××银行北京劲松支行
	还款账号	506060001017		收款账号	446075091033
	开户行	中国××银行北京劲松支行		开户行	中国××银行北京劲松支行
贷款账号	701101012004567			贷款种类	流动资金贷款
合同编号	LDZ007965A			借据序号	00205
还款方式	按全额□	按期数□		还款期数	

还款金额	人民币（大写）		亿	千	百	十	万	千	百	十	元	角	分
		柒佰万元整		¥	7	0	0	0	0	0	0	0	0

还款类型	提前还款□	归还逾期□	归还当期利息□	违约金□
其中：提前还款	一起性还清□	提前部分还款□	贷款转出结清□	归还当期本息□
提前还款后选择	还款期内仍继续扣款□	还款期内不再扣款□	缩短还款期□	
备注：		客户签字：徐福		

表 5-4 **中国××银行** **贷款利息清单**

账别： 2014 年 9 月 30 日 第 1 页 共 1 页

序号	账号	户名	天数	积数	利率	利息	付息账号	金额
01	701101012004567	现代隆盛祥汽贸	半年	0	5.4	189 000.00	506060001017	189 000.00
合计								

银行签章	会计科目（借）________ 对方科目（贷）________

例题5－5：某4S店于3月30日从银行取得为期半年的短期借款7 000 000元，年利率为5.4%，到期一次付清利息。3月30日取得借款时，会计人员根据借款凭证及其进账单收账通知联，编制会计分录如下：

借：银行存款——中国××银行　7 000 000

　贷：短期借款——中国××银行　7 000 000

各月末预提利息费用（4月~9月）时，编制会计分录如下：

月借款利息＝7 000 000×5.4%÷12＝31 500（元）

借：财务费用——利息　31 500

　贷：应付利息——中国××银行　31 500

9月末归还借款本金并支付利息时，编制会计分录如下：

借：短期借款——中国××银行　7 000 000

　应付利息——中国××银行　189 000

　贷：银行存款——中国××银行　7 189 000

例题5－6：接例题5－5。假定上述4S店与银行签订的借款合同为按月支付，期满一次归还本金。则取得借款时，会计人员根据入账通知和借款凭证，编制会计分录如下：

借：银行存款——中国××银行　7 000 000

　贷：短期借款——中国××银行　7 000 000

每月支付借款利息时，根据利息通知单编制会计分录如下：

借：财务费用——利息　31 500

　贷：银行存款——中国××银行　31 500

借款期满归还本金时，根据转账支票存根编制会计分录如下：

借：短期借款——中国××银行　7 000 000

　贷：银行存款——中国××银行　7 000 000

长期借款是指企业向银行或其他金融机构借入的偿还期限在一年以上（不含一年）各项借款。长期借款主要是固定资产投资借款。

为了总括反映和监督长期借款的借入、应计利息以及还本付息业务，企业应设置“长期借款”科目进行总分类核算。该科目贷方登记长期借款本息的增加数，借方登记长期借款本息的减少数，期末贷方余额，表示企业尚未归还的长期借款本息数额。另外，该科目应按借款单位和借款种类设置明细科目进行明细分类核算。

企业借入的长期借款，借记“银行存款”科目，贷记“长期借款”科目；归还时，借记“长期借款”科目，贷记“银行存款”科目。企业发生的长期借款利息（包括利息、汇兑损失等），应分别下列情况处理：属于筹建期间的，计入长期待摊费用，即借记“长期待摊费用”科目，贷记“长期借款”科目；属于生产经营期间的，计入财务费用，即借记“财务费用”科目，贷记“长期借款”科目；属于发生的与固定资产购建有关的专门借款费用，在固定资产达到预定可使用状态前按规定应予以资本化，借记“在建工程”科目，贷记“长期借款”科目；固定资产达到预定可使用状态后所发生的借款费用以及按规定不能予以资本化的借款费用，借记“财务费用”科目，贷记“长期借款”科目。

利息资本化金额的计算公式如下：

本期利息资本化金额＝至本期末购建固定资产累计支出加权平均数×资本化率

其中：

$$累计支出加权平均数=\sum\left(每笔资产支出\times\frac{每笔资产支出占用时间}{会计期间涵盖时间}\right)$$

若是属于借入一笔专门借款，资本化率则为该项借款的利率；若是借入多笔借款，则按下列公式计算资本化率：

$$资本化率=\frac{专门借款本期实际发生利息之和}{专门借款本金加权平均数}\times 100\%$$

例题5－7：某4S店2014年1月1日借入固定资产借款100万元用于喷漆车间建设，借款年利率为6%，借款期限为2年，合同规定借款期满一次性偿还本金及利息。款项借入后当即用于工程建造开支40万元，2014年3月开支其余60万元。该项工程于2014年12月31日完工交付使用，并办理了竣工决算手续。2016年10月31日借款到期还本付息。

（1）2014年1月1日取得固定资产借款存入银行。编制会计分录如下：

借：银行存款——中国××银行	1 000 000	
贷：长期借款——中国××银行		1 000 000

（2）2014年12月31日计提借款利息。编制会计分录如下：

应付12个月的利息＝1 000 000×6%＝60 000（元）

$$累计支出加权平均数=400\ 000\times\frac{12}{12}+600\ 000\times\frac{10}{12}=900\ 000（元）$$

资本化率＝6%

利息资本化额＝900 000×6%＝54 000（元）

借：在建工程——喷漆车间工程	54 000	
财务费用——利息	6 000	
贷：长期借款——中国××银行		60 000

（3）2015年12月31日计提借款利息。编制会计分录如下：

应付12个月的利息＝1 000 000×6%＝60 000（元）

借：财务费用——利息	60 000	
贷：长期借款——中国××银行		60 000

（4）2016年10月31日支付借款利息并归还本金。编制会计分录如下：

借：长期借款——中国××银行	1 120 000	
贷：银行存款——中国××银行		1 120 000

需要说明的是：长期借款与短期借款在对借款利息费用的处理上是不同的。短期借款利息是不用通过“短期借款”科目，而是通过“财务费用”科目核算，即“短期借款”科目只核算借款的本金，并不包括利息费用；短期借款利息费用只计入当期损益之中。长期借款利息不然，若是每年年末与借款银行结算当年利息，则提取的长期借款利息通过“应付利息”科目核算；若是到期与本金一并归还借款银行，则应通过“长期借款”科目

进行核算，即“长期借款”科目不仅核算借款的本金，还包括利息等费用；并且长期借款费用应当按权责发生制原则的要求，按期计入所购建资产的成本（即予以资本化）或直接计入当期财务费用。

3. 怎样核算三方协议融资业务？

三方协议融资是指汽车制造厂商、4S店和合作银行三方签署银企合作协议，在三方协议融资中汽车制造厂商为4S店提供最高额度担保，4S店以质押汽车合格证的方式从银行融资。需要说明的是，三方协议融资须经过汽车制造厂商和开户银行两方审核，4S店方可开始使用。4S店向汽车制造厂商申请并提交承兑汇票资料，汽车制造厂商审核完毕将核定额度推荐至合作银行，银行内审完毕、并完成三方协议的签署，三方融资开始启用。

4S店首次向汽车制造厂商提交的三方协议融资准入申请资料主要有：4S店三方协议融资入网申请书（内容应涵盖4S店基本信息、股东情况、资金状况、对外融资、担保及抵押、展厅及其土地所有权属、资金缺口、预申请三方支持额度）；验资报告；营业执照复印件；上一年度及最近一期财务报表（主要是资产负债表和利润表）；贷款卡复印件及密码；总经理及财务经理名片。4S店签约流程如表5－5所示。

4S店须提供的其他签约资料（需总经理签字并加盖公章）主要有：签约协议（原已签署三方融资协议）；第三方监管协议（采用银行异地出票方式融资的4S店提供）；三方协议专属库区位置、库容及平面图（若在4S店以外地区，须说明权属关系）；最近一期财务报表资料；4S店目前对外融资、担保、抵押等资金情况的说明文件；信息披露承诺文件；贷款卡复印件；银行联系人名片。

三方融资协议的授信额度期限为一年，协议到期前一个月汽车制造厂商将在管理系统上发出通知，提示需要续签的4S店进行续签准备。4S店也应自行注意，在协议到期前1个月与协办行联系，提交资料延续授信额度。避免由于协议到期，续签手续未办理完毕，延误出票，造成资金短缺。续签协议的流程及签约所需资料与初次签约相同。

当4S店销售业绩提升，原有三方协议融资额度已不能满足日常民品车采购时，可向汽车制造厂商销售部及合作银行提出增加授信额度的申请（原有三方协议融资额度需满额使用三个月以上）；汽车制造厂商将依据4S店近6个月的实际业绩重新进行额度核定，如额度确需提升，汽车制造厂商将向银行发出新额度推荐函；协办行进行额度审批；4S店从协办行领取《三方协议》文本（额度空白）并经法人代表签字、加盖公章后交至汽车制造厂商；如原有协议未到期需提供原三方协议“银行作废声明函”，同上述协议一同寄至汽车制造厂商。换签流程及换签资料同初次签约相同。

表 5－5

4S 店签约流程	流程	说明
4S 店	从合作银行领取三方协议文本 银行外省市出票须签署第三方监管协议 ↓ 将协议及其他签约资料提交汽车制造厂商	● 协议相关内容请确认填写无误。协议额度处空白（最终额度由汽车制造厂商填写） ● 其他签约资料详情见签约流程说明
汽车制造厂商	内部财务审核签字 ↓ 法律内容审核盖章 ↓ 提交合作银行审核	● 银行如需面签请在协议资料中注明，汽车制造厂商将在本环节完毕后与银行预约面签时间 ● 文件如有问题，汽车制造厂商将联系 4S 店 ● 协议及相关签约资料收到后 3 个工作日可完成签约 ● 签署完毕将直接寄回合作银行
合作银行	协议审核签字盖章	
	根据三方协议向汽车 4S 店放款	● 银行签署完毕，回寄汽车制造厂商及 4S 店。开始办理三方承兑汇票

三方协议融资额度未经审批，仅可用于民品车提车；如需使用三方资金提取集团车辆、出租车等特殊车辆须提前向厂商提出申请，批准后方可使用；集中提车量较大、核定额度不能满足需求时，4S 店可向厂商申请临时额度；每次签约时，4S 店必须符合三方协议融资准入标准的要求；4S 店每笔三方协议银票办理前必须提前在厂商系统上申请，并得到批准后方可出票；每笔银行承兑票的出票金额及出票期限须与系统审批单上相同，不得私自变更。三方协议融资质押车辆，应在完成销售后立即将销售款回笼至合作银行，超过规定期限未进行回款（或合格证未交付购车客户）则视为销售未回款。4S 店开出三方银行承兑汇票后，应按照时间进度进行赎证、还款。三方协议融资日常办理流程如表 5－6 所示。

表 5－6

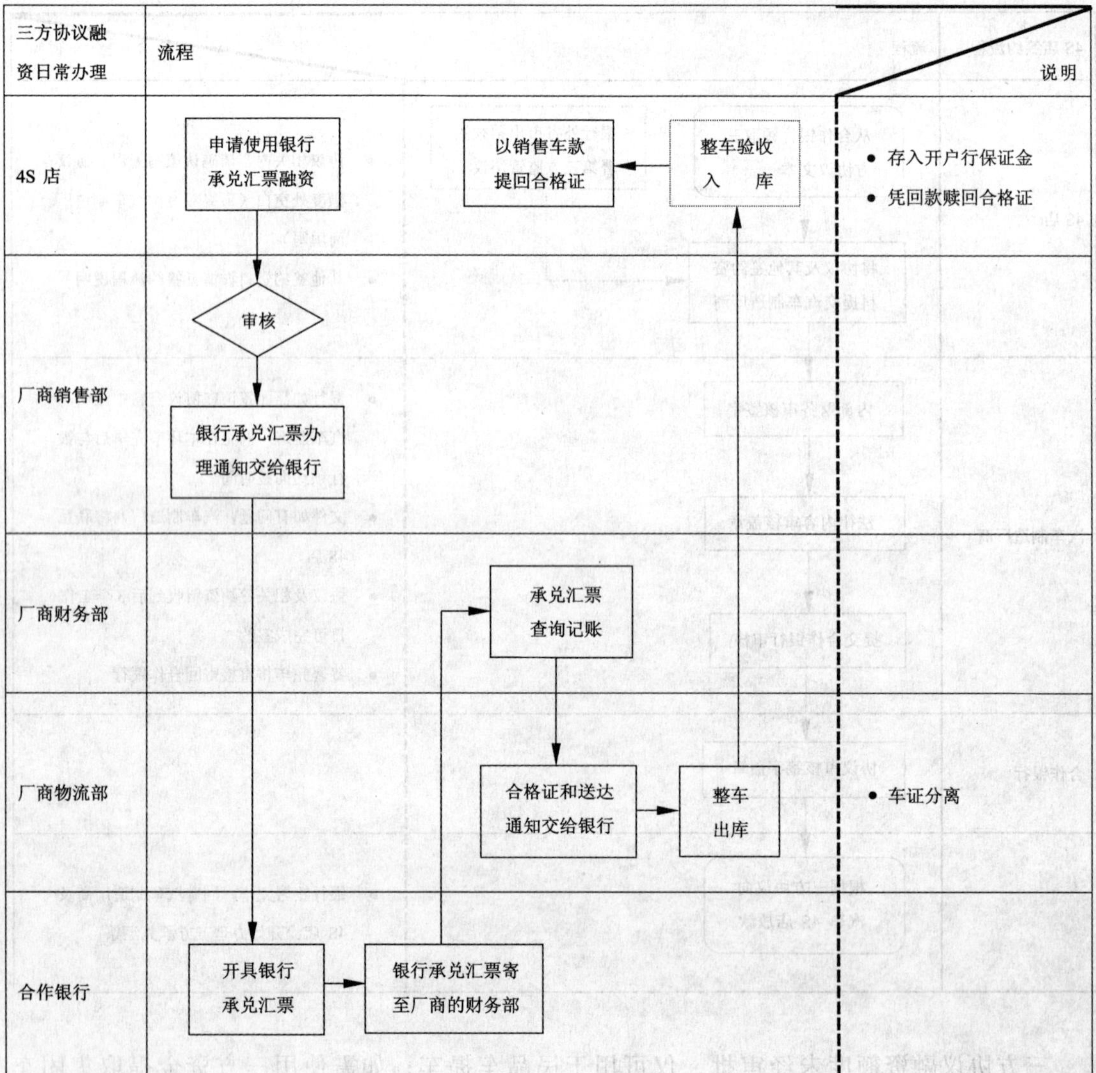

例题 5－8： 某 4S 店通过三方协议方式进行融资。现在需要从汽车制造厂商北京现代汽车制造有限责任公司采用三方协议方式购进现代 1.5AT 瑞纳 GS 汽车 100 辆，总进价 13 675 213.68 元，增值税 2 324 786.32 元，总价款 16 000 000 元。现根据三方协议向开户银行中信银行朝阳支行支付相当于总价款 20% 的保证金 3 200 000 元。根据转账支票存根编制会计分录如下：

借：其他货币资金——承兑保证金　　　3 200 000

　　贷：银行存款——中信银行　　　3 200 000

4S 店根据厂商提供的增值税专用发票、库房转来的入库单及银行承兑汇票存根联编制会计分录如下：

借：预付账款——北京现代汽车制造有限责任公司　　　16 000 000

贷：应付票据——北京现代汽车制造有限责任公司　　16 000 000

借：库存商品——整车　　13 675 213.68

应交税费——应交增值税（进项税额）　　2 324 786.32

贷：预付账款——北京现代汽车制造有限责任公司　　16 000 000

整车销售后，凭销售款赎回汽车合格证，根据银行进账单回单联或者其他结算凭证编制会计分录如下：

借：应付票据——北京现代汽车制造有限责任公司　　16 000 000

贷：银行存款——中信银行　　12 800 000

其他货币资金——承兑保证金　　3 200 000

4. 怎样核算资本公积和盈余公积？

资本公积是指企业收到投资者出资超出其在注册资本或股本中所占的份额以及直接计入所有者权益的利得和损失等。资本公积包括资本溢价、其他资本公积主要内容。其中，资本溢价是指企业投资者缴付企业的出资额超过其在注册资本中所占份额的数额。企业初建时，各投资者投入的资本全部构成了法定的注册资本，各投资者在法定的注册资本中享有的份额与实际出资额是相符的。若公司经营一段时期后，需要扩大规模增加资本时，就有新的投资者加入，则新投资者的出资额一般要高于其在注册资本中享有的份额。其高出部分就是资本溢价。其他资本公积是指除资本溢价以外所形成的资本供给。

为了反映资本公积的增减变动情况，企业应设置所有者权益类科目“资本公积”进行核算。其贷方登记增加资本公积的数额，借方登记减少资本公积的数额，期末余额在贷方，反映企业期末资本公积的结存数额。该科目下设“资本溢价”、“其他资本公积”等明细科目进行明细核算。

企业收到投资者实际缴付的出资额大于其应占所有者权益份额的差额，应作为资本溢价处理，计入“资本公积”科目。

例题5-9：某4S店原由3个投资者出资15 000 000元设立，实收资本15 000 000元，3年后企业留存收益为6 000 000元。现有一新投资者愿出资9 000 000元占企业股份的25%。则新投资者计入“实收资本”科目的出资额计算如下：

$$\frac{\text{新投资人注册资本}}{15\ 000\ 000+\text{新投资人注册资本}}=25\% \qquad \text{新投资人注册资本}=5\ 000\ 000\ (\text{元})$$

另外4 000 000元计入资本公积。企业收到投资9 000 000元存入银行，根据注册资本凭证编制会计分录如下：

借：银行存款　　900 000

贷：实收资本——××投资人　　500 000

资本公积——资本溢价　　400 000

可供出售金融资产是企业持有的可供出售的股票投资、债券投资及基金投资等金融资产。资产负债表日，可供出售金融资产的公允价值高于其账面余额的差额，借记“可供出售金融资产”科目，贷记“资本公积——其他资本公积”科目；公允价值低于其账面余额的差额，做相反的会计分录。

例题5－10：2014年12月31日，某4S店原持有的腾圣公司普通股票账面余额200 000元，公允价值升至210 000元。编制会计分录如下：

借：可供出售金融资产——公允价值变动损益　　10 000

　　贷：资本公积——其他资本公积　　10 000

企业用资本公积转增资本时，借记“资本公积——资本溢价”科目，贷记“实收资本”科目。

例题5－11：某4S店经股东会批准将资本公积300 000元，分别等额转增原投资人玉森投资公司和南洋工贸公司在本企业的注册资本。有关手续已经办妥。编制会计分录如下：

借：资本公积——资本溢价　　300 000

　　贷：实收资本——玉森投资公司　　150 000

　　　　　　　　——南洋工贸公司　　150 000

盈余公积是指企业按一定比例从净利润中提取的有特定用途的积累资金。盈余公积根据其用途可以分为法定盈余公积和任意盈余公积。法定盈余公积是企业按照规定比例（10%）从净利润中提取的，可以用于弥补亏损，也可用于转增资本的盈余公积，公司制企业和非公司制企业均应提取（当法定盈余公积累积额已达注册资本的50%时，可以不再提取；法定盈余公积金转为资本后，所留存的该项公积金不得少于注册资本的25%）。任意盈余公积金主要用于公司制企业，应根据公司章程规定或股东会议决定提取。法定盈余公积与任意盈余公积的区别在于：前者以国家规定的法律或法令为依据提取；后者由企业自行决定提取。

为了反映企业从净利润中提取盈余公积及其使用情况，应设置“盈余公积”科目。该科目属于所有者权益类科目，贷方登记提取盈余公积数额，借方登记使用盈余公积的数额，期末余额在贷方，表示期末盈余公积的结余数。该科目应按“法定盈余公积”和“任意盈余公积”等明细科目进行明细核算。

企业提取盈余公积时，借记“利润分配”科目，贷记“盈余公积——法定盈余公积”科目或者“盈余公积——任意盈余公积”科目。

例题5－12：某4S店2014年度实现净利润5 000 000元，依法按净利润的10%分别计提法定盈余公积和任意盈余公积。作会计分录如下：

借：利润分配——提取法定盈余公积　　500 000

　　　　　　——提取任意盈余公积　　500 000

　　贷：盈余公积——法定盈余公积　　500 000

　　　　　　　　——任意盈余公积　　500 000

例题5－13：某4S店2014年经股东会决议，用法定盈余公积300 000元弥补2013年度未弥补亏损。编制会计分录如下：

借：盈余公积——法定盈余公积　　300 000

　　贷：利润分配——盈余公积补亏　　300 000

例题5-14：某4S店经股东会决议，用法定盈余公积200 000元转增资本。其中，甲股东占股权的40%，乙股东占股权的60%。编制会计分录如下：

借：盈余公积——法定盈余公积　　200 000

　贷：实收资本——法人资本金（甲股东）　　80 000

　　　　　　——法人资本金（乙股东）　　120 000

5. 怎样核算企业利润形成及其分配业务？

利润是指企业从事生产经营活动所取得的经营成果，是企业在一定期间内全部收入抵减全部支出后的余额。它是评价企业经济效益的重要财务指标。利润包括营业利润、利润总额和净利润。利润的多寡与企业经营管理水平有直接的联系，因而它是衡量企业生产经营管理水平的重要综合指标。

营业利润是企业的营业收入扣除营业成本、营业税费和期间费用，扣除资产减值损失，加上公允价值变动及投资净收益之后的余额。

营业利润=营业收入-营业成本-营业税费-销售费用-管理费用-财务费用-资产减值损失+公允价值变动净收益+投资净收益

营业收入包括主营业务收入和其他业务收入；营业成本包括主营业务成本和其他业务成本。

主营业务收入是指企业从事商品销售所获得的收入；主营业务成本是指商品销售成本。

其他业务收入，指企业在主营业务以外取得的其他销售收入，如包装物销售、无形资产转让、固定资产出租、包装物出租、运输劳务、废旧物资出售等收入。

其他业务成本，指企业在主营业务以外发生的应由相应其他业务收入负担的各项支出，包括包装物的销售成本、出租包装物的摊销价值、出租包装物的修理费、运输业务支出、其他业务人员工资以及其他业务应缴纳的税金及附加等。

销售费用是指企业在整个商品经营环节所发生的各种费用。包括企业在购入商品的过程中，使用各种运输工具所支付的运费、运输过程中发生的搬运费以及通用商品运输有关的各种杂费；在车站、码头、仓库、货场发生的付给装卸单位的费用；商品在挑选、整理、分类、分等过程中所支付的费用，以及所需要的材料、工具消耗费用；企业自愿向保险公司对所经营的商品及固定资产投保所支付的保险费用；企业参加或举办各种商品展览、展销会所支出的费用，以及企业为扩大商品购销业务而支付的各项广告费用；商品在储存保管过程中所支付的各种费用；委托商检部门进行商品检验所支付的费用及企业进口商品签证费；企业进行客户车辆施救过程中的加油费、过路过桥费、工作人员误餐补助；支付给企业销售机构经营人员的薪酬，以及按财务制度规定在销售费用中列支的业务费、折旧费；预计产品质量保证费用。

管理费用是指在企业行政管理部门为组织和管理经营活动所发生的各项费用。包括企业行政管理部门发生的行政管理人员的工资和福利费、修理费、物料消耗、低值易耗品摊销、办公费、差旅费；按企业职工工资总额的一定比例提取，提交工会掌握和使用的活动经费；按企业职工工资总额的一定比例计提，用于职工教育活动的开支；企业最高权力机构及其成员为履行职能而发生的各项费用；向有关咨询机构进行科学技术、经营管理咨询所支付的费用；企业聘请会计师事务所进行查账、验资、资产评估、清账等发生的费用；支付给企业行政管理人员的工资及其福利费用；企业因经济纠纷而起诉或应诉所发生的各项费用；房产税、土地使用税、车船税和印花税；排污费；使用非本企业的非专利技术而支付的费用；企业因业务需要用于必要交际的费用；厂级行政管理部门按规定提取的固定资产折旧费；企业固定资产和低值易耗品等财产的修理费；企业存货盘亏、盘盈净额；研究费用。

财务费用是指企业为筹集和使用业务经营所需资金等而发生的各项费用。包括企业短期借款利息、长期借款利息、应付票据利息、票据贴现利息、长期应付引进国外设备款利息支出（资本化的利息除外）减去应行存款利息收入后的净额；企业支付给银行的结算手续费、调剂外汇手续费。

资产减值损失是指资产可收回金额低于其账面价值的差额。主要是应收款项减值、存货跌价、固定资产减值、无形资产减值、持有至到期投资减值和长期股权投资减值。

公允价值变动净收益是指企业的金融资产或金融负债（包括交易性金融资产或金融负债和直接指定为以公允价值计量且其变动计入当期损益的金融资产或金融负债），以及采用公允价值模式计量的投资性房地产、衍生工具、套期业务中公允价值变动形成的利得或损失。

投资净收益，是指企业对外投资所取得的收入减去发生的投资损失后的净额。

利润总额又称税前利润，是企业一定时期内的营业利润加上营业外收入，减去营业外支出后的余额。

利润总额 = 营业利润 + 营业外收入 - 营业外支出

营业外收入，指企业发生的与企业经营业务无直接关系的各项收入，包括处置固定资产净收益、处置无形资产净收益、政府补助利得、非货币性交易收益、罚没收入等。

营业外支出，指企业发生的与企业经营业务无直接关系，但应从当期实现利润总额中扣除的各项支出，如固定资产盘亏、处置固定资产净损失、处置无形资产净损失、债务重组损失、非常损失、罚款支出、捐赠支出等。

净利润又称税后利润，是指企业一定时期内缴纳企业所得税费用后的利润。其中，所得税费用是企业依照国家税法的规定，对企业某一经营年度的所得，按照规定的税率计算并交纳的税款。

净利润 = 利润总额 - 所得税费用

为反映企业利润的形成或亏损的发生，应设置“本年利润”科目。该科目为所有者权益类科目，贷方记录期末转入的各项收入，借方记录期末转入的各项成本、费用；期末贷方余额表示企业本期实现的利润数额，借方余额表示企业本期发生的亏损数额；年度终了，应将该科目的余额转入“利润分配——未分配利润”科目，结转后该科目无余额。

例题 5－15：某4S店5月份有关损益类科目余额如表5－7所示。

表 5－7　　损益类科目结转前余额

科目名称	本期余额	科目名称	本期余额
主营业务收入	10 950 000	销售费用	154 000
其他业务收入	110 000	管理费用	180 000
主营业务成本	7 720 000	财务费用	5 000
其他业务成本	90 000	营业外收入	6 000
营业税金及附加	80 000	营业外支出	17 000
投资收益	60 000		

（1）结转本期收入类账户余额时，编制会计分录如下：

借：主营业务收入　　10 950 000
　　其他业务收入　　110 000
　　投资收益　　60 000
　　营业外收入　　6 000
　贷：本年利润　　11 126 000

（2）结转本期成本、费用类账户余额时，编制会计分录如下：

借：本年利润　　8 246 000
　贷：主营业务成本　　7 720 000
　　　其他业务成本　　90 000
　　　营业税金及附加　　80 000
　　　销售费用　　154 000
　　　管理费用　　180 000
　　　财务费用　　5 000
　　　营业外支出　　17 000

通过以上账务处理后，形成本期利润总额为 2 880 000（11 126 000－8 246 000）元。

按照有关法律、法规的规定，企业当年实现的利润总额，按照国家有关规定作相应调整并依法缴纳所得税费用后，应按下列项目进行顺序分配：

（1）弥补以前年度亏损。企业经营中发生的亏损应当弥补。弥补亏损可以划为两种不同的情况：税前弥补和税后弥补。按照我国财务和税务制度的规定，企业年度亏损，可以由下一年度的税前利润（利润总额）弥补，下一年度税前利润尚不足以弥补的，可以用以后年度的利润延续弥补，但用税前利润弥补以前年度亏损的连续期限最长不得超过5年。税前利润未能弥补的亏损，只能由企业的税后利润（净利润）弥补。如果企业的亏损数额较大，用税后利润不足以弥补时，可用盈余公积弥补亏损。

（2）提取盈余公积金。盈余公积金是从企业税后利润中提取的积累资金，是企业用于防范和抵御风险，补充资本的重要资金来源，也是维护企业稳定经营和长期发展的必要措施和手段。利润分配中提取的盈余公积金包括法定盈余公积金和任意盈余公积金。

法定盈余公积金是指按国家法律规定的比例提取的公积金。企业的税后利润应当先弥补被没收财物损失、支付各种税收的滞纳金和罚款、弥补以前年度亏损，其剩余额才可以用来计提盈余公积金。法定盈余公积金就是按照税后利润作上述扣除以后的10%计提。当法定盈余公积金已达到注册资本的50%时，可不再提取。任意盈余公积金是按照公司章程规定或股东会决议，由企业自行提取的公积金。其目的是为了控制向投资者分配利润的水平以及调整各年利润分配的波动，通过这种方法对投资者分利加以限制和调节。

法定盈余公积金和任意盈余公积金既可用于弥补亏损、又可转增注册资本。但企业用盈余公积金转增注册资本后，法定盈余公积金的余额不得低于注册资本的25%。

（3）分配给投资者的利润。是投资者从企业获得的投资回报。企业在提取盈余公积金和法定公益金之前，不得向投资者分配利润，如企业当年无利润，一般也不得向投资者分配利润。

若企业实际工作中存在着以前年度未分配的利润，则企业当年实现的净利润，加上年初未分配利润（或减去年初未弥补亏损）和其他转入后的余额，为可供分配的利润。

可供分配的利润减去提取的法定盈余公积后，为可供投资者分配的利润。可供投资者分配的利润，扣除企业按规定提取的任意盈余公积后，按照利润分配方案分配给投资人应得的利润。

经过上述分配后，为未分配利润（或未弥补亏损）。未分配利润可留待以后年度进行分配。

为了使“本年利润”科目能够完整反映企业全年累计实现的净利润（或亏损），便于检查企业利润计划的执行情况，利润的分配不直接冲减“本年利润”科目数额，另外配套设置“利润分配”科目反映利润分配的情况。“利润分配”属于所有者权益类科目，贷方记录已取得的亏损弥补数及年终利润的转入数，借方记录已分配的利润及年终亏损的转入数。其余额在贷方表示未分配利润，其余额在借方表示未弥补亏损。该科目应设置“提取法定盈余公积”、“提取任意盈余公积”、“应付现金股利或利润”、“盈余公积补亏”、“未分配利润”等明细科目。

（1）提取法定盈余公积及任意盈余公积。是从企业净利润中按规定的基数和比例计算提取的，两者均通过“盈余公积”科目核算。

例题5-16：某4S店本年度累计实现净利润60 643 000元，按10%提法定盈余公积金，按5%提任意盈余公积金。

应提取法定盈余公积＝60 643 000×10%＝6 064 300（元）

应提取任意盈余公积＝60 643 000×5%＝3 032 150（元）

根据盈余公积计提表，编制会计分录如下：

借：利润分配——提取法定盈余公积	6 064 300	
——提取任意盈余公积	3 032 150	
贷：盈余公积——法定盈余公积		6 064 300
——任意盈余公积		3 032 150

例题5-17：例题5-16中的企业截至本年初若存在未弥补亏损78 000元，则：

应提取法定盈余公积＝（60 643 000－7 800 000）×10%＝5 284 300（元）

应提取任意盈余公积 =（60 643 000 - 7 800 000）× 5% =2 642 150（元）

根据盈余公积计提表，编制会计分录如下：

借：利润分配——提取法定盈余公积　　5 284 300
　　　　　　——提取任意盈余公积　　2 642 150
　贷：盈余公积——法定盈余公积　　5 284 300
　　　　　　　——任意盈余公积　　2 642 150

（2）计提应付投资者利润。企业当年实现的可供分配的利润，在提取法定盈余公积和任意盈余公积之后，应根据企业接受投资的份额，按照规定或协商的比例，向投资者分配利润。企业按规定向投资者分配的股利或利润，通过“应付股利”科目核算。该科目是负债类科目，计算出应分配给投资者的现金股利或利润时，贷记“应付股利”科目，实际支付利润或现金股利时，借记“应付股利”科目；该科目期末余额一般在贷方，表示尚未支付的现金股利或利润。

例题 5 - 18：续例题 5 - 16。该企业决定向投资者分配利润 15 000 000 元，根据法人、职工个人的投资比例 75%、25% 进行分配。编制会计分录如下：

借：利润分配——提取应付利润　　15 000 000
　贷：应付股利——法人投资　　11 250 000
　　　　　　　——企业职工　　3 750 000

（3）利润和利润分配的年终结转。每年年度终了，企业应将本年收支相抵后得到的本年的净利润或本年发生亏损从“本年利润”科目转入“利润分配——未分配利润”科目。如为净利润的结转，则应借记“本年利润”科目，贷记“利润分配——未分配利润”科目。如为发生亏损的结转，则作相反的会计分录。

例题 5 - 19：年终，该企业将“本年利润”科目的贷方余额 60 643 000 元，转入“利润分配——未分配利润”科目，编制会计分录如下：

借：本年利润　　60 643 000
　贷：利润分配——未分配利润　　60 643 000

为便于反映企业未分配利润或未弥补亏损的数额，在年度终了，企业还应将“利润分配”科目中其他各明细科目的余额转入“利润分配——未分配利润”明细科目。结转后，如“利润分配——未分配利润”科目为借方余额，则表示为企业累计未弥补的亏损，如为贷方余额，则表示为企业累计未分配的利润。

例题 5 - 20：依据前例题 5 - 16、例题 5 - 18 资料，将“利润分配”科目中除“未分配利润”以外的其他各明细科目的余额转入“利润分配——未分配利润”明细科目。编制会计分录如下：

借：利润分配——未分配利润　　24 096 450
　贷：利润分配——提取法定盈余公积　　6 064 300
　　　　　　　——提取任意盈余公积　　3 032 150
　　　　　　　——提取应付利润　　15 000 000

若不考虑期初未分配利润数额，通过上述账务处理，可知本年度累计未分配利润为 36 546 550（60 643 000 - 24 096 450）元。

六、4S店存货及固定资产核算

1. 4S店的库存商品主要有哪些财产？在核算上主要使用什么账户进行？其明细分类核算如何组织？

4S店的库存商品是指其在日常经营活动中持有以备出售、或者在提供劳务过程中将要消耗的存货。主要有：库存的整车产品（包括新车和二手车产品）、库存的用于售后维修的配件产品及其用于装饰装潢的精品产品。

为了正确核算企业所拥有的库存商品的收进、发出及其期末结存情况，企业应设置“库存商品”账户。该账户属于资产类账户，用来核算企业库存的整车、配件、精品等商品的增减变动及其结存情况。该账户借方登记入库库存商品的数额；贷方登记出库库存商品的数额；期末余额在借方，表示结存商品的实际成本数额。库存商品账户应按照库存商品的品名设置明细账户进行明细分类核算。

由于库存商品的核算涉及到会计部门和物资保管部门两个方面的实际工作，因而通常会在会计部门设置库存商品明细账，采用数量金额式账页格式，即进行数量和金额两个指标的明细核算；同时在库房保管部门设置只有数量指标的保管账，登载库存商品数量的收、付及其结存结果。在实际工作中，为了简化库存商品的核算，还可将明细账与保管账合并设置，统一安排到保管部门进行登记。

2. 怎样进行整车收进和发出业务的核算？

4S店整车的取得来源主要有厂家或一级代理商购进、客户置换、投资者投入以及债务重组等渠道，整车的来源不同，其计价与会计处理方法不尽相同。对于购进的新车产品，其入账价值应该包括新车买价、运杂费、运输途中的加油费、过路过桥费、接车费；对于客户置换的二手车，其入账价值主要包括新车买价、运杂费、运输途中的加油费、过路过桥费、原车交通违章罚款；对于投资者投入的新车，其入账价值为投资合同或协议中确认的价值；对于通过债务重组方式获得的库存整车，其入账价值包括应收债权的账面价值和应支付的相关费用。

整车在实际采购过程中，由于其运输需要通过专业的运输公司运达企业，而货款的结算是通过银行传递结算单据来完成，因而结算单据到达企业的时间与整车到达企业的时间会出现不一致的问题，其核算方法有着具体的区别：

（1）货款已经支付或开出、承兑商业汇票，同时整车已验收入库。若 4S 店采购新车，如果付款后随即收到相关新车，或货款支付或已经开出并承兑商业汇票与新车的验收入库基本上同时进行，则在业务发生后，即可根据银行结算凭证、增值税专用发票、运费单据、入库单等单据确定新车采购成本，借记“库存商品”账户，按照实际支付的款项，贷记“银行存款”或“应付票据”账户。

例题 6－1：某 4S 店购进新车 2.0AT 现代索纳塔汽车 10 辆，购置价格 1 500 000 元，增值税 255 000 元；同时发生运费 2 000 元、加油费 500 元、接车费 1 000 元。款项通过银行存款支付，新车验收入库。会计人员已经收到供货厂家增值税专用发票、运输单位运费发票、加油站油费发票、接车费服务发票，业务部门转来的入库单及会计部门开具的转账支票存根。会计人员编制会计分录如下：

借：库存商品——整车（2.0AT 现代索纳塔） 1 503 360
　　应交税费——应交增值税（进项税额） 255 140
　贷：银行存款 1 758 500

入库单的格式如表 6－1 所示。

表 6－1　　入　库　单　　编号：

年　月　日

品　名	规　格	单位	数量	单　价	金　额	备　注
合计金额（人民币）						

会计：　　审核：　　保管：

（2）货款已经支付或开出、承兑商业汇票，所购整车尚未到达或尚未验收入库。该项业务的产生，多数是 4S 店向地处外埠的生产厂家采购新车产品，发生结算凭证通过银行先到而承付货款或开出并承兑商业汇票，但所购新车仍在运输途中。会计人员对此项业务应该作为在途物资处理，即通过“在途物资”科目核算。

例题 6－2：某 4S 店从上海购进大众 2.0AT 帕萨特汽车 20 辆，购进价格 4 000 000 元，增值税 680 000 元、运输费 10 000 元、加油费 1 000 元、过路费 500 元、接车费 400 元。由于已经接到银行汇票委托书回单及其所附的供货厂家增值税专用发票、运输企业运费发票，以及其他费用开支发票，所购新车尚未运达4S店。会计人员根据收到供货厂家增值税专用发票、运输单位运费发票，编制会计分录如下：

借：在途物资——上海大众汽车制造有限责任公司　　4 011 200

　　应交税费——应交增值税（进项税额）　　680 700

　　贷：其他货币资金——银行汇票　　4 691 900

数日后，新车运达4S店。会计人员根据保管部门转来的入库单，编制会计分录如下：

借：库存商品——整车（2.0AT帕萨特）　　4 011 200

　　贷：在途物资——上海大众汽车制造有限责任公司　　4 011 200

（3）货到尚未付款，整车已经验收入库。4S店在整车采购过程中，若发生整车已经到达4S店，而结算凭证未到或者企业暂时无力支付的，所购整车应该办理入库手续，同时分别情况做相应的账务处理。

若所购整车已经运达企业并验收入库，同时收到供货单位的发票、运输单位的发票，只是银行结算凭证尚未转来，或者企业虽然收到银行转来的结算单据，但在允许的账期内企业可以先不支付相关款项。会计人员根据相关的增值税专用发票、运费单据、入库单等单据，借记“库存商品”账户，同时根据产生的流动负债金额，贷记“应付账款”账户。

例题6-3：某4S店从保定长城汽车制造有限责任公司购进1.6ET塞弗汽车10辆，价格500 000元，增值税85 000元，同时发生应该承担的运输费3 000元，加油费500元，接车费200元，过路费300元。整车已经运达企业并验收入库。会计人员收到供货厂家以快递方式转来的增值税专用发票、运费单据、加油费、接车费、过路费及入库单等单据。其相关结算凭证尚未达到。编制会计分录如下：

借：在途物资——保定长城汽车制造有限责任公司　　588 790

　　应交税费——应交增值税（进项税额）　　85 210

　　贷：应付账款——保定长城汽车制造有限责任公司　　674 000

若所购整车已经运达4S店并验收入库，但是企业并未收到供货单位转来的增值税专用发票，应该继续等待发票及银行结算单据，不进行相应的账务处理；待所有单据到齐后，借记“库存商品”科目，贷记“银行存款”科目。但如果到了月末仍未收到相关的发票、运费单据、银行结算凭证，因为实际的资产和负债已经增加，为了保证企业资产负债表的数据真实可靠，需要月末按照暂估数值，借记“库存商品”科目，同时贷记“应付账款”科目。下月初再作相反的会计分录予以冲回。

例题6-4：某4S店从保定长城汽车制造有限责任公司购入1.6ET塞弗汽车10辆，并已经验收入库，增值税专用发票、运费单据尚未得到。至月末，根据塞弗汽车估价500 000元，会计人员编制会计分录如下：

借：库存商品——整车　　500 000

　　贷：应付账款——暂估应付账款　　500 000

次月初，做红字的会计分录冲回原有记录如下：

借：库存商品——整车　　[500 000]

　　贷：应付账款——暂估应付账款　　[500 000]

例题 6-5：某4S店接受北京现代汽车有限责任公司投资转入的2.0AT现代索纳塔汽车100辆，购置价格15 000 000元，增值税2 550 000元；同时发生运费20 000元、加油费5 000元、接车费10 000元。投资合同中确认投资产品价值17 585 000元，相关入库手续已经办妥。会计人员根据投资确认文件及入库单编制会计分录如下：

借：库存商品——整车（2.0AT现代索纳塔）　　15 033 600
　　应交税费——应交增值税（进项税额）　　2 551 400
　　贷：实收资本——北京现代汽车有限责任公司　　17 585 000

整车的发出的核算应根据个别计价法计算出发出整车的成本数额；同时，根据发出整车的不同用途，确定其减少的成本所应借记的成本、费用账户的数额。发出整车产品，整车的保管部门必须填制"出库单"，而其成本数额的计算关键之处是发出存货单位成本的计算确定。因为即使是同一种存货物资，同一时间从不同的地区来进货，或者同一采购地区但不同进货时间来组织进货，其进货的单位成本都是不一样的。与此同时，不同单位成本的物资其采购数量的不同、运输费用的不同，对单位成本的计算都会产生影响。但由于汽车4S店的整车产品核算都建立在会计核算软件平台之上，因而即使存在上面的情况，仍可采取个别计价法对整批或者单个产品的发出成本进行计算。

个别计价法也称分批实际进价法，是指每次发出整车产品的实际成本按其购入时的实际成本分别确定的方法。如果是整批购进整批领用的整车产品，以每批所发出整车产品的实际进价为依据来计算该批发出整车产品的成本；如果是整批购进分批发出时，即以各该批的实际进货单价乘发出数量，即得出本次整车产品发出成本。采用个别计价法核算库存商品领用成本，要求库存商品明细账按批次设置；分批次逐笔登记库存商品的购进发出情况；库存商品的保管按购进批次存放。库存商品发出成本的计算公式如下：

本批次发出整车产品成本＝本批次发出整车产品的数量×本批次发出整车产品的进货单位成本

采用个别计价法计算发出商品成本，优点是不需要计算单价，计算的发出商品成本准确，手续简便；缺点是同一商品同批次购进需分设账页、手续繁杂，如果进货批次较多，核算的工作量较大。个别计价法适用于整进整出或整进零出等购进、领用能分清批次的库存商品，如果库存商品用计算机进行管理，采用此种方法较为适宜。出库单的格式如表6-2所示。

表6-2　　出　库　单　　编号：2014070089

年　月　日

品　名	规　格	单　位	数　量	单　价	金　额	用　途
合计金额（人民币）						

会计：　　领料：　　保管：

例题6－6：续例题6－5。某4S店对外销售2.0AT现代索纳塔汽车10辆，购置成本1 503 360元，相关出库手续已经办妥。会计人员根据出库单编制会计分录如下：

借：主营业务成本——整车　　1 503 360

　贷：库存商品——整车（2.0AT现代索纳塔）　　1 503 360

3. 怎样进行配件与精品收进和发出业务的核算？

4S店配件的取得来源主要有厂家或一级代理商购进、债务重组，以及接受投资者投资转入等渠道。配件的来源不同，其计价与会计处理方法不尽相同。对于购进的配件，其入账价值应该包括配件买价、运杂费及其进口关税；对于通过债务重组方式获得的库存配件，其入账价值包括应收债权的账面价值和应支付的相关费用。

配件在实际采购过程中，由于其运输需要通过专门的运输公司运达企业，而货款的结算是通过银行传递结算单据来完成，因而结算单据到达企业的时间与整车到达企业的时间会出现不一致的问题，其核算方法有着具体的区别：

（1）货款已经支付或开出、承兑商业汇票，同时配件已验收入库。4S店采购配件，如果付款后随即收到配件产品，或货款支付或已经开出并承兑商业汇票与配件的验收入库基本上同时进行，则在业务发生后，即可根据银行结算凭证、增值税专用发票、运费单据、收料单等单据确定新车采购成本，借记"库存商品"账户，按照实际支付的款项，贷记"银行存款"或"应付票据"账户。

例题6－7：某4S店购进现代索纳塔八代前挡风玻璃10块，购置价格42 735.04元，增值税7 264.96元，同时发生运输费200元。款项通过银行存款支付，配件验收入库。会计人员已经收到供货厂家增值税专用发票、运输单位运费发票，业务部门转来的入库单及会计部门开具的转账支票存根。会计人员编制会计分录如下：

借：库存商品——配件（索纳塔前挡风玻璃）　　42 921.04

　　应交税费——应交增值税（进项税额）　　7 278.96

　贷：银行存款　　50 200

收料单的格式如表6－3所示。

表6－3

领　料　单

年　月　日

编号：

配件编号	配件名称	车型	原厂＼国产＼进口	货位	数量	单价	金额
合计金额（人民币）							

会计：　　审核：　　制单：　　保管：

（2）货款已经支付或开出、承兑商业汇票，所购配件尚未到达或尚未验收入库。该项业务的产生，多数是4S店向外埠的生产厂家采购配件产品，发生结算凭证通过银行先到而承付货款或开出并承兑商业汇票，但所购配件仍在运输途中。会计人员对此项业务应该作为在途物资处理，即通过“在途物资”科目核算。

例题6-8：某4S店从上海大众购进帕萨特汽车前轮毂轴承20个，购进价格8 547元，增值税1 453元、运输费1 000元。由于已经接到银行汇票委托书回单及其所附的供货厂家增值税专用发票、运输企业运费发票，所购配件尚未运达4S店。会计人员根据收到供货厂家增值税专用发票、运输单位运费发票，编制会计分录如下：

借：在途物资——上海大众汽车制造有限责任公司　　9 477

　　应交税费——应交增值税（进项税额）　　1 523

　　贷：其他货币资金——银行汇票　　11 000

数日后，新车运达4S店。会计人员根据保管部门转来的入库单，编制会计分录如下：

借：库存商品——配件（帕萨特前轮毂轴承）　　9 477

　　贷：在途物资——上海大众汽车制造有限责任公司　　9 477

（3）货到尚未付款，配件已经验收入库。4S店在配件采购过程中，若发生配件已经到达4S店，而结算凭证未到或者企业暂时无力支付的，所购配件应该办理入库手续，同时分别情况做相应的账务处理。

若所购配件已经运达企业并验收入库，同时收到供货单位的发票、运输单位的发票，只是银行结算凭证尚未转来，或者企业虽然收到银行转来的结算单据，但在允许的账期内企业可以先不支付相关款项。会计人员根据相关的增值税专用发票、运费单据、入库单等单据，借记“库存商品”账户，同时根据产生的流动负债金额，贷记“应付账款”账户。

例题6-9：某4S店从保定长城汽车制造有限责任公司购进塞弗汽车前左支柱总成10套，价格1 965.81元，增值税334.19元，同时发生应该承担的运输费70元。配件已经运达企业并验收入库。会计人员收到供货厂家以快递方式转来的增值税专用发票、运费单据。其相关结算凭证尚未达到。编制会计分录如下：

借：在途物资——保定长城汽车制造有限责任公司　　2 030.91

　　应交税费——应交增值税（进项税额）　　339.09

　　贷：应付账款——保定长城汽车制造有限责任公司　　2 370

若所购配件已经运达4S店并验收入库，但是企业并未收到供货单位转来的增值税专用发票，应该继续等待发票及银行结算单据，不进行相应的账务处理；待所有单据到齐后，借记“库存商品”科目，贷记“银行存款”科目。但如果到了月末仍未收到相关的发票、运费单据、银行结算凭证，出于上述同样原因的考虑，需要按照暂估数值，借记“库存商品”科目，同时贷记“应付账款”科目。下月初再作相反的会计分录予以冲回。

例题6-10：某4S店从保定长城汽车制造有限责任公司购入塞弗汽车前制动圆盘10个，并已经验收入库，增值税专用发票、运费单据尚未得到。至月末，根据前制动圆盘估价21 000元，会计人员编制会计分录如下：

借：库存商品——配件　　21 000

　　贷：应付账款——暂估应付账款　　21 000

次月初，做红字的会计分录冲回原有记录如下：

借：库存商品——配件　　21 000

　　贷：应付账款——暂估应付账款　　21 000

配件领用的核算应根据先进先出法和加权平均法计算出领用配件的成本数额；同时，根据领用配件的不同用途，确定其减少的成本所应借记的成本、费用账户的数额。领用配件产品，配件的保管部门必须填制“领料单”，而其成本数额的计算关键之处是领用配件单位成本的计算确定。因为即使是同一种配件产品，同一时间从不同的地区来进货，或者同一采购地区但不同进货时间来组织进货，其进货的单位成本都是不一样的。与此同时，不同单位成本的配件其采购数量的不同、运输费用的不同，对单位成本的计算都会产生影响。由于维修业务的大量存在，使得配件的领用比较频繁，因而采用先进先出法和加权平均法计算领用配件成本数额比较适宜。领料单的格式如表6－4所示。

表6－4　　领　料　单　　编号：

年　月　日

配件编号	配件名称	车型	原厂\国产\进口	货位	数量	单价	金额
合计金额（人民币）							

会计：　　审核：　　制单：　　保管：

（1）先进先出法。先进先出法是指以先购进的配件先发出为假设前提，计算配件出库成本和结存配件成本的方法。先进先出法因为要按配件购入的先后顺序计算配件出库成本和期末库存配件的实际成本，所以发出量如果超过最先收进的那一批的批量时，超过部分要依次按下一批收进的单价计算。实务中采用此法可以逐笔（即每发出一次计算一次成本）计算成本；也可以月末一次计算出库配件成本。

例题6－11：某4S店库存配件的明细账资料如表6－5所示。

根据资料按先进先出法计算其三次出库左侧外后视镜总成实际成本及月末结存物资成本如下：

10日出库配件成本：$50\times480=24\ 000$（元）

15日出库配件成本：$10\times480=4\ 800$（元）

27日出库配件成本：$50\times475+5\times470=26\ 100$（元）

月末结存配件成本：$50\times470=23\ 500$（元）

表 6－5 **库存配件明细账**

（先进先出法）

类别：现代索纳塔 连续第×页

品名：左侧外后视镜总成 货位：1/15 单位：套 第××页

2014年		凭证号数	摘要	收入			付出			结存		
月	日			数量	单价	金额	数量	单价	金额	数量	单价	金额
8	1	略	上月结存							60	48.00	28 800.00
	3		购进	50	475.00	23 750.00				60 50	48.00 47.50	28 800.00 23 750.00
	10		销售				50	480.00	24 000.00	10 50	48.00 47.50	4 800.00 23 750.00
	15		领用				10	480.00	4 800.00	50	47.50	23 750.00
	22		购进	55	470.00	25 850.00				50 55	47.50 47.00	37 500.00 25 850.00
	27		销售				50 5	475.00 470.00	23 750.00 2 350.00	50	47.00	23 500.00
	30		本月合计	105		49 600.00	115		54 900.00			23 500.00

采用先进先出法计算配件出库成本，优点是计算结果较为准确，符合配件保管规律（即先购进的配件先被领用）其不足是手续较为繁琐，工作量也较大。先进先出法适用于品种较少或收发次数不多的配件。

（3）加权平均法。加权平均法，亦称全月一次加权平均法，是指以本月全部收进数量与月初库存数量为权数，月末一次计算平均单价，据以计算配件出库成本和期末结存配件成本的方法。加权平均法计算配件出库成本的步骤及相关计算公式如下：

$$加权平均单价=\frac{期初结存金额+本月收入金额}{期初结存数量+本月收入数量}$$

本月配件出库成本＝本月配件出库数量×加权平均单价

月末结存配件成本＝月末结存配件数量×加权平均单价

例题 6－12：仍以前例，表 6－5 所列示的左侧外后视镜总成的收、发资料为例，采用加权平均法计算本月配件出库成本如下：（见表 6－5 所列示）

$$加权平均单价=\frac{28\ 800+49\ 600}{60+105}=\frac{78\ 400}{165}=475（元）$$

本月出库配件成本＝105×475＝54 650（元）

月末库存配件成本＝50×475＝23 750（元）

表 6－6　　**库存配件明细账**

（加权平均法）

类别：现代索纳塔　　　　连续第 × 页

品名：左侧外后视镜总成　　货位：1/15　　单位：套　　第 ×× 页

2014 年		凭证号数	摘要	收入			付出			结存		
月	日			数量	单价	金额	数量	单价	金额	数量	单价	金额
8	1	略	上月结存							60	480.00	28 800.00
	3		购进	50	475.00	23 750.00				110		
	10		销售				50			60		
	15		领用				10			50		
	22		购进	55	470.00	25 850.00				105		
	27		销售				55			50		
	30		结转成本						54 650.00	50	475.00	23 750.00
	30		本月合计	105		49 600.00	105		54 650.00	50		23 750.00

采用加权平均法计算配件出库成本，优点是配件出库成本比较均衡，且计价手续比较简便；缺点是平时从账面上反映不出配件的结存金额，不便于日常配件的控制。加权平均法适用于前后进货价格相差幅度不大，品种不多的配件。

4S 店维修及经营过程中配件出库业务非常频繁，平时应根据领料单逐笔登记库存配件明细账，以详细反映各种配件的收发和结存情况。月末，会计人员应该按照实际成本计价的领料单，按照配件出库的用途进行归类汇总后，编制“发出配件汇总表”，并借记“主营业务成本”科目，贷记“库存商品”科目。

例题 6－13：某 4S 店本月配件出库汇总如表 6－7 所示。

表 6－7　　**配件出库汇总表**

2014 年 7 月 31 日　　单位：元

材料名称	销售出库	维修耗用	合计
进气道清洁剂	64 000.00	900.00	64 900.00
机油	200 500.00	2 000.00	202 500.00
发动机机油滤清器总成	140 000.00		140 000.00
左侧外后视镜总成			
前挡风玻璃	80 000.00	40 000.00	120 000.00
合计	940 500.00	60 000.00	1 000 500.00

会计主管：张树权　　记账：刘莉莉　　审核：王旺财　　制单：林二妹

根据发料凭证汇总表，会计人员编制会计分录如下：

借：主营业务成本——配件　　1 000 500

　贷：库存商品——配件　　1 000 500

精品收发业务的核算方法与配件的核算方法基本相同，这里不再赘述。

4. 怎样进行库存配件和精品盘点溢缺的核算？

企业的库存配件在日常收发过程中可能由于计量、计算错误，或者是存储条件改变、贪污盗窃等情况发生而造成实存数量与账存数量不相符的问题。为了及时掌握企业的库存情况，保证企业的配件安全，保证企业配件明细记录的真实，需要企业定期或者不定期的对库存的配件进行清查盘点。

库存配件清查主要采用实地盘点法。即通过对配件实物的点数、计算等方法点清配件库存数量，并鉴定其质量。盘点的结果应该填写在配件盘点表中，若发现实存与账存数量不一致，应进行复盘，并最终确定是否发生盘点溢余或短缺。盘点溢余与短缺需要单独填制“盘点溢余（短缺）报告单”这一重要单据，详细列明溢缺配件的品名、规格、数量、单价、溢缺原因及其处理意见等信息，并要履行相关的重要手续后才能作为入账依据。库存配件盘点表和盘点溢余（短缺）报告单的格式如表6－8、表6－9所示。

表6－8　　库存配件盘点表

配件类别：现代索纳塔　　2014年6月25日　　第×页共×页

配件品名及规格	计量单位	单价	账面结存		实际盘存		账存与实存差异	
			数量	金额	数量	金额	数量	金额
散热器进水软管	条	23.36	50	1 168.00	50	1 168.00		
下盖板总成	个	120.00	10	1 200.00	9	1 080.00	－1	－120.00
前车轮毂	只	105.00	5	525.00	7	735.00	2	210.00
合　计				390 000.00		390 180.00		180.00

部门负责人：李莉　　监盘人：张欣然　　实物负责人：董兴旺　　制表：刘文学

企业在财产清查过程中对于发现的溢余或者短缺问题及其处理，需要设置“待处理财产损溢”科目。该科目属于资产类科目。发现溢余原因待查、或者原因已经查明而处理意见领导尚未批示时的数额记在该科目的贷方，转销溢余时的数额记在该科目的借方；发现短缺原因待查、或者原因已经查明而处理意见领导尚未批示时的数额记在该科目的借方，转销短缺时的数额记在该科目的贷方；若余额在借方，表示待处理财产的净损失，应在期末前转入“其他应收款”、“营业外支出”或者“管理费用”科目；若余额在贷方，表示待处理财产的净收益，应在期末前冲减“管理费用”或者转入“营业外收入”科目；企业应设置“待处理流动资产损溢”、“待处理固定资产损溢”明细科目进行明细核算。

表6－9　　　库存配件溢余（短缺）报告单

2014年6月25日

材料名称	规　格	账存数量	实存数量	结存单价	账存金额	实存金额	差　额
下盖板总成	个	10	9	120.00	1 200.00	1 080.00	-120.00
前车轮毂	只	5	7	105.00	525.00	735.00	210.00
合　计					1 725.00	1 815.00	90.00

溢余短缺原因：下盖板总成短缺属于责任事故；前车轮毂溢余属于付货时少付造成。 处理意见建议：下盖板总成短缺由责任人王强赔偿；前车轮毂溢余冲减企业管理费用。	负责人批示： 下盖板总成短缺由责任人王强赔偿；前车轮毂溢余冲减企业管理费用。 签字：张德江 2014年6月27日

财务负责人：王永宏　　会计：习粉莲　　复核：江春江　　保管：祝家乐

企业在配件盘点过程中发现配件实存数量大于账存数量、即盘点发生溢余时，在原因不明或者原因虽查清而处理意见领导未做批示的，应按照溢余的金额，借记“库存商品”科目，贷记“待处理财产损溢——待处理流动资产损溢”科目；待原因查明、处理意见领导已做批示时，若属于正常升溢范围之内的，按照溢余的金额，借记“待处理财产损溢——待处理流动资产损溢”科目，贷记“管理费用”科目；若属于非正常升溢范围之内的，按照溢余的金额，借记“待处理财产损溢——待处理流动资产损溢”科目，贷记“营业外收入”科目。

企业在配件盘点过程中发现配件实存数量小于账存数量、即盘点发生短缺时，在原因不明或者原因虽查清而处理意见领导未做批示的，应按照短缺的金额，借记“待处理财产损溢——待处理流动资产损溢”科目，贷记“库存商品”、“应交税费——应交增值税（进项税额转出）”科目（若属于正常损耗范围之内，不需要进行增值税进项税额转出）；待原因查明、处理意见领导已做批示时，若属于正常损耗范围之内的，按照短缺的金额，借记“管理费用”科目，贷记“待处理财产损溢——待处理流动资产损溢”科目；若属于非正常短缺范围之内的，按照短缺的金额，借记“营业外支出”科目，贷记“待处理财产损溢——待处理流动资产损溢”科目；若查明属于责任事故造成，按照短缺的金额，借记“其他应收款——××责任人”科目，贷记“待处理财产损溢——待处理流动资产损溢”科目。

例题 6-14：某 4S 店经营的现代瑞纳汽车配件月末进行配件盘点时，发现车门外把手配件多出 2 个，价值 300 元。原因未查明，根据库存配件盘点表编制会计分录如下：

借：库存商品——配件（瑞纳） 300

　贷：待处理财产损溢——待处理流动资产损溢 300

经查，多出 10 个配件属于历史积存问题，经批准作冲减管理费用处理，根据盘点溢余（短缺）报告单编制会计分录如下：

借：待处理财产损溢——待处理流动资产损溢 300

　贷：管理费用——存货损耗 300

例题 6-15：某 4S 店月末进行配件盘点时，发现现代瑞纳刮水器短缺 1 套，价值 100 元。短缺乙种配件属于正常损耗范围之内。根据配件盘点表编制会计分录如下：

借：待处理财产损溢——待处理流动资产损溢 100

　贷：库存商品——配件（瑞纳） 100

经批准，其金额经批准作管理费用开支处理，根据盘点溢余（短缺）报告单编制会计分录如下：

借：管理费用——存货溢缺 100

　贷：待处理财产损溢——待处理流动资产损溢 100

例题 6-16：某 4S 店月末进行配件盘点时，发现现代瑞纳发动机机油滤清器总成短缺 10 套，价值 200 元。原因查明属于责任事故造成，根据库存配件盘点表编制会计分录如下：

借：待处理财产损溢——待处理流动资产损溢 234

　贷：库存商品——配件（瑞纳） 200

　　应交税费——应交增值税（进项税额转出） 34

经查，短缺机油滤清器总成金额经批准有责任者张军赔偿，赔偿款尚未收到。根据盘点溢余（短缺）报告单编制会计分录如下：

借：其他应收款——张军 234

　贷：待处理财产损溢——待处理流动资产损溢 234

精品盘点溢缺业务的核算方法与配件的核算方法基本相同，这里不再赘述。

5. 怎样进行低值易耗品业务的核算？

低值易耗品的低值与易耗是相对于固定资产而言的，其确认可以依据是否符合固定资产标准来判断，不符合固定资产条件标准的劳动资料可以确认为低值易耗品。4S 店的低值易耗主要有以下几类物品：（1）一般工具。指生产中常用的工具，如刀具、量具、夹具、装配工具等。（2）专用工具。只用于制造某一特定产品或者某一特定工序上面使用的工具、专用模具等。(3) 替换设备。指容易磨损或为了制造不同产品需要替换使用的各种设备。(4) 管理用具。指在管理过程中使用的各种家具。(5) 工作用品。指为了规范维修而发给职工的工作服、工作鞋及其手套等维修耗用品。

为了监督检查低值易耗品的收入、领用、摊销及其结存情况，企业应设置“周转材料”科目进行核算。“周转材料”科目属于资产类科目。该科目的借方登记企业购进、自制、委托外单位加工收回、接受投资转入，以及盘盈的周转材料的实际成本；贷方登记企业领用、摊销、盘亏的周转材料的实际成本；期末余额在借方，表示企业在库的周转材料的实际成本或计划成本，以及在用的周转材料的摊余价值。企业应设置“在库”、“在用”和“摊销”三个明细科目并进行明细核算。

企业购进、委托外单位加工收回并已经入库的周转材料，按其实际成本数额，借记“周转材料——在库”、“应交税费——应交增值税（进项税额）”科目，贷记“银行存款”、“委托加工物资”科目。采用一次摊销法的，于领用时应按其账面价值，借记“管理费用”科目，贷记“周转材料——在库”科目。周转材料报废时，应按照报废的周转材料残料价值，借记“库存商品——配件”科目，贷记“管理费用”科目。而采用其他摊销法的，于领用时应按其账面价值，借记“周转材料——在用”科目，贷记“周转材料——在库”科目；同时，借记“管理费用”科目，贷记“周转材料——在用”科目。摊销时，按照摊销额，借记“周转材料——摊销”科目，贷记“周转材料——在用”科目。周转材料报废时，应补提摊销额，借记“管理费用”科目，贷记“周转材料——摊销”科目。同时，按照报废的周转材料残料价值，借记“库存商品——配件”科目，贷记“管理费用”科目。转销全部已提摊销额时，借记“周转材料——摊销”科目，贷记“周转材料——在用”科目。

例题6-17：某4S店维修车间领用生产工具一批，实际成本4 000元。该企业采用一次摊销法核算周转材料。根据领料单编制会计分录如下：

借：劳务成本——工具耗用　　4 000

　　贷：周转材料——在库　　4 000

若报废时该批生产工具残料价值200元，根据入库单编制会计分录如下：

借：库存商品——配件（维修）　　200

　　贷：管理费用　　200

例题6-18：某4S店管理部门领用工具一批，实际成本2 000元，使用期限是10个月。该企业采用分期摊销法核算周转材料。根据领料单编制会计分录如下：

借：周转材料——在用　　2 000

　　贷：周转材料——在库　　2 000

借：管理费用——周转材料摊销　　200

　　贷：周转材料——摊销　　200

以后按月摊销时，根据摊销计算表编制会计分录如下：

借：管理费用——周转材料摊销　　200

　　贷：周转材料——摊销　　200

若报废时该批生产工具残料价值200元，根据入库单编制会计分录如下：

借：库存商品——配件（维修） 200

贷：管理费用——周转材料摊销 200

借：周转材料——摊销 2 000

贷：周转材料——在库 2 000

6. 固定资产的确认条件怎样掌握？怎样确定固定资产的入账成本？

根据《企业会计准则第4号——固定资产》规定，固定资产是指同时具有下列特征的有形资产：（1）为生产商品、提供劳务、出租或经营管理而持有的；（2）使用寿命超过一个会计年度。企业的固定资产需要同时满足下列的确认条件，即：（1）与该固定资产有关的经济利益很可能流入企业；（2）该固定资产的成本能够可靠地计量。如果某一项资产不能同时符合上述确认要求，就不能确认为固定资产。

由于企业的经营性质不同，经营规模有大有小，对于固定资产可以有不同的分类方法。

（1）固定资产按经济用途分类，可以分为经营用固定资产和非经营用固定资产。经营用固定资产，是指直接服务于生产经营过程的固定资产，如企业经营用大楼、仓库、办公设备、运输设备、管理设备等。非经营用固定资产，是指不直接服务于生产经营过程的固定资产，如企业的职工食堂、浴室、健身房等。

（2）固定资产按使用情况分类，可分为使用中的固定资产、未使用的固定资产和不需用的固定资产。使用中的固定资产，是指正在使用的经营性和非经营性固定资产。由于季节性经营或修理等原因，暂时停止使用的固定资产仍属于企业使用中的固定资产；企业出租给其他单位使用的固定资产以及内部替换使用的固定资产，也属于使用中的固定资产。未使用的固定资产，是指已完工或已购建的尚未交付使用的固定资产以及因进行改建、扩建等原因停止使用的固定资产。如企业购建的尚待安装的固定资产、经营任务变更停止使用的固定资产等。不需用的固定资产，是指本企业多余或不适用，需要调配处理的固定资产。

（3）固定资产按所有权进行分类，可分为自有固定资产和租入固定资产。自有固定资产是指企业拥有的可供企业自由支配使用的固定资产；租入固定资产是指企业采用租赁方式从其他单位租入的固定资产。

（4）固定资产按经济用途和使用情况进行综合分类，可分为经营用固定资产、非经营用固定资产、租出固定资产、不需用固定资产、未使用固定资产、土地、融资租入固定资产等。其中：土地主要是指已经估价单独入账的土地。因征地而支付的补偿费，应计入与土地有关房屋、建筑物的价值内，不单独作为土地价值入账。企业取得的土地使用权不能作为固定资产管理。融资租入固定资产，是指企业采取融资租赁方式租入的固定资产，在租赁期内，应视同自有固定资产进行管理。

固定资产的入账价值又称固定资产的入账价格，即企业按照什么价格在账簿中记载固定资产的增加金额。企业应当根据具体情况分别确定固定资产的入账价值。

固定资产初次入账成本称作历史成本，亦称原始价值或原价、原值，是指企业购建某项固定资产达到预定可使用状态前所发生的一切合理、必要的支出。企业新购建固定资产的计价、确定计提折旧的依据等均采用这种入账价格。它是固定资产的基本计价标准，在会计工作中，固定资产的计价均采用历史成本。考虑到固定资产价值较大，其价值会随着服务能力的下降而逐渐减少，还需要揭示固定资产的折余价值，或称作净值。企业固定资产的原始价值主要按以下方法进行计算：

（1）外购的固定资产的成本，包括购买价款、相关税费、使固定资产达到预定可使用状态前所发生的可归属于该项资产的运输费、装卸费、安装费和专业人员服务费等。

以一笔款项购入多项没有单独标价的固定资产，应当按照各项固定资产公允价值比例对总成本进行分配，分别确定各项固定资产的成本。

购买固定资产的价款超过正常信用条件延期支付，实质上具有融资性质的，固定资产的成本以购买价款的现值为基础确定。实际支付的价款与购买价款现值之间的差额，除了按照规定予以资本化之外，应当在信用期内计入当期损益。

（2）自行建造固定资产的成本，由建造该项资产达到预定可使用状态前所发生的必要支出构成。

（3）投资者投入的固定资产，按照投资合同或协议约定的价值确定，但合同或者协议约定价值不公允的除外。

（4）企业以非货币性资产交换方式换入的固定资产，应当按照换出资产的账面价值和应支付的相关税费作为换入资产成本。其中，支付补价的，应当以换出资产的账面价值，加上支付的补价和应支付的相关税费作为换入固定资产的成本，不确认当期损益；收到补价的，应当以换出资产的账面价值，减去收到的补价并加上应支付的相关税费，作为换入固定资产的成本，不确定损益。

（5）以债务重组方式收到的固定资产，企业应当对受让的固定资产按其公允价值入账，重组债权的账面价值与受让的固定资产的公允价值之间的差额，计入当期损益。

固定资产净值是指固定资产的原始价值减去已提折旧额后的余额。这种入账价格主要用于计算盘盈、盘亏固定资产的溢余或损失数额。

7. 如何进行固定资产购建的核算？

固定资产购建业务是指固定资产的购置、兴建，主要使用“固定资产”、“在建工程”科目进行核算。

“固定资产”科目核算企业所有固定资产的原价。其借方登记购建、其他单位投资转入、盘盈以及其他原因增加的固定资产的原始价值；贷方登记出售、报废、盘亏以及其他原因减少的固定资产的原始价值；期末借方余额反映现有固定资产的原始价值。为了详细反映和监督每项固定资产的增减变动，还应按照固定资产类别或名称设置明细分类科目，并设置“固定资产卡片”和“固定资产登记簿”进行固定资产的明细分类核算。

“在建工程”科目核算企业进行基建工程、安装工程、技术改造工程、大修理工程等发生的实际支出，包括需要安装设备的价值。其借方登记基建工程、安装工程等发生的工程实际支出，包括需要安装设备的价值，贷方登记基建工程完工交付使用固定资产的成本，期末借方余额表示企业尚未完工的基建工程等发生的各项实际支出。本科目按照在建工程的项目名称设置明细分类科目，进行明细分类核算。

（1）外购固定资产核算。企业购入的固定资产，按购买价款、相关税费（增值税、进口关税、车辆购置税等），使固定资产达到预定可使用状态前所发生的可归属于该项资产的运输费、装卸费、安装费和专业人员服务费等，作为购入固定资产原价入账。

若购入不需要安装的固定资产，按上述成本直接借记“固定资产”科目，贷记“银行存款”科目等。

例题6-19：某4S店购入一台四轮定位设备，取得的增值税专用发票上注明价款为100 000元，增值税17 000元；支付相关运输费1 000元，款项均通过银行转账支付。会计人员根据增值税专用发票、运输费支付凭证、转账支票存根编制会计分录如下：

借：固定资产——四轮定位设备 100 930
　　应交税费——应交增值税（进项税额） 17 070
　　贷：银行存款 118 000

若购入的固定资产需要安装工程后才可使用，则将安装完毕前所发生的支出，包括需要安装设备的价值，先记入“在建工程”科目的借方，待工程安装完毕后，再将有关金额从“在建工程”科目的贷方转入“固定资产”科目的借方。

例题6-20：某4S店购入需要安装设备一套，取得的增值税专用发票上注明的合计价款为585 000元，支付运输费1 500元，款项已通过银行转账支付，投入安装后，支付安装费3 500元，安装完毕后交付使用。

支付设备价款、税款、运杂费合计586 500元。编制会计分录如下：

借：在建工程——设备安装 586 500
　　贷：银行存款 586 500

支付设备安装费3 500元。编制会计分录如下：

借：在建工程——设备安装 3 500
　　贷：银行存款 3 500

设备安装完毕交付使用，确定固定资产的入账价值590 000元。编制会计分录如下：

借：固定资产——设备 590 000
　　贷：在建工程——设备安装 590 000

（2）自行建造固定资产的核算。自行建造的固定资产，是指企业为了新建、改建、扩建固定资产或者对固定资产进行技术改造或设备更新而由企业自行建造的固定资产。自行建造固定资产达到预定可使用状态前所发生的全部支出，均通过“在建工程”科目核算，待达到预计可使用状态后，再将工程发生的全部支出，转入“固定资产”科目。

具体地说，企业自行建造固定资产包括自营建造和出包建造两种方式。其中，出包工程指企业将工程项目发包给施工企业，由施工企业组织施工的建筑工程和安装工程。这是目前较常见的方式。它又分为两种形式：包工不包料方式；包工包料方式。

包工不包料方式。企业应按直接材料、直接人工、直接机械施工费等项支出确定其工程成本。当企业购入工程用物资时，按实际成本借记“在建工程——工程物资”科目，贷记“银行存款”科目；当领用工程材料物资时，应按实际成本借记“在建工程—××工程”科目，贷记“在建工程——工程物资”科目；如需领用企业的周转材料，应按周转材料的实际成本，借记“在建工程—××工程”科目，贷记“周转材料”科目，向承包公司预付工程款时，借记：“在建工程—××工程”科目，贷记“银行存款”科目。基建工程应负担的其他费用，如临时设施费、监理费、可行性研究费、公证费等，借记“在建工程—××工程”科目，贷记“银行存款”科目。基建工程完工交付使用时，应借记“固定资产”科目，贷记“在建工程—××工程”科目。

例题6－21：某4S店出包建造一座维修车间，经协商与承包公司签订了包工不包料的工程出包合同。维修车间建造工程及其账务处理如下：

购入工程用物资，买价300 000元，增值税51 000元，相关物资验收入库，价款用银行存款支付。根据发票、入库单及转账支票存根编制会计分录如下：

借：在建工程——工程物资　300 000
　　应交税费——应交增值税（进项税额）　51 000
　　贷：银行存款　351 000

工程开工，领用工程物资300 000元。根据工程物资领用凭证编制会计分录如下：

借：在建工程——维修车间工程　300 000
　　贷：在建工程——工程物资　300 000

向承包公司预付工程款400 000元。根据付款单据编制会计分录如下：

借：在建工程——维修车间工程　400 000
　　贷：银行存款　400 000

支付其他费用100 000元。根据支付结算单据编制会计分录如下：

借：在建工程——维修车间工程　100 000
　　贷：银行存款　100 000

工程完工交付使用，确定固定资产的入账价值851 000元。编制会计分录如下：

借：固定资产——维修车间　800 000
　　贷：在建工程——维修车间工程　800 000

包工包料方式。该方式工程核算主要包括支付工程价款和工程交付使用两项内容。支付工程价款时，借记“在建工程”科目，贷记“银行存款”科目，工程交付使用时，借记“固定资产”科目，贷记“在建工程”科目。

例题6－22：某4S店将停车库的工程出包给省二建公司，工程的总价款为500 000元，按规定先预付工程款的60%，待工程完工，验收合格后再补付工程款的40%。工程款结算采用转账支票结算方式进行。

预付工程价款60%。根据转账支票存根编制会计分录如下：

借：在建工程——停车库工程　300 000
　　贷：银行存款　300 000

补付工程价款40%。根据转账支票存根编制会计分录如下：

借：在建工程——停车库工程　200 000

贷：银行存款　　200 000

工程完工交付使用，结转固定资产的入账价值 500 000 元。编制会计分录如下：

借：固定资产——停车库　　500 000

贷：在建工程——停车库工程　　500 000

8. 怎样进行固定资产折旧核算？

固定资产折旧，是指在固定资产使用寿命内，按照确定的方法对应计折旧额进行系统分摊。应计折旧额，是指应当计提折旧的固定资产的原价扣除其预计净残值后的金额。预计净残值，是指假定固定资产预计使用寿命已满并处于使用寿命终了时的预期状态，即企业目前从该项资产处置中获得的扣除预计处置费用后的金额。

固定资产折旧的核算使用"累计折旧"科目进行。本科目是"固定资产"的备抵调整科目，是用来核算企业固定资产的累计折旧数额，其贷方登记计提折旧的金额，借方登记出售、报废、盘亏、捐赠转出以及其他原因减少的固定资产折旧金额，期末贷方余额反映企业提取的固定资产折旧累计数额。本科目只进行总分类核算。

目前 4S 店计提固定资产折旧方法主要是年限平均法和工作量法。其中，年限平均法是将固定资产的折旧均衡地分摊到固定资产预计使用寿命内的一种方法。年限平均法又称直线法，即每期或每一个工作量单位的折旧额相同。采用这种方法计算的每期折旧额均是等额的。计算公式如下：

$$年折旧率 = \frac{1 - 预计净残值率}{预计使用年限}$$

$$月折旧率 = \frac{年折旧率}{12}$$

月折旧额 = 固定资产原价 × 月折旧率

例题 6 - 23：某 4S 店有一座简易维修车间，原价为 300 000 元，预计可使用 20 年，按照有关规定，该简易维修车间报废时的净残值率为 3%。该简易维修车间的折旧率和折旧额计算如下：

年折旧率 =（1 - 3%）÷ 20 = 4.85%

月折旧率 = 4.85% ÷ 12 = 0.40416%

月折旧额 = 300 000 × 0.40416% = 1 212.48（元）

以上计算的折旧率是按个别固定资产单独计算的，称为个别折旧率。另外还有分类折旧率（即指将性质、结构和使用年限大体相同的固定资产归并为一类计算的折旧率）和综合折旧率（即指就整个 4S 店的全部固定资产综合计算的折旧率）。采用分类折旧率计算折旧较采用个别折旧率而言，相对减少了计算工作量，与采用综合折旧率相比，计算结果比较准确。因此，分类折旧率在实务中使用较多。

工作量法是按照固定资产实际所完成的工作量来计提折旧额的一种方法。该种方法弥补年限平均法只重使用时间，不考虑使用强度的缺点。工作量法适用于一些专用设备，如货运汽车，大型维修设备、配件仓库。这类固定资产由于使用强度不同，各期折旧差异较大，不能按年限平均法来计算。工作量法的计算公式如下：

某项固定资产单位工作量应提折旧额＝该项固定资产原价×（1－预计净残值率）÷该项固定资产预计总工作量

某项固定资产本月折旧额＝该项固定资产当月工作量×单位工作量应提折旧额

例题6－24：某4S店的一辆运货卡车的原价为60 000元，预计总行驶里程为50万公里，其报废时的净残值率为5%，本月行驶4 000公里。该辆汽车的月折旧额计算如下：

单位里程折旧额＝60 000×（1－5%）÷500 000＝0.114（元/公里）

本月折旧额＝4 000×0.114＝456（元）

需要注意的是，固定资产的使用寿命、预计净残值一经确定，不得随意变更；企业应当根据固定资产所含经济利益预期实现方式选择折旧方法；折旧方法一经确定，不得随意变更；企业至少应当于每年年度终了，对固定资产的使用寿命、预计净残值和折旧方法进行复核，如使用寿命预计数、预计净残值预计数与原先估计数有差异的，应当调整，与固定资产有关的经济利益预期实现方式有重大改变的，应当改变固定资产折旧方法，固定资产使用寿命、预计净残值和折旧方法的改变应当作为会计估计变更，并在财务报表附注中予以说明。

固定资产折旧的计提范围有着如下的规定：企业应当对所有固定资产计提折旧。但是，已提足折旧（即已经提足该项固定资产应计提的折旧总额）仍继续使用的固定资产和单独计价入账的土地除外。需要注意的是，以融资租赁方式租入的固定资产和以经营租赁方式租出的固定资产，应当计提折旧；以融资租赁方式租出的固定资产和以经营租赁方式租入的固定资产，不应当计提折旧。

企业在具体计提固定资产折旧时，一般应按月计提折旧，当月增加的固定资产，当月不提折旧，从下月起计提折旧；当月减少的固定资产，当月照提折旧，从下月起不提折旧。固定资产提足折旧后，不论能否继续使用，均不再提取折旧；提前报废的固定资产，也不再补提折旧。

企业按月计提固定资产折旧时，对于经营及管理用固定资产计提的折旧，借记“劳务成本”、“管理费用”科目，对于经营性租出固定资产计提的折旧，借记“其他业务成本”科目等，贷记“累计折旧”科目。

累计折旧只进行总分类核算，不进行明细分类核算。需要查明该项固定资产的已提折旧，可以根据固定资产卡片上所记载的该项固定资产原值，折旧率和实际使用年数等资料进行计算。

例题6－25：某4S店采用直线法计提固定资产折旧。2014年5月的固定资产折旧计算表列示：经营性固定资产折旧30 000元、管理用固定资产折旧17 900元、经营性租出固定资产应提折旧2 000元。编制会计分录如下：

借：劳务成本	30 000
管理费用——折旧费	17 900
其他业务成本	2 000
贷：累计折旧	49 900

9. 怎样进行固定资产清理核算?

企业进行清理的固定资产，主要有以下三个类别：因不需用或不适用而出售给其他单位或个人的固定资产；因磨损严重不能使用或由于技术进步等原因发生提前报废的固定资产；因自然灾害或意外事故造成毁损而报废的固定资产。固定资产的清理，不论何种原因，都要按规定程序办理手续，取得或填制必要的原始凭证，并进行相关的账务处理。

企业在进行固定资产清理的总分类核算时，应设置"固定资产清理"科目，核算企业因出售、报废和毁损等原已转入清理的固定资产净值以及清理过程中所发生的清理费用和清理收入。其借方登记转入清理的固定资产净值、支付的清理费用，其贷方登记出售固定资产的收入、报废固定资产的残料变价收入及毁损固定资产应由保险公司及责任人赔偿的收入，本科目期末借方或贷方余额，反映尚未清理完毕固定资产的价值及清理净收入(清理收入-清理费用)。本科目应按清理的固定资产项目设置明细分类科目，进行明细分类核算。

固定资产清理的核算，一般可按下列四个基本环节进行：

(1) 将固定资产转入清理。企业出售、报废和毁损的固定资产，应首先将其转入清理，按转入清理的固定资产净值，借记"固定资产清理"科目，按已计提的折旧借记"累计折旧"科目，按固定资产原值，贷记"固定资产"科目。

(2) 核算清理费用。固定资产清理中发生的清理费用支出，应按实际数额借记"固定资产清理"科目，贷记"银行存款"科目。

(3) 记录清理收入。企业在固定资产清理时发生的各项收入包括出售固定资产的价款、报废和毁损固定资产的残料、保险公司及过失人的赔款等，应按实际数额借记"银行存款"、"其他应收款"科目，贷记"固定资产清理"科目。

(4) 结转清理净损益。企业因出售、报废和毁损固定资产，应当将清理收入扣除账面价值和相关费用后的金额计入当期损益，计入"营业外支出"或"营业外收入"科目。

例题 6-26：某4S店一辆运输卡车在一次交通事故中报废，该卡车原价200 000元，已提折旧60 000元，在事故处理中明确过失人应赔偿2 000元；根据保险合同，保险公司应赔偿70 000元。

将卡车转入清理时，编制会计分录如下：

借：固定资产清理——卡车	140 000	
累计折旧	60 000	
贷：固定资产——卡车		200 000

确认责任人和保险公司应赔偿的款项，编制会计分录如下：

借：其他应收款——×责任人	2 000	
其他应收款——×保险公司	80 000	
贷：固定资产清理——卡车		82 000

结转固定资产清理净损益时，编制会计分录如下：

固定资产清理净损失 = 140 000 - 82 000 = 58 000（元）

借：营业外支出——非常损失 68 000

贷：固定资产清理——卡车 68 000

例题 6-27：某 4S 店出售一台技术过时的维修设备，原价 400 000 元，已提折旧 200 000 元；发生清理费用 5 000 元用存款支付，出售取得价款 250 000 元。

将仓库转入清理时，编制会计分录如下：

借：固定资产清理——维修设备 200 000

累计折旧 200 000

贷：固定资产——维修设备 400 000

支付清理费用时，根据支付凭证编制会计分录如下：

借：固定资产清理——维修设备 5 000

贷：银行存款 5 000

收到转让价款时，根据入账通知编制会计分录如下：

借：银行存款 250 000

贷：固定资产清理——维修设备 250 000

（4）结转固定资产清理净损益时，编制会计分录如下：

固定资产清理净收益 = 250 000 - 200 000 - 5 000 = 45 000（元）

借：固定资产清理——维修设备 45 000

贷：营业外收入——处置固定资产净收益 45 000

10. 怎样进行固定资产减值核算?

固定资产发生损坏，或因技术陈旧长期闲置及其他经济原因，导致其可收回金额低于其账面价值，这种情况被称为固定资产减值。对于已经发生的资产减值如果不予确认，必将虚夸企业资产价值，这有悖于会计核算的真实性和稳健性原则。因此，企业应当在期末至少在每年年度终了，对固定资产逐项进行检查，对于因各种原因导致的固定资产减值的，应逐项计提减值准备。

企业发生固定资产减值业务时，应通过“固定资产减值准备”科目核算，它是“固定资产”的备抵科目。其贷方登记计提的固定资产减值准备，借方登记出售、报废、盘亏、捐赠转出以及其他原因减少的固定资产已提的减值准备，期末贷方余额反映企业提取的固定资产减值准备累计数。计提固定资产减值准备，应以其实际减值额为依据，借记“资产减值损失”科目，贷记“固定资产减值准备”科目。资产减值损失一经确认，在以后会计期间不得转回。

例题 6-28：某 4S 店 2014 年末对现有固定资产进行核查时，发现本企业使用的办公设备计算机因技术更新较快致使该批资产发生减值，估计可收回金额 20 000 元。经查，该项财产原始价值 72 000 元，预计使用 6 年，已提折旧 36 000 元。资产减值数额 16 000

元（36 000 - 20 000）。经批准编制会计分录如下：

借：资产减值损失　　16 000

　　贷：固定资产减值准备　　16 000

11. 怎样核算固定资产后续支出?

固定资产后续支出，是指企业的固定资产投入使用后，为了适应新技术发展的需要，或者为维护固定资产的使用效能等所发生的支出。包括企业对固定资产进行维护、改建、扩建或改良等所发生的支出。《企业会计准则第4号——固定资产》规定：与固定资产有关的后续支出，符合固定资产确认条件的，应当计入固定资产成本；不符合固定资产确认条件的，应当在发生时计入当期损益。

例题6-29：2014年1月1日，某4S店决定将2009年12月建成的通风设备改为中央空调。原有通风设备的建造成本为500万元，采用年限平均法计提折旧，已提折旧190万元，原预计使用5年。拆除原通风设备取得变价收入20万元存入银行，改良工程新发生支出1 000万元，全部以银行存款支付；2014年4月30日该改良工程达到预定可使用状态，预计使用年限为10年，预计净残值率为5%。

（1）2014年1月1日转入改良工程时，编制会计分录如下：

转入改良工程账面成本为：5 000 000 - 1 900 000 = 3 100 000（元）

借：在建工程——改良工程（中央空调）　　3 100 000

　　累计折旧　　1 900 000

　　贷：固定资产——通风设备　　5 000 000

（2）将拆除设备变价收入存入银行时，编制会计分录如下：

借：银行存款　　200 000

　　贷：在建工程——改良工程（中央空调）　　200 000

（3）发生改良支出时，编制会计分录如下：

借：在建工程——改良工程（中央空调）　　10 000 000

　　贷：银行存款　　10 000 000

（4）2014年4月30日改良工程达到预定可使用状态时，编制会计分录如下：

固定资产的入账价值为：310 - 20 + 1 000 = 1 290（万元）

借：固定资产——中央空调　　12 900 000

　　贷：在建工程——改良工程（中央空调）　　12 900 000

例题6-30：某4S店对现有的客户电梯进行日常修理，以保证电梯的正常使用。修理过程中支付银行存款50 000元。

本例中，这项后续支出是为了保证电梯的正常使用，并不会使可能流入企业的经济利益超过原先的估计。因此，应将该项固定资产的后续支出确认为发生当期的费用。该公司的账务处理如下：

借：管理费用——修理费　　50 000

贷：银行存款 50 000

12. 怎样核算固定资产的盘点溢余和短缺？

为了保证固定资产核算的真实性，企业应定期对固定资产进行盘点清查。通过固定资产盘点清查，可以掌握固定资产的实有数量，了解有无丢失、损坏和未列账的固定资产，检查账实是否相符。对清查过程中发现的盘盈、盘亏的固定资产，应填写盘存记录并及时查明原因，填制“固定资产盘点明细表”，由单位负责人或者有关部门签署处理意见，并作为调整固定资产账簿记录的依据。一般说来，企业应在编制年度决算报告前，必须对现有的固定资产进行全面的盘点清查。当然，企业平时可根据需要对重要的固定资产进行重点抽查、或者对某类固定资产进行专门的局部清查。

企业盘盈、盘亏的固定资产，再报经有关部门或者单位负责人批准之前，不能直接计入企业当期损益，只能调整固定资产的账面价值，并作为等待处理的损益记入“待处理财产损溢”科目，在得到有关部门或者单位负责人批示的处理意见之后，再进行相应的涉及企业损益的账务处理。

对于盘盈的固定资产，比照前期出现会计差错处理，应按同类或类似固定资产的市场价格，减去按该项固定资产的新旧程度估计的价值损耗后的余额，借记“固定资产”科目，贷记“待处理财产损溢——待处理固定资产损溢”科目；待有关部门或者单位负责人批示处理意见之后，比照前期损益调整的办法，借记“待处理财产损溢——待处理固定资产损溢”科目，贷记“以前年度损益调整”科目；同时，按照所涉及的补提所得税数额，借记“以前年度损益调整”科目，贷记“应交税费——应交所得税”科目；结转未分配利润明细账时，借记“以前年度损益调整”科目，贷记“利润分配——未分配利润”科目。补提盈余公积时，借记“利润分配——未分配利润”科目，贷记“盈余公积”科目。

盘亏的固定资产，其原始价值和累计折旧都有完整的记录，因而在发现时应该按照原值与累计折旧的差额借记“待处理财产损溢——待处理固定资产损溢”科目（结转增加盘亏固定资产的净值额），按照已提折旧数额借记“累计折旧”科目（注销固定资产已提折旧数额的记录），按照原值贷记“固定资产”科目（注销固定资产原值记录）。待有关部门或者单位负责人批示处理意见之后，借记“营业外支出”科目，贷记“待处理财产损溢——待处理固定资产损溢”科目。

固定资产盘点明细表的格式如表6－10所示。

例题6－31：某4S店对固定资产进行盘点时发现有一台使用中的设备未入账。该型号设备七成新，且存在活跃市场，市场价格为70 000元。

机床入账价值＝70 000×70%＝49 000（元）

（1）批准处理前编制会计分录如下：

借：固定资产——设备 49 000

贷：待处理财产损溢——待处理固定资产损溢 49 000

表 6-10 　　　　固定资产盘点明细表

单位：　　　　盘点时间：　年　月　日

财产编号	财产名称	规格型号	购置时间	已用年限	单位	单价	账面数		实盘数		盘盈或盘亏		使用部门	现状说明
							数量	金额	数量	金额	数量	金额		
合计														

负责人：　　　　盘点人：　　　　制表人：　　　　填报日期：　年　月　日

（2）批准处理后编制会计分录如下：

借：待处理财产损溢——待处理固定资产损溢　49 000
　　贷：以前年度损益调整　49 000
借：以前年度损益调整　12 250
　　贷：应交税费——应交所得税　12 250
借：以前年度损益调整　36 750
　　贷：利润分配——未分配利润　36 750
借：利润分配——未分配利润　3 675
　　贷：盈余公积——法定盈余公积　3 675

例题 6-32：某 4S 店对固定资产进行盘点时发现有一台账面有记载的设备出现丢失。该型号设备账面原价 50 000 元，已提折旧 30 000 元。

（1）批准处理前编制会计分录如下：

借：待处理财产损溢——待处理固定资产损溢　20 000
　　累计折旧　30 000
　　贷：固定资产——设备　50 000

（2）经单位负责人批准作营业外支出处理，编制会计分录如下：

借：营业外支出——固定资产盘亏　20 000
　　贷：待处理财产损溢——待处理固定资产损溢　20 000

13. 怎样组织固定资产的明细分类核算？

为了加强固定资产管理，及时反映各项固定资产增减变动和使用分布情况，并为计算折旧提供必要资料，必须设置固定资产明细账，进行明细分类核算。商品流通企业的固定资产明细账，按固定资产项目，连同附属设备，分户设置。其主要形式有采用数量金额式的明细账形式（如表6－11所示）或采用固定资产卡片的形式（如表6－12所示）。固定资产明细账也可与固定资产折旧明细账结合起来，设置联合式账页。固定资产卡片一般一式两份，一份由使用部门登记保管，另一份由财会部门保管。同时，财会部门为了分类反映固定资产的使用、保管和增减变动情况，并控制固定资产卡片或固定资产明细分类账，还应设置“固定资产增记簿”，即固定资产的大类账（二级账），并按固定资产类别开设账页，其格式如表6－13所示。

表6－11　　固定资产明细分类账

类别：　　名称：　　规格：　　使用年限：　　预计单位残值：

分类编号：　　品种编号：　　单位：　　年折旧率：

年		凭证编号	摘要	增加		减少		余额	
月	日			数量	金额	数量	金额	数量	金额

表6－12　　固定资产卡片

单位名称：　　分类编号：

保管部门：　　品种编号：

使用部门：　　卡片编号：

名称		购建年月		原值		安装费	
用途		开始使用年月		预计残值		年折旧率	
规格型号		预计使用年月		预计清理费用		技术特征	
附属设备	名称：		型号：		原值：		
修理、改造、事故等变更情况				转移记录		报废清理	
开工日期				年　月		清理日期	
完工日期				摘要		清理原因	
摘要				接受单位		清理费用	
发生费用						清理收入	

表6-13 **固定资产登记簿**

类别：

年		凭证编号	摘要	增加							减少					余额
月	日			合计	购置	自建	接受投资	融资租入	盘盈	改建扩建	合计	出售	盘亏	投资转出	毁损	

七、4S店对外投资与营销业务核算

1. 怎样核算企业的对外投资业务?

目前，企业的对外投资业务主要是在“交易性金融资产”、“可供出售的金融资产”、“持有至到期投资”和“长期股权投资”四个科目下进行核算。其中，交易性金融资产是指企业能够随时变现并且持有时间不准备超过一年的有价证券投资。投资交易性金融资产的主要目的在于使暂时闲置的资金获得比银行存款更高的收益，同时这项投资必须保证随时能够变现。有价证券（股票、债券与基金）是企业交易性金融资产投资的主要对象。

（1）交易性金融资产投资的核算。交易性金融资产在取得时的核算，主要包括两个方面的内容：一是明确入账时间；二是明确入账价格。交易性金融资产的入账时间为付款的时间。已付款但尚未收到票券的可在备查簿中进行登记。入账价格为取得投资时的实际成本，即取得交易性金融资产时实际支付的全部价款，包括买价、税金、手续费、经纪人佣金等相关费用。但实际支付价款中所包含的下列股利和利息不构成投资成本。

已宣告但尚未领取的现金股利。具体指企业购入交易性金融资产时支付的价款中所垫付的、被投资单位已宣告但尚未发放的现金股利，不包括股票股利。例如，A公司于2014年6月12日宣告分派现金股利，每5股派1元现金股利，6月12日在册的股东均可享有该现金股利，并定于6月25日至30日发放现金股利。某4S店在2014年6月1日购入A公司股票5 000股，每股市价10元，该4S店于2014年6月18日以每股11元的价格全部出售给乙企业，假设乙企业为此项投资交纳的税费为400元，则乙企业购入该项交易性金融资产成本为54 400元（11×5 000+400－5 000÷5×1），支付的价款中所包含的已宣告但尚未领取的现金股利为1 000元（5 000÷5×1）。购入短期股票投资支付的价款中所含的已宣告但尚未领取的现金股利作为应收股利处理，应借记“应收款——股利”科目，贷记“银行存款”等科目。

已到期尚未领取的债券利息。例如企业2014年1月5日以327 000元的价格购入甲公司2014年1月1日发行的三年期债券，债券利息按年收取，到期收回本金，债券年利率为9%。该债券票面价值300 000元，另支付相关税费1 500元。甲公司在2015年1月5日尚未发放2014年的利息，企业购入该债券不准备长期持有。则企业购入该项交易性金融资产成本为301 500元（327 000 + 1 500 − 300 000 × 9%）。

购入短期债券投资支付的价款中包含的已到期尚未领取的利息27 000元作为应收项目单独核算，借记“应收利息”科目，贷记“银行存款”等科目。如果企业购入作为交易性金融资产的债券是到期一次还本付息的，则实际支付的价款中包含尚未到期的利息计入所购债券的投资成本。

例题7－1：某4S店于2014年3月1日以银行存款购入H公司的股票20 000股，每股市价12元，支付税费1 000元。企业不准备长期持有。根据股款结算付款单据编制会计分录如下：

借：交易性金融资产——股票（H公司）　　241 000

　　贷：银行存款　　241 000

例题7－2：接例题7－1，上述企业于2014年5月15日又以银行存款购入F公司已宣告但尚未分派现金股利的股票20 000股，作为交易性金融资产，每股成交价10.35元（其中0.15元为已宣告但尚未分派的现金股利），股权截止日为5月20日。另支付相关税费1 200元。企业于6月30日收到F公司发放的现金股利。企业账务处理过程如下：

计算投资成本时：

成交价	（20 000 × 10.35）	207 000
加：税费		1 200
减：已宣告现金股利（20 000 × 0.15）		3 000
投资成本		205 000

购入交易性金融资产核算：

借：交易性金融资产——股票（F公司）　　205 200

　　应收股利——F公司　　3 000

　　贷：银行存款　　208 200

收到现金股利时：

借：银行存款　　3 000

　　贷：应收股利——F公司　　3 000

例题7－3：上述企业于2015年1月15日购入B企业2014年1月1日发行的5年期债券作为交易性金融资产，该债券面值总额为100 000元，年利率10%，企业按120 000元的价格购入，另支付税费1 000元，该债券利息在债券到期时与本金一起偿还。同日，企业又购入C企业2014年1月1日发行的3年期债券，作为交易性金融资产，该债券面值总额为200 000元，年利率8%，企业按215 800元的价格购入，另支付税费等相关费用1 200元，该债券利息每年末支付一次，到期支付本金。但企业购入时，C企业债券2014年的利息尚未支付。企业账务处理如下：

计算投资成本：

	B 企业债券	C 企业债券
债券购入价格	120 000	215 800
加：税费	1 000	1 200
减：已到期尚未领取的利息		16 000（200 000 × 8%）
投资成本	121 000	201 000

购入交易性金融资产时，编制会计分录如下：

借：交易性金融资产——B 公司债券　121 000
　　　　　　　　　——C 公司债券　201 000
　　应收利息——C 公司　16 000
　贷：银行存款　338 000

2015 年 1 月 15 日收到 C 公司支付的 2014 年的利息时，编制会计分录如下：

借：银行存款　16 000
　贷：应收利息——C 公司　16 000

交易性金融资产的收益可分为出售前的收益和出售时的收益两部分。出售前获得的收益包括利息收益和股利收益。交易性金融资产持有期间所获得的现金股利或利息，除取得时已计入应收项目的现金股利或利息外，以实际收到时作为投资成本的收回冲减交易性金融资产账面价值。企业购入的作为交易性金融资产的股票或债券，应于实际收到股利或利息时，借记“银行存款”科目，贷记“应收股利”、“应收利息”科目。企业出售股票、债券或到期收回债券本息，按实际收到的金额借记“银行存款”科目，按交易性金融资产的实际成本贷记“交易性金融资产”科目，按未领取的现金股利、利息贷记“应收股利”、“应收利息”科目，按其差额借记或贷记“投资收益”科目。

例题 7－4：接例题 7－1，企业于 2015 年 8 月 20 日将其持有的 20 000 股 H 公司的股票以每股 18 元出售。编制会计分录如下：

借：银行存款　360 000
　贷：交易性金融资产——股票（H 公司）　243 000
　　　投资收益——出售股票收益　117 000

例题 7－5：接例题 7－3，企业将其持有的交易性金融资产 B 公司债券于 2015 年 9 月 3 日全部出售，转让价格为 124 000 元，支付交易费用 800 元。编制会计分录如下：

借：银行存款　123 200
　贷：交易性金融资产——B 公司债券　121 000
　　　投资收益——出售债券收益　2 200

例题 7－6：企业于 2014 年 2 月 1 日购入 B 公司股票 5 000 股，B 公司于 2014 年 5 月 5 日宣告于 6 月 15 日发放每股 0.2 元现金股利。企业 2014 年 6 月 15 日应编制会计分录如下：

借：银行存款　1 000
　贷：交易性金融资产——股票（B 公司）　1 000

（2）持有至到期投资核算。持有至到期投资主要是指企业购入并准备持有至到期日的各种投资，持有至到期投资主要包括政府债券、公司债券和金融债券的投资。持有至到期投资的特点是：企业将资金让渡给其他单位使用，其收益不与该单位的经营状况挂钩，因此企业享有到期收回本金和定期收到利息的权利，但没有资格参与被投资单位的决策。

为了加强对持有至到期投资的核算，企业应设置“持有至到期投资”科目，该科目属于资产类账户，核算企业购入的持有至到期日的债券投资。该科目下设置以下明细科目进行明细核算：“面值”、“溢价”、“折价”、“应计利息”。

持有至到期投资取得时的成本是指取得长期债券投资时支付的全部价款，包括买价、税费等相关费用。取得债券时，其实际支付的价款中含有已到期尚未领取的利息作为应收项目单独核算，不构成投资成本；实际支付的价款中含有尚未到期的利息构成投资成本，但需要在“持有至到期投资”科目中单独核算。

购入债券实际支付的价款中包含的已到期尚未领取的债券利息是指企业购入一次还本付息的债券，付给原持有人的利息而企业尚未领取，或者分期付息到期还本的债券时，如果在付息期后购入，而前期的利息付给原持有人而企业尚未领取，那么前期未领取的利息就是已到期尚未领取的利息。例如，某企业于2014年7月5日以31 500元的价格购入H公司2010年1月1日发行的三年期分期付息（半年付息）债券，债券年利率10%，债券面值30 000元。H公司在7月5日尚未发放前半年的利息。则该企业购买债券上的投资成本为30 000元（31 500 - 30 000 × 10% ÷ 2）。已到期尚未领取的应收利息为1 500元（30 000 × 10% ÷ 2）。若上述债券为每年付息或三年期到期一次还本付息的债券，则该企业购买债券的投资成本为31 500元，实际支付的价款中包含的尚未到期的债券利息1 500元计入投资成本。企业取得债券投资所发生的税费于取得时直接计入当期投资损益。

企业认购的债券，一种是按债券票面价值发行，亦称按面值发行；另一种是按高于或低于债券面值发行，称溢价或折价发行。持有至到期投资的溢价或折价按以下公式计算：

债券投资溢价或折价 =（债券投资成本 - 相关费用 - 应收利息）- 债券面值

企业购入长期债券时，按债券票面价值借记“持有至到期投资——面值”科目，按支付的税费等相关费用借记“投资收益”科目，按实际支付的价款贷记“银行存款”科目，按其贷方差额贷记“持有至到期投资——折价”科目。如果实际支付的价款中含有已到期尚未领取利息的，按债券票面价值借记“持有至到期投资——面值”科目，按支付的税费等相关费用借记“投资收益”科目，按已过期限尚未领取的利息借记“持有至到期投资——应计利息”（当企业购入到期一次还本付息债券时）或“应收利息”科目（当企业购入分期付息、到期还本付息债券时），按实际支付的价款贷记“银行存款”科目。按其差额借记“持有至到期投资——溢价”或贷记“持有至到期投资——折价”科目。

例题7-7：某4S店2014年1月1日购入B公司当天发行的三年期债券作为持有至到期投资，票面价值400 000元，票面利率12%，到期一次还本付息，用银行存款实际支付价款406 500元，其中包含手续费等相关费用500元。编制会计分录如下：

借：持有至到期投资——面值	400 000	
——溢价	6 000	
投资收益	500	

贷：银行存款　　406 500

若企业支付的406 500元价款中，包含手续费等相关费用6 500元，则会计分录编制如下：

借：持有至到期投资——面值　　400 000
　　投资收益　　6 500
　　贷：银行存款　　406 500

若企业支付的406 500元价款中，包含手续费等相关费用7 500元，则编制会计分录：

借：持有至到期投资——面值　　400 000
　　投资收益　　7 500
　　贷：银行存款　　406 500
　　　　持有至到期投资——折价　　1 000

例题7－8：某4S店在2014年7月1日购入甲公司于2014年1月1日发行的两年期债券作为长期投资，票面价值30 000元，票面利率15%，到期一次还本付息，用银行存款实际支付价款33 000元，其中包括手续费等相关费用250元及应收未收半年利息为2 250元（30 000×15%×6÷12）。编制会计分录如下：

借：持有至到期投资——面值　　30 000
　　　　　　　　　——溢价　　500
　　　　　　　　　——应计利息　　2 250
　　投资收益　　250
　　贷：银行存款　　33 000

持有至到期投资收益的主要来源是利息收入。由于持有至到期投资的投资期均在一年以上，有的到期一次还本付息，有的按年定期支付利息，到期还本，所以需要采用一定的方法来确定利息收入的实现，具体处理如下：持有至到期投资应按期计提利息，计提的利息按债券面值以及适用的利率计算并计入当期投资收益；持有的一次还本付息的债券投资，应计未收的利息于确认投资收益时增加投资的账面价值；分期付息的债券投资，应计未收的利息于确认投资收益时作为应收利息单独核算，不增加投资的账面价值。实际收到的分期付息长期债券投资利息冲减已计提的“应收利息”数额；实际收到的一次还本付息债券利息冲减“长期投资——应计利息”的账面价值。

长期债券投资溢价或折价的摊销应与确认相关债券利息收入同时进行，并作为计提的应收利息调整。当期按债券面值和适用利率计算的应收利息扣除当期摊销的溢价，或当期按债券面值和适用利率计算的应收利息加上摊销的折价，确认为当期投资收益。溢价和折价数额在债券的存续期间内平均摊销。其摊销额计算公式表示如下：

$$\text{每期摊销额}=\frac{\text{溢价或折价金额}}{\text{债券的期限或剩余期限里的未来付息期数}}$$

企业按面值购入到期还本付息的债券，按期计提利息时，应借记“持有至到期投资——应计利息”科目，贷记“投资收益”科目；购入分期付息、到期还本的债券，按期计提的利息应借记“应收利息”科目，贷记“投资收益”科目。企业购入溢价发行的债券，应于每期结账时，按应计的利息借记“持有至到期投资——应计利息”或“应收利息”科目，按应分摊的溢价金额贷记“持有至到期投资——溢价”科目，按其差额贷记“投资收益”科目。企业购入折价发行的债券，应于每期结账时，按应计利息借记“持有至到期投资——应计利息”或“应收利息”科目，按应分摊的折价金额借记“持有至到期投资——折价”科目，按应计利息与折价分摊数的合计贷记“投资收益”科目。

计提的利息之所以记入不同科目，是因为对到期一次还本付息的债券来说，利息需要到期才能收到，即需一年以上的时间才能变现，因此计入长期资产项目。对分期付息、到期还本的债券来说，利息可以在短于一年的时间内收到，属于流动资产，因此记入“应收利息”科目。

例题 7－9：续例题 7－7。若企业在 2014 年末，计算全年利息为 48 000 元（400 000 × 12%），本年应摊销的相关费用为 2 000 元（6 000 ÷ 3）。编制会计分录如下：

借：持有至到期投资——应计利息　　48 000
　贷：持有至到期投资——溢价　　2 000
　　　投资收益　　46 000

例题 7－10：某 4S 店 2014 年 1 月 1 日购入按面值发行的两年期公司债券 50 000 元，年利率 12%，没有手续费等相关费用发生。该公司债券每年付息一次，到期还本。若企业按季度计提利息，每季度利息为 1 500 元（50 000 × 12% × ¼），则 A 企业在 2014 年 3 月末、6 月末、9 月末及 2011 年 3 月末、6 月末、9 月末编制会计分录如下：

借：应收利息——×公司　　1 500
　贷：投资收益　　1 500

2010 年末收到支付的全年债券利息 6 000 元时，编制会计分录如下：

借：银行存款　　6 000
　贷：应收利息——×公司　　4 500
　　　投资收益　　1 500

例题 7－11：续例题 7－8。若企业年末以直线法摊销折价数额 333.33 元（1 000 ÷ 3），编制会计分录如下：

借：持有至到期投资——应计利息　　48 000
　　　　　　　　　——折价　　333.33
　贷：投资收益　　48 333.33

持有至到期投资到期收回本金和利息。若属于到期一次还本付息的债券，收回本金和利息时，按实际收到的金额借记“银行存款”科目，按债券本金和已提未收利息贷记“持有至到期投资——面值”、“持有至到期投资——应计利息”。若属于分期付息，到期还本的债券，按实际收到本金与最后一期利息，借记“银行存款”科目，按债券本金贷记“持有至到期投资——面值”科目，按其差额贷记“投资收益”科目（最后一期尚未计入投资收益利息）。

例题 7－12：续例题 7－8。企业 2017 年 1 月 1 日收回债券本息时，编制会计分录：

借：银行存款　　544 000
　贷：持有至到期投资——面值　　400 000
　　　　　　　　　　——应计利息　　144 000

若企业在债券到期之前将债券出售，此时债券的溢价、折价尚未全部摊销。出售时，应将“持有至到期投资”科目的余额及应收利息同企业出售债券收取的价款相比较，前者大于后者的差额为投资损失，后者大于前者的差额为投资收益。出售债券时，按实际收到的金额借记“银行存款”科目，按债券本金和已提未收利息贷记“持有至到期投资（面值）”、“持有至到期投资（应计利息）”或“应收款——利息”科目，按尚未摊销的溢价或折价贷记“持有至到期投资（溢价）”或借记“持有至到期投资（折价）”科目，按其差额贷记或借记“投资收益”科目。

例题 7－13：续例题 7－7。若企业 2016 年 1 月 1 日将该债券全部出售。收回价款 497 000 元，存入银行。编制会计分录如下：

借：银行存款	497 000
投资收益	1 000
贷：持有至到期投资——面值	400 000
——溢价	2 000
——应计利息	96 000

（3）长期股权投资核算。长期股权投资是指企业以购买股票或股权的形式对外投资。股权投资的特点是：企业将自己的资产（货币、存货、固定资产）的所有权让渡给其他单位并因此在被投资单位权益中占有一定的份额，从而享有一定比例的参与决策权和收益权。股权投资可以转让或待合同期满收回。

长期股权投资包括企业购入的股票和其他股权投资。为了加强对长期股票投资的核算，企业应设置“长期股权投资”科目来核算企业投出的期限在一年以上（不含一年）的股票投资。

长期股权投资应按投资时实际支付的价款或确定的价值记账。根据投出资金的类别按下列情况分别确定：

以现金、银行存款购买股票的，应按实际支付的全部价款作为长期股票投资的入账价值，包括支付的相关费用。如：企业购入甲公司股票长期持有，支付购买价款 300 000 元，另支付相关费用 5 000 元。则取得甲公司股票的入账价值为 305 000 元。企业实际支付的价款中如果有包含已宣告发放而尚未领取的现金股利，应按认购股票实际支付的价款扣除已宣告发放的现金股利作为股票投资的入账价值，已宣告而未尚未领取的现金股利在“应收股利”科目核算。以实物折价入股的，应按合同协议确认的价值入账。

企业购入的用于长期股权投资的股票按照实际成本记账，一般情况下不予变更。即股票投资同被投资单位的经营状况无关，不管被投资单位的业绩如何，股票投资的账面价值均不作变动。只是在被投资单位宣告发放现金股利时才增加投资收益；但当被投资单位用企业投资之前的盈余分配股利时，则冲减长期股权投资成本。长期股权投资核算的要点如下：

初始投资或追加投资时，按照初始投资或追加投资时的实际成本入账。

被投资单位宣告发放现金股利时，企业将得到的用投资之前盈余分配的股利冲减投资成本，借记“应收股利”科目，贷记“长期股权投资——应计股利”科目；将得到的用投资之后盈余分配的股利，确认为当期投资收益，借记“应收款款”科目，贷记“投资收益”科目。企业收到现金股利时，借记“银行存款”科目，贷记“应收股利”科目。

如果被投资单位亏损或无力支付股利，企业不编制会计分录。

例题7-14：某4S店2014年1月5日以银行存款购入B公司股票30 000股并准备长期持有，每股成交价12.5元，另支付相关税费2 000元。B公司于2014年1月13日宣告分派上一年现金股利，每股0.5元。企业的账务处理过程如下：

购入时，计算投资成本：成交价375 000元（30 000×12.5）加税费2 000元，投资成本377 000元。编制会计分录如下：

借：长期股权投资 377 000

　贷：银行存款 377 000

B公司2014年1月13日宣告发放现金股利15 000元（30 000×0.5）时，编制会计分录如下：

借：应收股利 15 000

　贷：长期股权投资 15 000

企业2014年收到现金股利时，根据款项入账通知编制会计分录如下：

借：银行存款 15 000

　贷：应收股利——B公司 15 000

B公司2015年1月4日宣告发放现金股利11 000元，编制会计分录如下：

借：应收股利——B公司 11 000

　贷：投资收益 11 000

2. 坏账确认的条件是什么？怎样进行坏账的核算？

坏账是指企业无法收回或收回的可能性极小的应收与暂付款项。由于发生坏账而产生的损失，成为坏账损失。企业会计人员在确认坏账时，应认真分析应收与暂付款项的数额、信用期限、债务人的信誉及其所处的经营状况，认真加以审核。按照财政部所发布《企业财务通则》的规定，符合下列条件之一的应确认为坏账：债务人死亡，以其遗产清偿后仍然无法收回；债务人破产，以其破产财产清偿后仍然无法收回；债务人较长时间内未履行偿债义务，并有足够的证据表明无法收回或收回的可能性极小，如债务单位已经撤销、破产、资不抵债、现金流量严重不足、发生严重的自然灾害等导致停产而在短期内无法偿付债务等，以及期限在三年以上的应收款。

需要明确的是，对已经确认为坏账的应收款与暂付款项，并不意味着企业放弃了追索权，一旦重新收回，应及时入账。

企业坏账准备的计提范围主要包括应收账款和其他应收款。如果应收票据到期有确凿证据证明不能收回应按照规定转为应收账款，预付账款到期有确凿证据表明不能收到货物应按照规定转为其他应收款；而转为应收账款和其他应收款后应按照规定计提坏账准备。

坏账准备的计提方法是应收账款余额百分比法。应收账款余额百分比法是按照应收账款余额的百分比来估计坏账损失数额。采用这种方法，企业应该根据以往的经验和现在的状况来确定一个综合的坏账准备提取百分比，而后在每期末根据这个坏账准备提取比例乘以应收账款的账面余额，来确定每期末应提取的坏账准备数额。其计算公式如下：

当期坏账准备应提取数＝当期应收账款账面余额×坏账准备提取率－坏账准备账户贷方余额

或者：

当期坏账准备应提取数＝当期应收账款账面余额×坏账准备提取率＋坏账准备账户借方余额

企业发生的坏账损失应该采用备抵法进行核算。备抵法是指按期估计坏账损失并计入企业当期损益，同时形成企业的坏账准备金额。当某一应收款项的全部或者部分无法收回而被确认为坏账时，应根据其发生的金额冲减以前期限计提的坏账准备金额，同时转销已经确认为坏账的应收账款数额。

在备抵法下，为了核算企业坏账准备的提取、冲销及其结存的情况，企业应设置“坏账准备”科目。“坏账准备”科目属于资产类科目，用来核算企业计提的坏账准备及其发生的坏账损失。该科目的贷方登记企业计提的坏账准备数额以及收回的前期已经核销的坏账损失数额；借方登记企业实际发生的坏账损失数额；若期末余额在借方，表示本期发生的坏账损失超过坏账准备的数额；若期末余额在贷方，表示企业尚未核算的坏账准备数额。该科目不设置明细科目并进行明细核算。

企业计提坏账准备时，根据计算的当期坏账准备计提数额，借记“资产减值损失”科目，贷记“坏账准备”科目；或者根据计算的当期坏账准备冲销数额，借记“坏账准备”科目，贷记“资产减值损失”科目。企业发生坏账损失时，根据发生的坏账损失金额，借记“坏账准备”科目，贷记“应收账款”、“其他应收款”科目。若企业收回以前期限已经核销的坏账损失款项，应根据收回的款项数额，借记“应收账款”、“其他应收款”科目，贷记“坏账准备”科目；借记“银行存款”科目，贷记“应收账款”、“其他应收款”科目。

例题7－15：(1) 某4S店采用应收账款余额百分比法计提坏账准备。2014年末首次计提坏账准备时，“应收账款”账户借方余额是400 000元。该企业坏账准备的计提比率为5%，计算应提取数额并编制会计分录如下：

应提取数＝400 000×5%＝20 000（元）

借：资产减值损失　　20 000

　贷：坏账准备　　20 000

(2) 2015年，该企业5月份发生并确认坏账损失数额28 000元。根据相关单据编制会计分录如下：

借：坏账准备　　28 000

　贷：应收账款——×单位　　28 000

(3) 2015年末，企业“应收账款”账户借方余额为600 000元，“坏账准备”账户借方余额8 000元（坏账准备账户本年贷方发生额20 000元与本年借方发生额28 000元相抵的结果）。计算应提取数额并编制会计分录如下：

应提取数＝600 000×5%＋8 000＝38 000（元）

借：资产减值损失　　38 000

　贷：坏账准备　　38 000

（4）2016年，该企业5月份发生并确认坏账损失数额24 000元。7月份收回以前年度已核销的坏账15 000元。根据坏账确认单据、银行入账通知编制会计分录如下：

借：坏账准备　　24 000

　贷：应收账款——×单位　　24 000

借：应收账款——×单位　　15 000

　贷：坏账准备　　15 000

借：银行存款　　15 000

　贷：应收账款——×单位　　15 000

（5）2016年末，企业“应收账款”账户借方余额为500 000元，“坏账准备”账户贷方余额21 000元（坏账准备贷方年初余额30 000元+本年贷方发生额15 000元-本年借方发生额24 000元）。计算应提取数额并编制会计分录如下：

应提取数=500 000×5%-21 000=4 000（元）

借：资产减值损失　　4 000

　贷：坏账准备　　4 000

（6）2017年末，企业“应收账款”账户借方余额为400 000元，“坏账准备”账户贷方余额25 000元。计算应提取数额并编制会计分录如下：

应提取数=400 000×5%-25 000=-5 000（元）

借：坏账准备　　5 000

　贷：资产减值损失　　5 000

3. 4S店主要管理费用开支有哪些？怎样核算管理费用开支业务？

管理费用是指在企业行政管理部门为组织和管理经营活动所发生的各项费用。主要有：（1）公司经费。指在企业行政管理部门发生的行政管理人员的工资和福利费、修理费、物料消耗、低值易耗品摊销、办公费、差旅费。（2）工会经费。指按企业职工工资总额的一定比例提取，提交工会掌握和使用的活动经费。（3）职工教育经费。指按企业职工工资总额的一定比例计提，用于职工学习先进技术和提高科学文化及业务水平等职工教育活动的开支。（4）董事会费。指企业最高权力机构及其成员为履行职能而发生的各项费用，包括成员津贴、差旅费、会议费。（5）咨询费。指向有关咨询机构进行科学技术、经营管理咨询所支付的费用，包括聘请经济技术顾问、法律顾问等支付的费用。（6）聘请中介机构费。指企业聘请会计师事务所进行查账、验资、资产评估、清账等发生的费用。（7）职工薪酬。指支付给企业行政管理人员的工资及其福利费用。（8）诉讼费。指企业因经济纠纷而起诉或应诉所发生的各项费用。（9）房产税、土地使用税、车船税和印花税。（10）排污费。（11）技术转让费。指企业使用非本企业的非专利技术而支付的费用。（12）业务招待费。指企业因业务需要用于必要交际的费用。（13）折旧费。

指企业行政管理部门按规定提取的固定资产折旧费。(14) 修理费。指企业固定资产和低值易耗品等财产的修理费。(15) 存货盘亏和盘盈。指企业存货盘点的盘亏、盘盈净额。(16) 研究费用。(17) 差旅费。指企业按规定支付给因行政管理部门需要的出差人员的住宿费、交通费、伙食费及市内交通补助等费用。(18) 其他费用。不属于以上项目内容的其他管理费用。

企业开支的管理费用通过设置"管理费用"科目进行核算。这是属于费用的损益类科目。根据权责发生制核算基础的要求，凡已支出，应当由本期和以后各期负担的费用，应作为预付费用分期摊入；凡应由本期负担而尚未支付的费用，应作为应付费用计入本期费用。企业支付、预付、应付费用时，应按费用数额借记"管理费用"科目；冲减费用以及期末将管理费用发生额分别转入"本年收益"科目时，贷记"管理费用"科目。期末结转后，本科目应无余额。本科目按照管理费用开支的具体项目名称设置明细分类科目，进行明细分类核算。

(1) 直接支付的核算。直接支付管理费用是指在本期发生、本期支付，应由本期负担的各项费用，如职工差旅费、办公费、咨询费、公证费、职工工资及福利费等。直接支付管理费用的核算通常有两种做法：一是当费用发生时，有关人员凭费用单据直接向会计人员报账付款，以管理费用列支；二是由费用发生部门预先向会计部门领取一定数额的备用金，在费用发生时先以备用金支付，定期凭费用单据汇总向会计部门报账，补足其备用金定额。

由会计人员直接支付的管理费用在费用发生时，会计人员应根据经手人报来的费用单据，审核无误后付款，并据以入账。大部分管理费用开支可由会计人员根据经有关部门签字确认的费用单据，审核无误后报账付款，直接以费用列支。

例题7-16：职工张某持发票和支出凭证结算办公用品购置费200元，经审核无误后，以现金付讫。编制会计分录如下：

借：管理费用——办公费　　200

　　贷：库存现金　　200

由有关业务部门以备用金支付的费用，是由使用备用金的部门根据相关费用单据进行报销，然后再持这些单据定期到会计部门报销并补足现金定额。由于是定额管理，会计部门要给企业相关业务部门核定现金使用定额，并按此数额拨付备用金；待报销后持有关报销单据到会计部门报账时，会计人员按报销数额补足其现款即可，同时进行账务处理。

例题7-17：某4S店会计部门将办公费的管理与支付权限交由业务部门负责掌管。根据业务部门出具的备用金领款凭证，拨付现金5 000元。编制会计分录如下：

借：其他应收款——备用金　　5 000

　　贷：库存现金　　5 000

业务部门定期编制费用汇总表连同费用单据一并向会计部门报账，会计人员审核无误后，以现金3 800元补足其备用金定额。编制会计分录如下：

借：管理费用——办公费　　3 800

　　贷：库存现金　　3 800

(2) 转账摊销的核算。转账摊销管理费用是指通过转账形式列支的应由本期负担的各项费用，如固定资产的折旧。

（3）预付费用的核算。预付管理费用是指企业已经支付但应由本期和以后各期分别负担的各项费用，如预付的保险费、技术转让费。这些费用一般发生数额较大，支付时当期一次列作费用，会影响本期的费用水平和经营成果，因而需通过“预付账款”科目分期摊销。

例题7-18：某4S店于2014年1月以转账支票预付当年集体财产保险费12 000元，并确定年内按月摊销，每月摊销额1 000元。

预付保险费时，根据保险费缴纳单据及转账支票存根编制会计分录如下：

借：预付账款——集体财产保险　12 000

　贷：银行存款　12 000

按期摊销保险费用时，编制会计分录如下：

借：管理费用——保险费　1 000

　贷：预付账款——集体财产保险　1 000

（4）应付费用的核算。应付管理费用是指应由企业本期负担而在以后支付的各项费用，如预提的应付福利费。

为了检查管理费用的实际支出情况和提供费用分析所需的详细资料，除设置“管理费用”科目进行总分类核算外，还应对管理费用进行明细分类核算。管理费用的明细分类核算可采用“借方”多栏式账页，将借方按管理费用的明细分类项目序时逐笔登记发生数；费用的明细分类核算也可采用“借方”、“贷方”、“余额”三栏式明细分类账页，分别按管理费用的明细分类项目开设账户，序时逐笔登记各项具体管理费用的发生数；期末结转到“本年利润”账户后，各费用明细分类账户均无余额。

4. 4S店主要销售费用开支有哪些？怎样核算销售费用开支业务？

销售费用是指企业在整个商品经营环节所发生的各种费用。4S店销售费用通常包括：（1）运输费。指企业在销售整车、配件和精品的过程中，使用各种运输工具所支付的运费、运输过程中发生的搬运费以及通用商品运输有关的各种杂费，如调车费、站台费、码头租用费、港口建设费等。（2）装卸费。指在车站、码头、仓库、货场发生的付给装卸单位的费用。（3）保险费。指企业自愿向保险公司对所经营的商品及固定资产投保所支付的保险费用。（4）展览费。指企业参加或举办各种商品展览、展销会所支出的费用。（5）保管费。指整车、配件和精品在储存保管过程中所支付的各种费用，包括商品倒库、恒温恒湿、安全、照明，保管用品，委托保管等费用。（6）检验费。指委托商检部门进行整车、配件和精品检验所支付的费用及企业进口商品签证费。（7）劳务手续费。指委托其他单位代购、代销、代储、代运上海品、代办业务事项以及其他单位为本企业提供劳务时，按有关规定支付的费用。（8）劳动保护费。指企业按照国家有关劳动保护规定支付的费用。（9）售后服务费。指应由本企业负担的售出商品三包费用及其他售后服务费。（10）广告费。指企业为扩大商品购销业务而支付的各项广告费用。（11）差旅费。指企业按规定支付给因销售部门需要的出差人员的住宿费、交通费、伙食费及市内交通补助等费用。（12）职工薪酬。指支付给企业经营人员的工资和以工资形式支付的各种补贴，以及按经营人员工资总额的一定比例提取的福利费用。按财务制度规定已经在销售费用中运输费、装卸费和保管费项目列支的开支，不能计入职工薪酬项目。（13）进出口商品累计佣金。指企业从事商品进出口业务中支付给中介人、代理商的佣金。（14）施救费。指企业因对事故车进行施救而发生的加油费、过路费及其施救人员补贴。（15）其他费用。不属于以上项目内容的其他销售费用。

企业开支的销售费用通过设置“销售费用”科目进行核算。这是属于费用的损益类科目。根据权责发生制核算基础的要求，凡已支出，应当由本期和以后各期负担的费用，应作为预付费用分期摊入；凡应由本期负担而尚未支付的费用，应作为应付费用计入本期费用。企业支付、预付、应付费用时，应按费用数额借记“销售费用”科目；冲减费用以及期末将销售费用发生额分别转入“本年收益”科目时，贷记“销售费用”科目。期末结转后，本科目应无余额。本科目按照销售费用开支的具体项目名称设置明细分类科目，进行明细分类核算。

例题7－19：某4S店库管员持单据结算库房发生的装卸费900元，经审核无误后，以库存现金付讫。编制会计分录如下：

借：销售费用——装卸费　　900

　贷：库存现金　　900

例题7－20：某4S店于2014年1月10日以转账支票预付当年财产保险费24 000元，并确定在年内按月摊销。

（1）预付保险费时，编制会计分录如下：

借：预付账款——财产保险费　　24 000

　贷：银行存款　　24 000

（2）分期摊销费用时，编制会计分录如下：

借：销售费用——保险费　　2 000

　贷：预付账款——财产保险费　　2 000

例题7－21：某4S店2014年3月份发生的本期车辆救援过程中的加油费累计金额3 000元；高速路收费累计金额455元；救援人员必要的伙食补贴费用2 000元。根据相关费用报销单据及其网上银行付款凭证编制会计分录如下：

借：销售费用——施救费　　5 455

　贷：预付账款——中石油加油卡　　3 000

　　　　　　——高速路IC卡　　2 000

　　　银行存款　　455

5. 4S店主要财务费用开支有哪些？怎样核算财务费用开支业务？

财务费用是指企业为筹集和使用业务经营所需资金等而发生的各项费用。4S店的财务费用开支一般包括：(1) 利息支出。指企业短期借款利息、长期借款利息、应付票据利息、票据贴现利息、应付债券利息、长期应付迎进国外设备款利息等利息支出（资本化的利息除外）减去应行存款利息收入后的净额。(2) 手续费。指企业支付给银行的结算手续费、调剂外汇手续费等。(3) 汇兑净损失。指企业发生的汇兑损失与汇兑收益的差额。(4) 其他费用。指不属于以上项目的其他财务费用开支。

企业开支的财务费用通过设置“财务费用”科目进行核算。这是属于费用的损益类科目。根据权责发生制核算基础的要求，凡应由本期负担而尚未支付的财务费用，应作为应付费用计入本期费用。企业直接支付、计提应付费用时，应按费用数额借记“财务费用”科目；冲减费用以及期末将财务费用发生额分别转入“本年收益”科目时，贷记“财务费用”科目。期末结转后，本科目应无余额。本科目按照财务费用开支的具体项目名称设置明细分类科目，进行明细分类核算。

例题 7-22：某4S店2014年1月1日向中国银行北京十里河支行借入周转用借款1 000 000元，期限3个月，年利率6%，按季度付息，到期还本。

(1) 按月预提利息时，编制会计分录如下：

1月和2月各月应预提的借款利息：1 000 000×6% ÷12 =5 000（元）

借：财务费用——利息　　5 000

　　贷：应付利息——中国银行北京十里河支行　　5 000

(2) 3月实际支付本季度利息时：

借：应付利息——中国银行北京十里河支行　　10 000

　　财务费用——利息　　5 000

　　贷：银行存款　　15 000

企业在银行活期和定期存款的存取特点是有所不同的：活期存款由于随时存取，其存款账户余额总是在变动之中，基本没有什么规律可言；而定期存款的存款额则比较固定，因而银行对活期存款和定期存款的计息方法并不一样。活期存款多采取定期结息办法，而定期存款多采取逐笔结息办法。

对于企业的活期存款，银行采用定期结息的办法。同时，银行为了减轻月末的工作压力，对客户活期存款通常按季结息，规定每季度第三个月的20日为结息日，计息期为上季度末第三个月的21日开始至本季度第三个月的20日结束。但是，若在结息日前申请销户，则应截至销户当日计算利息。企业应得的存款利息一般只能转账收入，不得支取现金。其活期存款利息的计算通常采用积数法。在计算时具体分为两种情况：一种是每日存款余额变动频繁，另一种是每隔一定时期存款余额发生变动。

需要说明的是，由于权责发生制的要求，企业每月都需要对属于本期应得的活期存款利息进行计提，并作出相应的账务处理，因而其计算的起止时间应是上月21日开始至本月20日为止的时间。

对于第一种情况，会计人员在每日营业终了根据各存款账户当日余额抄列余额表。各户各日余额相加之和就是计息积数。每到结息日，按照余额表上的累计计息积数乘以规定利率，可算出本月应得利息。存款利息计算公式如下：

$$本月应得存款利息=存款累计计息积数\times\frac{月利率}{30}$$

例题7－23： 某4S店12月份活期存款余额情况如表7－1所示。

表7－1　　活期存款利息计算表

2014年12月　　存款利率：3‰　　共×页第×页

日　期	账号：60507894012101018	账号：……	合　计
1	96 000	（略）	（略）
2	84 000		
3	79 000		
4	120 000		
5	95 000		
6	87 000		
7	139 000		
8	140 000		
9	160 000		
10	100 000		
小　计	1 100 000		
11	78 000		
12	70 000		
13	75 000		
14	91 000		
15	101 000		
16	95 000		
17	132 000		
18	88 000		
19	89 000		
20	82 000		
小　计	2 001 000		
上月21日至上月末应计息积数	2 000 000		
本月累计应计息积数	4 001 000		
利　　息	1 000		

$$本月应得存款利息 = 4\ 001\ 000 \times \frac{3‰}{30} = 400.1（元）$$

对于第二种情况，会计人员在每次发生活期存款存取业务后，按上次最后余额乘以该余额的实存日数计算出积数，并记入利息计算表的“积数”栏。实存日数按“算头不算尾”的方法确定，记入利息计算表的“日数”栏内。到结息日时，应先根据上一次记账日期和存款余额计算出截至结息日为止的日数和积数后，再加计所有积数，求出本月计息总积数，然后以积数乘以日利率求出本月应得利息数。4S店活期存款余额变动不是很频繁则采用这种方法最为合适。

例题7－24：某4S店在招商银行十里河支行活期存款12月应得利息计算如表7－2所示。

表7－2　活期存款利息计算表

账号：506050001003037　　利率：3‰

2014年		借方	贷方	借或贷	余额	日数	积数
月	日						
11	21				350 000	9	3 150 000
	30				350 000	1	350 000
12	1			借	350 000	2	700 000
	3	800		借	350 800	1	350 800
	4		750	借	350 050	2	700 100
	6		600	借	349 450	6	2 096 700
	12	650		借	350 100	7	2 456 440
	12	820		借	350 920		
	19		1 000	借	349 920	1	349 920
	20	700		借	350 620	1	350 620
	20	4 100		借	354 720	30	10 504 580

$$本月应得活期存款利息 = 10\ 504\ 580 \times \frac{3‰}{30} = 1\ 050.46（元）$$

例题7－25：某4S店第二季度4月份按上述方法原理计提活期存款利息500元，会计人员编制计提本月应得利息收入会计分录如下：

借：应收利息——招商银行十里河支行　　500

　　贷：财务费用——利息　　500

5月份仍按上述方法计提应得利息收入476元，编制会计分录如下：

借：应收利息——招商银行十里河支行　　476

　　贷：财务费用——利息　　476

6 月 20 日，接到银行转来活期存款利息清单第二联（客户回单），本季度应得活期存款利息 1 307 元，款已划入企业银行存款账户，会计人员编制会计分录如下：

借：银行存款——招商银行十里河支行　　1 307

　　贷：应收利息——招商银行十里河支行　　976

　　　　财务费用——利息　　331

商业银行活期存款利息清单格式如表 7－3 所示。

表 7－3　　**活期存款利息清单**　　交易号　711191910103

交易码　5211　　日期　2014 年 6 月 21 日

户名：北京现代隆盛祥特约汽车维修服务店					第二联 客户回单
收款账号 71114101－809－00044975			付息科目		
利率	正常利率	0.3600000%	正常积数	9 200 000	
	协定利率	1.1700000%	协定积数	88 402 196	
	透支利率	0.3600000%	透支积数	0	
计息日期	2014/03/21—2014/06/20		利息	2 965.07	
备注	招商银行北京十里河支行 正常利息　.00　　协定利息　.00　　透支利息　.00				

上述利息已经划入您的结算账户，敬请查收。　复核　张红丽　　柜员　李丽

定期存款的计息，一般采用“利随本清”的办法。其基本计算公式如下：存款利息＝存款本金×存期×利率

例题 7－26：某 4S 店 2014 年 4 月 20 日存入中国银行十里河支行 1 年期定期存款 500 000 元，存款年利率 2.17%，1 年期满后，其应得利息收入计算如下：

应得定期存款利息＝500 000×1×2.17%＝10 850（元）

4 月份应得存款利息＝$\frac{10\ 850}{12}\times\frac{1}{3}$＝301.39（元）

借：应收利息——中国银行十里河支行　　301.39

　　贷：财务费用——利息　　301.39

6. 怎样核算企业职工薪酬费用和福利费用?

职工薪酬是指企业为了获得职工提供的劳务而给予的各种形式的报酬以及其他相关支出。是企业在职工在职期间和离职后提供的全部货币性薪酬和非货币性福利，包括提供给职工本人的薪酬，以及提供给职工配偶、子女或者其他被赡养人的福利。职工薪酬中的“职工”是指与企业订立劳动合同的所有人员，含全职、兼职和临时职工，还有虽未与企业订立正式的劳动合同或者企业未正式任命，但为企业提供与职工类似服务的人员，如劳务用工合同人员。按照《企业会计准则第 9 号——职工薪酬》的规定，职工薪酬应该包

括以下几个方面的内容：

（1）职工工资、奖金、津贴和补贴。是指企业在一定时期内支付给全部职工的计时工资和计件工资、支付给职工的超额劳动报酬和增收节支的劳动报酬、为了补偿职工特殊或者格外的劳动消耗和因其他特殊原则支付给职工的津贴，以及为了保证职工工资水平不受物价影响支付给职工的物价补贴。企业按照规定支付给职工的加班加点工资以及按照国家法律、法规和政策的规定，企业在职工因病、产假、工伤、计划生育假、婚丧假、事假、探亲假、定期休假、停工学习、执行国家或社会义务特殊情况下，按照计时工资、计件工资标准的一定比例支付的工资。

（2）职工福利费。是指企业为职工集体提供的福利。主要开支范围有：职工医药费、职工家属医药费、职工生活困难补助、职工因工负伤赴外地就医的路费、企业福利部门人员的工资薪酬、医务室购买药品的经费、职工食堂炊事用具购置及其修理费用。

（3）医疗保险费、养老保险费、失业保险费、工伤保险费、生育保险费和住房公积金。

（4）工会经费和职工教育经费。是指企业根据国家规定的基准和比例，从成本费用中提取的，主要是用于开展工会活动和职工教育及职业技能培训的费用开支。

（5）非货币性福利。是指企业以自己的产品或其他有形资产发放给职工作为福利、企业向职工提供无偿使用自己拥有的资产、企业为职工无偿提供商品或者类似的医疗保健服务等等。

（6）其他职工薪酬。主要有因解除与职工的劳动关系而给予的补偿，又称作辞退福利。

按照劳动工资制度的规定，企业应根据考勤记录，工时记录、工资标准等编制“工资单”计算各种工资。财会部门应按“工资单”进行汇总，编制“工资结算汇总表”，按规定手续向银行提取现金。

为了反映和监督应付职工薪酬的形成支付及分配，企业应设置“应付职工薪酬”科目进行总分类核算，并应当按照“工资”、“职工福利”、“社会保险费”、“住房公积金”、“工会经费”、“职工教育经费”、“解除职工劳动关系补偿”等应付职工薪酬项目进行明细核算。凡属于工资总额的各种工资、奖金津贴等，不论是否当月支付，都应通过“应付职工薪酬——工资”明细科目核算。该明细科目借方记录实际支付的职工工资额，贷方登记月底分配本月应付的工资额。本明细科目期末一般应无余额，如果企业本月实发工资的差额，即为本科目的期末余额。如果企业实发工资是按上月考勤记录计算的，实发工资与按本月考勤记录计算的应付工资的差额，即为本明细科目期末余额。如果不是由于上述原因引起的应付工资大于实发工资的，期末贷方余额反映为工资结余。

企业财会部门按实发职工薪酬金额向银行提取现金备发职工薪酬时，借记“库存现金”，贷记“银行存款”科目。支付职工薪酬时，借记“应付职工薪酬”科目，贷记“库存现金”或者“银行存款”科目。

企业在发放职工薪酬时，如有代扣个人所得税、工会经费等款项，应借记“应付职工薪酬——工资”、“应付职工薪酬——工会经费”相应明细科目，贷记“应交税费——应交个人所得税”、“其他应付款——工会会费”等科目。

企业按规定缴纳住房公积金及社会保险费，借记“应付职工薪酬——住房公积金”、“应付职工薪酬——社会保险费”科目，贷记“银行存款”科目。住房公积金缴存比例均不得低于职工上一年底月平均工资的 5% ~20%。

对于 4S 店发生的工资及其提取的福利费用，应该按其用途进行归集和分配。直接从事汽车维修的职工的工资及其福利费，应计入劳务成本；管理部门人员的工资及其福利费，应计入管理费用；营销人员的工资及其福利费，应计入销售费用；福利部门人员的工资计入应付职工薪酬，而其福利费计入管理费用。

对于从事维修工作工人的工资费用及其福利费开支，若只为一种劳务而发生的，则直接计入该种劳务成本；若为多种劳务发生，则工资及其福利费须在多种劳务成本之间按照一定的标准进行分配。在实际工作中，多采用以劳务的生产工时作为分配的标准，其计算公式如下：

$$\text{维修工人工资费用分配率}=\frac{\text{维修工人工资费用总额}}{\text{各种产品生产工时之和}}$$

某种劳务应分配的工资费用 = 该种劳务的生产工时 × 维修工人工资费用分配率

工资福利费是按照职工工资总额的 14% 提取并用于职工福利的专项资金来源。主要用以下方面的开支：职工及其家属医药费；职工生活困难补助；职工因工负伤赴外埠就医的路费；企业福利部门人员的工资；医务室购买药品的经费；职工食堂购买炊事用具及其修理费的开支。

在实际工作中，工资及福利费的分配是根据工资结算汇总表编制的工资及其福利费分配表进行的。工资及其福利费分配表的格式如表 7－4 所示。

表 7－4　　工资及福利费分配表

2014 年 7 月 30 日

劳务或部门	维修工时	应分配工资费用		应提福利费（14%）	应借科目	
		分配率	分配额		工资费用	福利费
索纳塔	9 000		58 500	8 190	劳务成本	劳务成本
瑞纳	10 500		68 250	9 555	劳务成本	劳务成本
小计	19 500	6.5	126 750	17 745		
营销人员			179 250	25 095	销售费用	销售费用
管理人员			24 000	3 360	管理费用	管理费用
合计			330 000	46 200		

例题 7－27：某 4S 店月末根据工资及其福利费分配表的相关数据（表 7－4）编制会计分录如下：

借：劳务成本——索纳塔　　58 500
　　　　　　——瑞　纳　　68 250
　　销售费用——职工薪酬　　179 250

管理费用——职工薪酬　　24 000

贷：应付职工薪酬　　330 000

借：劳务成本——索纳塔　　8 190

——瑞　纳　　9 555

销售费用——职工薪酬　　25 095

管理费用——职工薪酬　　3 360

贷：应付职工薪酬　　46 200

需要说明的是，4S 店维修业务中所更换配件和消耗用品需要按照销售应税货物的规定缴纳增值税；而维修工人当月分配的的工资费用和福利费属于完工劳务应负担成本，由“劳务成本”科目转入“主营业务成本”科目，即编制会计分录如下：

借：主营业务成本——维修服务　　144 495

贷：劳务成本——索纳塔　　66 690

——瑞　纳　　77 805

例题 7－28：某 4S 店某年 5 月份的职工薪酬结算汇总表列示应付职工薪酬总额为 330 000 元。从应付职工薪酬中扣除的项目有：个人所得税 13 850 元，社会保险及住房公积金 6 820 元并专户存储，工会会费 500 元，按实发工资额以转账支票方式结算当月职工薪酬 308 830 元。

应付职工工资薪酬＝计时工资＋计件工资＋奖金＋津贴和补贴

实发职工工资薪酬＝应付职工工资薪酬－代扣款项数额（代扣款项是指从应付职工薪酬中代扣的应由职工个人支付的个人所得税、各种社会保险及住房公积金、工会会费和职工教育经费）

（1）以转账支票结算职工薪酬时，编制会计分录如下：

借：应付职工薪酬　　308 830

贷：银行存款　　308 830

（2）结转各种代扣款项时，编制会计分录如下：

借：应付职工薪酬　　21 170

贷：应交税费——应交个人所得税　　13 850

其他应付款——工会会费　　500

银行存款　　6 820

7. 怎样核算整车产品销售收入？

企业实现的商品销售收入是通过设置“主营业务收入”科目进行核算的。该科目是损益类科目，企业确认商品销售收入时记入贷方，月末结转本年利润时记入借方，月末该科目应无余额。该账户按主营业务收入的种类设置明细科目。根据明细科目设置的“主营业务收入”明细账的格式，一般采用三栏式或贷方多栏式账。确认收入的同时要计算增值税销项税额，并在“应交税费——应交增值税”明细账户反应向购买者收取的销项税额。

（1）贸易性整车销售核算。属于同城整车商品销售的特点是：商品的交接工作和货款的结算工作，一般在销售商品的当日或近期都能办妥。

例题7－29：北京现代隆盛祥汽车贸易有限责任公司销售给北京博瑞恒通汽车贸易公司1.5ET瑞纳汽车10辆，单位售价58 547元，商品价款585 470元，增值税销项税额99 530元，合同约定，商品自提，转账支票结算货款。北京现代隆盛祥汽车贸易有限责任公司开具增值税专用发票和商品提货单，北京博瑞恒通汽车贸易公司交来转账支票，商品提出运回。北京现代隆盛祥汽车贸易有限责任公司会计部门根据转账支票的进账单、增值税专用发票编制会计分录如下：

借：银行存款　68 500

　　贷：主营业务收入——整车销售（新车销售）　585 470

　　　　应交税费——应交增值税（销项税额）　99 530

企业每天销售的商品数量较多、品种规格也较为复杂，要开出大量的发货票，如果按销货发票逐笔记账，势必带来较繁重的工作量，所以实际工作中一般多采用每日终了根据销货发票和结算单据汇总编制“销售日报表”集中进行核算的办法。销售日报表的格式如表4－8所示。

属于异地整车商品销售的特点是：商品的交接工作和货款的结算工作一般不能同时完成，所以就会出现先发货后收款或收款在先商品交接在后的情况。

例题7－30：北京现代隆盛祥汽车贸易有限责任公司3月10日销售给石家庄英达汽车贸易有限责任公司2.0AT索纳塔20辆，单价168 376元，计价3 367 520元，增值税销项税额572 480元。合同约定采用银行汇票结算方式收款，运输部门向仓库提货办理发运手续，取得运单，在发运商品时签发支票代垫运杂费8 000元。

①收到银行汇票办理转账，货款及运费已如数收妥进账，根据进账单回单联编制会计分录如下：

借：银行存款　3 948 000

　　贷：应收账款——石家庄英达汽车贸易有限责任公司　3 948 000

②将所销售汽车交给专业运输公司运出，并结算垫支运杂费。根据转账支票存根、增值税专用发票及出库单编制会计分录如下：

借：应收账款——石家庄英达汽车贸易有限责任公司　3 948 000

　　贷：主营业务收入——整车销售（新车销售）　3 367 520

　　　　应交税费——应交增值税（销项税额）　572 480

　　　　银行存款　8 000

对于采用预收货款形式销售的整车产品，企业预收的款项通过设置“预收账款”科目核算，预收货款时贷记该科目，发出商品实现销售时，借记该科目。购货单位补付或向其退回多付货款时，分别贷记或借记该科目。该科目的余额在贷方，表示已预收货款但尚未向对方发货的数额；该科目的余额在借方，表示已发货数额大于预收货款的数额，即尚未向对方结算的款项。

以“预收货款”形式销售商品，在预收货款时，由于还没有转移商品的所有权，所以不应确认销售收入，只有在发出商品的时候，才能确认销售收入。如果企业预收账款不多，可不使用“预收账款”科目，并入“应收账款”科目核算。

例题 7-31：北京现代隆盛祥汽车贸易有限责任公司根据合同约定，采用预收货款的方式向秦皇岛新瑞汽车贸易有限责任公司10辆。

①4月18日，收到银行转来的信汇凭证，秦皇岛新瑞汽车贸易有限责任公司预付2.0AT索纳塔车款1 500 000元，编制会计分录如下：

借：银行存款　　1 500 000

　贷：预收账款——秦皇岛新瑞汽车贸易有限责任公司　　1 500 000

②4月25日，向秦皇岛新瑞汽车贸易有限责任公司开出出库单和增值税专用发票，商品自提，每辆实际售价为168 376元，价款总值1 683 760元，增值税销项税额为286 240元，该企业收货后立即汇来余款8 500元，根据有关结算凭证编制会计分录如下：

借：预收账款——秦皇岛新瑞汽车贸易有限责任公司　　1 970 000

　贷：主营业务收入——整车销售（新车销售）　　1 683 760

　　应交税费——应交增值税（销项税额）　　286 240

同时：

借：银行存款　　470 000

　贷：预收账款——秦皇岛新瑞汽车贸易有限责任公司　　470 000

4S店为了促进整车商品销售并提升经营业绩，通常会向二级经销商提供一定的价格扣除，又称作商业折扣。销售整车商品涉及的商业折扣，应当按照扣除商业折扣的金额确定销售整车商品收入的金额。购销双方应按实际成交价格结算货款、并确认整车销售收入。

例题 7-32：北京现代隆盛祥汽车贸易有限责任公司销售2.0AT现代名图汽车的不含税价款是每辆168 376元，增值税销项税额286 240元，价款总计197 000元。现在销售给本市亚运村隆美盛汽车销售服务店30辆车，单车商品价款总计191 000元，其中不含税价款163 247.86元，27 752.14元。合同约定，货到验收后采用转账支票结算。财会部门根据增值税专用发票、出库单、进账单回单联编制会计分录如下：

借：银行存款　　5 730 000

　贷：主营业务收入——整车销售（新车销售）　　4 897 435.80

　　应交税费——应交增值税（销项税额）　　832 564.20

（2）零售性整车销售的核算。4S店整车零售业务主要是面向单位客户和个人客户自用车的销售。客户购置车辆时需要同时办理车辆交强险和商业险的购买手续，并交纳车辆购置税。需要采用贷款方式购车的个人客户还要同时办理车贷手续。4S店整车零售的基本程序是：与购车客户签订车辆购买意向协议；向客户收取预定金款项；协助客户准备车贷文件并办理相关手续；车到后（并接到银行放款通知）要求客户持购车指标（无指标限制地区除外）、身份证原件及其复印件、预定金交款凭证到店并向其开具机动车统一销售发票、出库单；接受客户委托办理验车、上牌、代缴车辆购置税及其车辆交强险和商业险的手续；协助客户提车。

例题 7-33：广汽丰田（北京）五道口汽车特约销售服务店以转账支票结算方式销售

经营用车一部，裸车价160 000元；车辆购置税8 000元；保险费4 800元。会计部门取得的原始凭证有机动车销售统一发票和保险发票、完税凭证如表7－5至表7－8所示。

表7－5　　机动车销售统一发票　　发票代码 11100078060

发　票　联　　发票号码 00789010

开票日期 2014－05－28

机打代码 机打号码 机器编号	11100078060 00789010		税控码		
购货单位（人）	北京祥瑞金属制品有限责任公司			身份证号码/组织机构代码	110104196311144808
车辆类型	小轿车	厂牌型号	丰田 TV7180GLX－13	产　地	天津
合格证号	WAJ330001815877		进口证明书号	商检单号	
发动机号码	IZZA98399			车辆识别代码/车架号码	LTVBR23E240698788
价税合计	壹拾陆万元整			小写	¥160 000
销售单位名称	广汽丰田（北京）五道口汽车特约销售服务店			电　话	67503380
纳税人识别号	110347742613304		账　号	0800005608880044776	
地　址	海淀区五道口汽贸配件城120店		开户银行	交通银行五道口支行	
增值税税率或征收率	17%	增值税税额	¥23 247.86	主管税务机关及代码	北京市海淀区国税局 112033660
不含税税价	小写　¥136 752.14	吨位		限乘人数	5人

销售单位盖章　　开票人　项鸣　　备注：一本一票

表7－6　　中华人民共和国税收通用完税证

20145 京国完电：NO 1160R33

注册类型　　填发日期 2014年5月30日　征收机关 海淀区国税局中关村征管分局

纳税人识别号	110347742613304			地址	北京市朝阳区金盏乡致富路甲78号	
纳税人名称	北京祥瑞金属制品有限责任公司			税款所属时期	2014年05月30日	
税种	品目名称	课税数量	计税金额或销售收入	税率或单位税额	已缴或扣除额	实缴金额
车辆购置税	车辆购置税	1	160 000	5%		8 000
金额合计	（大写）捌仟元整					
税务机关 （盖章）	委托代征单位 （盖　章）		填票人（章） 李楠		备注	丰田 TV7180GLX－13 票面价格 160 000

表7－7　　保险业专用发票　　发票代码 111001334410

发　票　联　　发票号码 00778233

开票日期　2014年5月30日　　密　码

付款人　北京祥瑞金属制品有限责任公司			
承办险种　机动车辆保险	车牌号码　京Q－CE187	期别1	
保险单号　10238002200011137707		批单号	
保险费金额（大写）人民币叁仟玖佰元整		（小写）RMB 3 900元	
代收车船税（小写）		滞纳金（小写）	
合计（大写）　人民币叁仟玖佰元整		（小写）RMB 3 900元	

附注　　银行名称　　银行账户　　户名

保险公司名称　中国平安保险股份有限公司五道口营业部　复核　孟宪勇　战公审　经手人　战公审

保险公司章　　地址　海淀区五道口108号行家大厦一层　电话 95512

保险公司纳税人识别号　3370120007122　　手写无效

表7－8　　保险业专用发票　　发票代码 111001334411

发　票　联　　发票号码 00778234

开票日期　2014年5月30日　　密　码

付款人　北京祥瑞金属制品有限责任公司			
承办险种　机动车交通事故责任强制保险	车牌号码　京Q－CE187	期别1	
保险单号　10238002200011137188		批单号	
保险费金额（大写）人民币玖佰伍拾元整		（小写）RMB 950元	
代收车船税（小写）		滞纳金（小写）	
合计（大写）　人民币玖佰伍拾元整		（小写）RMB 950元	

附注　　银行名称　　银行账户　　户名

保险公司名称　中国平安保险股份有限公司五道口营业部　复核　孟宪勇　战公审　经手人　战公审

保险公司章　　地址　海淀区五道口108号行家大厦一层　电话 95512

保险公司纳税人识别号　3370120007122　　手写无效

会计部门根据取得的机动车销售统一发票记账联和出库单、进账单回单联编制会计分录如下：

借：银行存款　　172 800

贷：主营业务收入——整车销售（新车销售）　　136 752.14

应交税费——应交增值税（销项税额） 23 247. 86
其他应付款——代收车辆购置税（祥瑞金属制品有限责任公司） 8 000
——代收车辆保险费（祥瑞金属制品有限责任公司） 4 800

例题7－34：广汽丰田（北京）五道口汽车特约销售服务店以贷款方式销售个人用车一部，裸车价160 000元；车辆购置税8 000元；保险费4 800元。会计部门根据机动车销售统一发票和保险发票、完税凭证、银行划款凭证，编制会计分录如下：

借：银行存款 172 800
　贷：主营业务收入——整车销售（新车销售） 136 752. 14
　　应交税费——应交增值税（销项税额） 23 247. 86
　　其他应付款——代收车辆购置税（××） 8 000
　　——代收车辆保险费（××） 4 800

8. 怎样核算汽车置换销售收入？

汽车置换是指自用车客户用其拥有的旧车来置换新车。置换业务常见的就是同品牌内的旧车换新车和不同品牌之间的旧车换新车。但是，汽车置换中还有旧车换旧车的业务，只不过这种置换业务对于大众来说比较陌生，在二手车市场里比较难以看到。

4S店营销人员在客户置换购车之前，一定要协助客户检查车辆的手续是否完整。主要有：机动车登记证书原件及复印件、车辆行驶证原件及复印件、车辆原始购置发票或上次过户发票原件及复印件及身份证原件及复印件。如果有违章和手续不齐的问题，需缴清罚款和补齐手续之后才能过户。由于是先将旧车置换出去，才可以获得更新指标，在这里值得注意的是指标有效期为半年。车主可以通过报废或者售出旧车后，不用摇号直接申请到更新指标；根据提供的出售、报废小客车转移、注销登记信息，向交管部门提出申请信息，审核通过后在指定网站发布小客车更新指标确认通知书。从申请到更新指标为8个工作日，一般需要2周时间。这个购车指标自从获得之日起有效期为半年，逾期不办理，视为自动弃标。有了购车指标直接到4S店提新车即可。

4S店经营的二手车交易业务主要是二手车经纪业务或者二手车经销业务。其中，若经营二手车经纪业务，则该项业务属于以收取手续费为目的，为促成他人交易二手车而从事居间、行纪或者代理的经营活动范围，不属于增值税纳税范围。整个二手车交易过程，4S店只收取手续费，并按照国家统一规定的5%税率计算缴纳营业税。在实际操作中，由于充当“业务代办”而为买卖双方办理过户流程，全程涉及的一道增值税由新的整车销售业务承担。通过经纪业务买卖的二手车在二手车交易市场单独开具二手车发票。其卖家为增值税纳税人时，自行开具增值税普通发票申报纳税，当卖家为非增值税纳税人时，在二手车市场代开发票缴纳税款，然后凭发票在二手车市场换开二手车交易发票。若经营二手车的购销业务，则4S店涉及到车辆处置权的转移问题，并经常伴随发生车辆的翻修和改装业务。对于二手车经销业务，目前按照简易办法4%征收率减半征收增值税，不管其销售的车辆在购销过程中是否有赢利，只要销售就要向国家交纳全额交易2%的增值税，同时收取售车款项时，必须开具二手车发票。在整个交易过程中，如果4S店是增值税一般纳税人，在将汽车过户卖给二手车经销公司时需要自行缴纳增值税。

例题7-35：广汽丰田（北京）五道口汽车特约销售服务店以转账支票结算方式销售经营用车一部，裸车价160 000元；车辆购置税8 000元；保险费4 800元。购车客户以一辆旧车置换新车。旧车收购作价50 000元，出售给亚运村的新亚二手车销售服务有限公司作价52 000元。

（1）旧车作价购进时，根据估价单和入库单编制会计分录如下：

借：库存商品——二手车（丰田）　　50 000

　贷：应付账款——二手车置换差价　　50 000

（2）旧车作价出售时，根据出库单、增值税专用发票和银行结算凭证编制会计分录如下：

借：银行存款　　52 000

　贷：主营业务收入——整车销售（二手车销售）　　50 980.39

　　应交税费——应交增值税　　1 019.61

借：主营业务成本　　50 000

　贷：库存商品——二手车（丰田）　　50 000

（3）新车出售时，根据出库单、机动车统一销售发票和银行结算凭证编制会计分录如下：

借：银行存款　　122 800

　应付账款——二手车置换差价　　50 000

　贷：主营业务收入——整车销售（新车销售）　　136 752.14

　　应交税费——应交增值税（销项税额）　　23 247.86

　　其他应付款——代收车辆购置税（祥瑞金属制品有限责任公司）　　8 000

　　　——代收车辆保险费（祥瑞金属制品有限责任公司）　　4 800

若该项业务4S店只提供中介服务，则按照收购价的1%收取手续费，并按照下列程序进行账务处理。

（1）旧车收进代做保管时，根据代管商品入库单在相关代管商品账簿作如下记录：

借：库存商品——二手车（丰田）　　50 000

（2）旧车作价出售时，根据出库单、服务业发票和银行结算凭证编制会计分录如下：

借：库存现金　　500

　贷：主营业务收入——手续费　　500

借：营业税金及附加　　25

　贷：应交税费——应交营业税　　25

同时，在代管商品账簿上面作如下记录：

　贷：库存商品——二手车（丰田）　　50 000

（3）新车出售时，根据出库单、机动车统一销售发票和银行结算凭证编制会计分录如下：

借：银行存款 122 800

应付账款——二手车置换差价 50 000

贷：主营业务收入——整车销售（新车销售） 136 752. 14

应交税费——应交增值税（销项税额） 23 247. 86

其他应付款——代收车辆购置税（祥瑞金属制品有限责任公司）

8 000

——代收车辆保险费（祥瑞金属制品有限责任公司）

4 800

9. 怎样核算汽车精品销售收入？

随着新车的销售，购车客户通常会对新车进行贴膜、安装自己喜爱的电子导航仪、给新车安装保险杠、或者给汽车底部安装护板。这会带来与新车购置相关的增值性劳务服务，并带动相关产品的销售。汽车精品的销售往往伴随着劳务的同时提供，因而属于混合销售行为（既涉及应税货物销售又同时涉及应税劳务提供），应该按照税法规定缴纳增值税，而不再缴纳营业税。两项业务在会计核算方面无需分开组织核算。

例题 7－36：广汽丰田（北京）五道口汽车特约销售服务店以转账支票结算方式销售经营用车一部，裸车价 150 000 元；车辆购置税 8 000 元；保险费 4 300 元。购车客户同时选择了贴膜和加装车载电子导航仪两项精品，其报价分别是 2 000 元和 3 000 元。相关款项采用信用卡结算完毕并已经到账。

借：银行存款 167 300

贷：主营业务收入——整车销售（新车销售） 128 205. 13

——精品销售（贴膜） 1 709. 40

——精品销售（车载导航仪） 2 564. 10

应交税费——应交增值税（销项税额） 22 521. 37

其他应付款——代收车辆购置税（祥瑞金属制品有限责任公司）

8 000

——代收车辆保险费（祥瑞金属制品有限责任公司）

4 300

10. 怎样核算汽车维修收入？

4S 店的汽车维修服务通常会涉及到提供修理劳务和配件销售两部分业务内容。汽车维修服务部分要求会计人员根据机动车维修竣工合格证和结算单中列明的工时费和材料费进行账务处理。根据工时费开支部分的金额，借记“劳务成本”科目，贷记“应付职工薪酬”科目；根据配件消耗部分的金额，借记“主营业务成本”科目，贷记“库存商品”科目。维修服务竣工出厂合格证和结算单的格式如表7-9和表7-10所示。

表7-9　北京现代汽车隆盛祥特约销售服务店

机动车维修竣工出厂合格证

次里程：50 000 KM

次保养里程：55 000 KM

维修单位：北京现代汽车隆盛祥特约销售服务店 联系电话：010-6754413 第1页共1页

本次维修保养的项目和费用开支

我很满意 □　我不是很了解□

车辆 已清洗干净□未清洗干净□

客户签字：柳彬

顾客名称	柳彬	牌照号	京NAG117	结算单号	
地　址	北京市天通苑北二区9楼3单元703室	VIN码	LBEMDA4CZ073397	车　型	朗动1.6GS AT
维修项目	详见　RO2014040650　号结算单	联系人	柳彬	联系电话	13911799237
更换配件	详见　RO2014040650　号结算单	进厂日期	2014-04-08 11：40：19	竣工日期	2014-04-09 09：10：10
维修分类	普通维修　作业分类　保养	接车人	张毅	客户代码	99287031

该车辆已在我店维修并且检验合格，维修部位及其配件（见结算单）我们为您提供质量保证、汽车一级维护、小修及专项维修质量保证期为车辆行驶2000公里或10日。机动车维修质保期从维修竣工日起计算；合格证期中行驶里程和日期指标以先到为准。（此单是维权的依据，请妥善保管）　http：//e. weixiu. com. cn/bjxdsl

检验员签字：王石　　　　客户签字：柳彬

表7-10　北京现代汽车隆盛祥特约销售服务店结算单　№. RO2014040650

2014年04月06日

项目	检修及材料提供				价格
序号	维修编号	维修项目	工时数	代码	工时费
1	000	免费检测项目	0	A1	0.00
2	00000042	预约服务	0	A1	0.00
3	00000047	洗车	0	A1	0.00
4	10001A06	换机油机滤-朗动 / SM5-30	0.92	A1	92.00
5	10013A10	清洗节气门和进气道 N/Y/拆清	2	A1	200.00
6	10017R00	换雨刷片	0.1	A1	10.00

序号	配件名称	价格	数量	单位	代码	材料费
1	进气通道洗剂	90.00	1	瓶	A1	90.00
2	机油	256.00	1	瓶	A1	256.00
3	发动机机油滤清器总成	22.67	1	套	A1	22.67
4	刮片总成—刮水器—驾驶员	90.00	1	支	A1	90.00
5	刮片总成—刮水器—乘客	116.00	1	支	A1	116.00
6	化清剂	25.00	1	瓶	A1	25.00
7	油底垫	1.80	1	个	A1	1.80

续表

结算方式		发票类型	普通	人工费	302.00
实收金额（大写）	捌佰壹拾贰元整			材料费	601.47
备　注				外加工费	0.00
甲方委托乙方修理上述指定车辆，经过双方检验确认完工合格出厂。修理项目、工时、材料费开支属实。甲方代表签字作为结算依据。此单代合同受法律约束。客户须知：发动机总成大修后车辆行驶0.15万~0.2万公里必须来店进行走合保养；每隔0.8万~1万公里必须进行一次M一级保养；在保修期内不按规定来店进行级别保养的，视为自动放弃相关保养的权利。如客户自带配件或者改变我店原定修理方案，以及协外加工等出现质量问题，由客户自己负责。保养期内发生故障若继续强行使用造成损失扩大的不予保修。				管理费	0.00
				其　他	0.00
				税　费	0.00
				总金额	903.47
				实收金额	812.00

例题7-37：北京现代汽车隆盛祥特约销售服务店对客户柳彬的1.6AT现代朗动汽车进行维修保养，其维修工程竣工合格证及其结算单如表7-9和表7-10所示。相关款项结算使用信用卡进行并已经划款到账。会计人员根据上述原始凭证开具增值税普通发票（如表7-11所示）及其银行划款凭证，编制会计分录如下：

借：银行存款　812

　　贷：主营业务收入——维修服务　232.31

　　　　　　　　　　——配件销售　461.71

　　　　应交税费——应交增值税（销项税额）　117.98

表7-11　　**北京增值税普通发票**　　№. 122936670　1100125620

1100124620　　12204773

效验码 57467 15449 15534 06974　　开票日期：2014年04月06日

购货单位	名　　称：柳彬 纳税人识别号： 地 址、电 话：北京东城区东直门外17号院5号楼501室 13901123347 开户行及账号：				密码区	1<003+1<+84362-2*212>-3*>9——+56 <808<0884+/0*294+<-<　975>3<85 78>45>-*3/32*26-844/0/+88257+-53> 01-3018012*435*>1>>8>4<——6*5		
货物或应税劳务名称	规格型号	单位	数量	单　价	金　额		税率	税　额
现代朗动维修	1.6ATGS	辆	1	694.02	694.02		17%	117.98
合　　计					￥694.02		17%	￥117.98
价税合计（大写）	×仟×佰×拾×万×仟捌佰壹拾贰元零角零分						（小写）￥812.00	
销货单位	名　　称：北京现代隆盛祥汽车贸易有限责任公司 纳税人识别号：110570988340034 地 址、电 话：北京市朝阳区十里河桥南路15号 61770097 开户行及账号：招商银行十里河支行　00970001241				备注			

收款人：刘丽　　复核：高雅　　开票人：马莉亚　　销货单位：（章）

11. 怎样进行所得税费用核算？

在企业所得税费用核算过程中，由于暂时性差异的存在，使得所得税费用的核算出现了暂时性差异问题。暂时差异是指资产或负债的账面价值与其计税基础之间的差额；未作为资产和负债确认的项目，按照税法规定可以确定其计税基础的，该计税基础与其账面价值之间的差额也属于暂时性差异。按照暂时性差异对未来期间应税金额的影响，分为应纳税暂时性差异和可抵扣暂时性差异。

应纳税暂时性差异，是指在确定未来收回资产或清偿负债期间的应纳税所得额时，将导致产生应税金额的暂时性差异。资产的账面价值大于其计税基础或者负债的账面价值小于其计税基础，产生应纳税暂时性差异。

可抵扣暂时性差异，是指在确定未来收回资产或清偿负债期间的应纳税所得额时，将导致产生可抵扣金额的暂时性差异。资产的账面价值小于其计税基础或者负债的账面价值大于其计税基础，产生可抵扣暂时性差异。

资产的计税基础，是指企业收回资产账面价值过程中，计算应纳税所得额时按照税法规定可以自应税经济利益中抵扣的金额。例如，企业期末持有一批存货，成本为220万元，按照存货准则规定，估计其可变现净值为200万元，对于可变现净值低于成本的差额，应当计提存货跌价准备20万元，由于税法规定资产的减值损失在发生实质性损失前不允许税前扣除，该批存货的计税基础仍为220万元，与账面价值之间的差额20万元即为可抵扣暂时性差异。再如，企业自行开发的无形资产在满足资本化条件后发生的支出60万元已经按会计准则规定确认为无形资产成本；但依照税法规定，企业的研发开支应在发生当期税前利润扣除，该项无形资产的计税基础为0，由此产生的和账面价值之间的差额60万元即为应纳税暂时性差异。

负债的计税基础，是指负债的账面价值减去未来期间计算应纳税所得额时按照税法规定可予抵扣的金额。例如，企业因或有事项按照最佳估计数确认预计负债10万元并计入当期损益；而按照税法规定，与预计负债相关的费用多在实际发生时税前利润扣除，该类负债的计税基础为0，形成会计上的账面价值与计税基础之间的可抵减暂时性差异。

企业会计准则规定，存在应纳税暂时性差异或可抵扣暂时性差异的，应当确认递延所得税负债或递延所得税资产。企业应设置“所得税费用”、“递延所得税资产”和“递延所得税负债”科目，用于核算由于暂时性差异产生的递延所得税资产和递延所得税负债。

“所得税费用”科目核算企业确认的应从当期利润总额中扣除的所得税费用。该科目属损益类科目。企业按照税法确定的当期应交所得税金额，以及资产负债表日应予确认的递延所得税资产小于“递延所得税资产”科目余额的差额，借记本科目；确认相关资产、负债时，应予确认的递延所得税资产，以及资产负债表日，应予确认的递延所得税资产大于“递延所得税资产”科目余额的差额，贷记本科目（递延所得税负债则相反）。期末，应将本科目的余额转入“本年利润”科目，结转后本科目无余额。本科目应按照“当期所得税费用”、“递延所得税费用”进行明细核算。

“递延所得税资产”科目核算企业确认的可抵扣暂时性差异产生的所得税资产。该科目属资产类科目。企业在确认相关资产、负债时，应予确认的递延所得税资产，以及资产负债表日，企业应予确认的递延所得税资产大于本科目余额的差额，借记本科目；资产负债表日应予确认的递延所得税资产小于本科目余额的差额，以及预计未来期间很可能无法获得足够的应纳税所得额用以抵扣可抵扣暂时性差异的，贷记本科目。本科目期末借方余额，反映企业已确认的递延所得税资产余额。本科目应按可抵扣暂时性差异项目进行明细核算。

“递延所得税负债”科目核算企业确认的应纳税暂时性差异产生的所得税负债。该科目属负债类科目。企业在确认相关资产、负债时，应予确认的递延所得税负债，以及资产负债表日，企业应予确认的递延所得税负债大于本科目余额的差额，贷记本科目；资产负债表日应予确认的递延所得税负债小于本科目余额的差额，借记本科目。本科目期末贷方余额，反映企业已确认的递延所得税负债余额。本科目应按应纳税暂时性差异项目进行明细核算。

例题7－38：某企业2014年12月31日资产负债表中有关项目金额及其计税基础如表7－12所示。

表7－12

单位：万元

项　目	账面价值	计税基础	应纳税暂时性差异	可抵减暂时性差异
存　货	200	220		20
无形资产	60	0	60	
预计负债	10	0		10
合　计			60	30

除上述项目外，该企业其他资产、负债的账面价值与其计税基础不存在差异，且递延所得税资产和递延所得税负债不存在期初余额，适用的所得税税率为25%。假定当期按照税法规定计算确定的应交所得税为60万元。该企业预计在未来期间能够产生足够的应纳税所得额用来抵扣可抵扣暂时性差异。该企业计算确认的递延所得税负债、递延所得税资产、递延所得税费用以及所得税费用如下：

递延所得税负债＝600 000×25%＝150 000（元）

递延所得税资产＝300 000×25%＝75 000（元）

递延所得税费用＝150 000－75 000＝75 000（元）

所得税费用＝600 000 ＋ 75 000＝675 000（元）

编制会计分录如下：

借：所得税费用——当期所得税费用　　600 000

　　　　　　——递延所得税费用　　75 000

　　递延所得税资产　　75 000

　贷：递延所得税负债　　150 000

应交税费——应交所得税　　　　　　　　　　　　　　　600 000

结转本年利润时，编制会计分录如下：

借：本年利润　　　　　　　　　　　　　　　　　　　　750 000

贷：所得税费用　　　　　　　　　　　　　　　　　　750 000

企业利润表中的所得税费用，是当期的所得税费用和递延所得税费用之和，即：所得税费用 = 当期所得税费用 + 递延所得税费用（或 - 递延所得税收益）

12. 怎样进行增值税、营业税、城市维护建设税和教育费附加核算？

对于企业应交的增值税、营业税、城市维护建设税和教育费附加的计提和缴纳情况，企业应设置“应交税费”科目进行核算。该科目贷方登记企业按规定计算交纳的各种税费，借方登记实际交纳的税费，期末贷方余额表示尚未交纳的税费，若为借方余额，则表示多交的税费。应交税费科目应按所交纳的各种税费名称设置明细科目，进行明细核算。但企业交纳的印花税，耕地占用税以及其他不需要预计应交数的税费项目，不在本科目核算。

（1）应交增值税。增值税，是指对在我国境内销售货物，提供加工，修理修配劳务以及进口货物的单位和个人，就其应税货物和应税劳务的增值额计算特征的一种流转税。增值税的纳税人分为一般纳税人和小规模纳税人两种。

一般纳税人销售商品或者提供应税劳务，应开具增值税专用发票实行价税分别核算。计算应交增值税，可直接汇总当期销售商品或提供应税劳务收取的销项税额和当期购进商品或接受劳务所支付的按规定可以抵扣的进项税额（即增值税专用发票中注明的进项税额），销项税额扣除进项税额的差额即为当期增值税应纳税额。用公式表示是“应纳税额 = 当期销项税额 - 当期进项税额”。如果当期销项税额小于进项税额不足抵扣时，其不足部分可以结转下期继续抵扣。

例题 7 - 39：某4S店2014年3月销售整车和提供维修服务的销项税额合计为166 600元，购进整车和配件的增值税专用发票中注明可以抵扣的进项税额合计为102 000元，计算本期应纳增值税额如下：

应纳税额 = 166 600 - 102 000 = 64 600（元）

企业购进货物发生非正常损失的，其进项税额应相应转出有关科目，借记“待处理财产损溢”科目，贷记“应交税费——应交增值税（进项税额转出）”及“库存商品”科目等。其中，转作待处理财产损失的进项税额转出数额，应与遭受非正常损失的购进货物成本一并处理。

例题 7 - 40：某4S店月末盘点，发现甲配件短少10件，每件进价80元，进项税额136元，原因是管理不善造成，经批准作为管理费用入账。编制会计分录如下：

借：待处理财产损溢——待处理流动资产损溢　　　　　　936

贷：库存商品——配件　　　　　　　　　　　　　　　800

应交税费——应交增值税（进项税额转出）　　　　　136

借：管理费用——存货盘亏　　936

　　贷：待处理财产损溢——待处理流动资产损溢　　936

企业将本月应交的增值税在本月上交时，借记“应交税费——应交增值税（已交税金）”科目，贷记“银行存款”科目。

例题7-41：某4S店属于一般纳税人身份，10月上旬上缴9月份应交增值税50 000元。根据增值税缴款凭证编制会计分录如下：

借：应交税费——应交增值税（已交税金）　　50 000

　　贷：银行存款　　50 000

对于二手车置换实行简易计算办法，即应纳增值税额按不含增值税销售额和一定的征收率计算：

应纳税额 = 不含税销售额 × 征收率

其中，$不含税销售额 = \frac{含税销售额}{1+征收率}$

例题7-42：某4S店本月二手车置换全部含税销售额20 400元，增值税征收率为2%，若采取月末集中计提应交增值税的办法，则计算应交增值税并编制会计分录如下：

$应交增值税 = \frac{20\ 400}{1+2\%} \times 2\% = 400$（元）

借：主营业务收入　　400

　　贷：应交税费——应交增值税　　400

（2）营业税的核算。4S店经纪汽车置换业务的手续费收入和销售不动产收入属于营业税的纳税范围，适用5%的营业税税率。营业税按照企业实现的手续费收入额、销售不动产收入额和规定的税率计算应交纳税额。其计算公式如下：

应纳营业税 = 手续费收入额（或销售不动产收入额）× 适用税率

企业主营业务的营业税，按其取得的营业额和规定的税率计算，借记“营业税金及附加”科目，贷记“应交税费——应交营业税”科目；销售不动产业务应交的营业税，借记“固定资产清理”科目，贷记“应交税费——应交营业税”科目；实际上交时，借记“应交税费——应交营业税”科目，贷记“银行存款”科目。

例题7-43：某4S店本月经纪汽车置换业务取得的手续费收入20 000元，营业税税率为5%。编制会计分录如下：

应交营业税额 = 20 000 × 5% = 1 000（元）

借：营业税金及附加　　1 000

　　贷：应交税费——应交营业税　　1 000

（3）应交城市维护建设税和教育费附加的核算。城市维护建设税是以纳税人实际缴纳的流转税额为计税依据征收的一种流转税。主要用于城镇公共事业和公共设施的维护和建设。城市维护建设税的计税依据是企业实际缴纳的增值税、消费税和营业税税额。按纳税人所在地区的不同，其税率分别规定为7%、县城或镇5%、乡村1%。大中型工矿企业所在地在市区、县城或者镇的，税率为5%。教育费附加是我国为了发展教育事业，提高人民的文化素质而征收的一项费用。其计算与城市维护建设税的计算方法相同，都是按企业实际交纳的增值税额、消费税额、营业税额作为计算依据，教育费附加征收率3%。

企业按规定计算出应交纳的城市维护建设税和教育费附加时，借记“营业税金及附加”科目，贷记“应交税费——应交城市维护建设税”、“应交税费——应交教育费附加”科目；实际交纳教育费附加等时，借记“应交税费——应交城市维护建设税”、“应交税费——应交教育费附加”科目，贷记“银行存款”等科目。

例题7-44：①某4S店10月份主营业务应交的增值税额34 000元，营业税额6 000元，城市维护建设税率7%、教育费附加征收率3%。计算应交城建税及教育费附加并编制会计分录如下：

应交城市维护建设税 =（34 000 +6 000）×7% =2 800（元）

应交教育费附加 =（34 000 +6 000）×3% =1 200（元）

借：营业税金及附加	4 000	
贷：应交税费——应交城市维护建设税		2 800
——应交教育费附加		1 200

②4S店于次月初实际交纳城市维护建设税和教育费附加时。根据税收缴款单编制会计分录如下：

借：应交税费——应交城市维护建设税	2 800	
——应交教育费附加	1 200	
贷：银行存款		4 000

八、4S店财务报表的编制与财务分析工作

1. 资产负债表有什么用？怎样编制资产负债表？

资产负债表是反映企业在某一特定日期财务状况的财务报表。它是根据“资产 = 负债 + 所有者权益”这一会计等式，按照一定标准和顺序对资产、负债和所有者权益进行分类、排列，以反映企业在某一特定时点资产、负债和所有者权益状况的报表。资产负债表的作用主要体现在以下几个方面：

利用该报表的信息，报表使用者可以了解企业拥有或控制的经济资源及其分布情况，并据以分析企业的财务实力。

利用该报表的信息，报表使用者可以了解企业的负债及其结构情况，结合企业的资产及其结构、所有者权益的状况，可以进一步分析企业的偿债能力及其财务风险。

利用该报表的信息，报表使用者可以分析企业财务状况的变化趋势，据此预测企业财务状况的未来走向。

资产负债表的格式主要有报告式和账户式两种。报告式资产负债表采用的是将资产、负债和所有者权益项目自上而下垂直排列的格式。账户式资产负债表是把资产负债表分成左右两部分，左方列示资产，右方列示负债和所有者权益的资产负债表。企业目前资产负债表的格式采用账户式，具体如表 8 – 3 所示。

资产负债表多数项目的数据是根据有关总账科目余额直接填列的。此外，有些项目还需要根据有关总账科目余额计算填列，或根据明细科目的余额计算填列，或根据总账科目和明细科目余额分析计算填列，或根据总账科目余额减去备抵总账科目余额后的净额填列。其填列方法具体如下：

本表“年初数”栏内各项数字应根据上年末资产负债表“期末数”栏内所列数字填列。如果本年度资产负债表规定的各个项目的名称和内容同上年度不一致，应对上年年末资产负债表各项目的名称和数字按照本年度的规定进行调整，填入本表“年初数”栏内。

本表“期末数”各项目的填列方法如下：

(1)“货币资金”项目反映企业库存现金、银行结算存款、外埠存款账户、银行汇票存款、银行本票存款、信用卡存款、信用保证金存款等的合计数。本项目应根据“现金”、“银行存款”、“其他货币资金”总账科目的期末余额合计填列。

(2)“交易性金融资产”项目反映企业持有的以公允价值计量且其变动计入当期损益的金融资产，包括为交易目的所持有的债券投资、股票投资、基金投资、权证投资等和直接指定为以公允价值计量且其变动计入当期损益的金融资产。本项目应根据“交易性金融资产”总账科目的期末余额填列。

(3)“应收票据”项目反映企业收到的未到期的、并且未向银行贴现的应收票据，包括商业承兑汇票和银行承兑汇票。本项目根据“应收票据”总账科目的期末余额填列。已向银行贴现和已背书转让的应收票据不包括在本项目内，其中已贴现的商业承兑汇票应在财务报表附注单独披露。

(4)“应收账款”项目，反映企业因销售商品、产品和提供劳务等而向购买单位收取的各种款项，减去已计提的坏账准备后的净额。本项目应根据“应收账款”科目所属各明细科目的期末借方余额合计减去“坏账准备”科目中有关应收账款计提的坏账准备余额后的金额填列。如果“应收账款”科目所属明细科目期末有贷方余额，应在本表“预收账款”项目填列。

(5)“预付账款”项目反映企业预付给供应单位的款项。本项目应根据“预付账款”科目所属各明细科目的期末借方余额合计填列。如果“预付账款”科目所属有关明细科目的期末余额在贷方的，应在本表“应付账款”项目内填列。同样，若“应付账款”科目所属明细科目有借方余额的，也应包括在本项目内。

(6)“应收股利”和“应收利息”项目分别反映企业分配的现金股利或利润；企业按照合同约定应支付的利息，包括吸收存款、分期付息到期还本的长期借款、企业债券等应支付的利息。本项目应根据“应收股利”和“应收利息”总账科目的期末余额填列。

(7)“其他应收款”项目反映企业对其他单位和个人的应收和暂付的款项减去已计提的坏账准备后的净额。本项目应根据“其他应收款”总账科目的期末余额，减去“坏账准备”科目中有关其他应收款计提的坏账准备余额后的金额填列。

(8)“存货”项目反映企业期末在库、在途和在加工中的各项存货的可变现净值，包括库存商品、在途物资、周转材料、未完维修劳务工程。本项目应根据“在途物资”、“周转材料”、“库存商品”、“劳务成本”总账科目的期末余额合计减去“存货跌价准备”总账科目期末余额后的金额填列。

(9)“一年内到期的非流动资产”项目反映企业将于一年内到期的非流动资产项目金额。本项目应根据有关账户的期末余额填列。

(10)“其他流动资产”项目反映除以上流动资产项目以外的其他流动资产。本项目应根据有关总账科目的期末余额填列。如其他流动资产价值较大的，应在财务报表附注中披露其内容和金额。

(11)“可供出售的金融资产”项目反映企业持有的可供出售金融资产的公允价值。本科目应根据“可供出售金融资产”总账科目期末余额填列。

(12)“持有至到期投资”项目反映企业持有至到期投资的价值。长期债权投资中，将于一年内到期的持有至到期投资应在流动资产类下“一年内到期的非流动资产”项目单独反映。本项目应根据“持有至到期投资”总账科目的期末余额减去“持有至到期投资减值准备”总账科目中有关债权投资减值准备期末余额和一年内到期的长期债权投资后的金额填列。

(13)“长期应收款”项目业融资租赁产生的应收款项和采用递延方式分期收款、实质上具有融资性质的销售商品和提供劳务等经营活动产生的应收款项。本项目应根据“长期应收款”总账科目的期末余额减去“未实现融资收益”总账科目期末余额后的金额填列。

(14)“长期股权投资”项目反映企业不准备在1年内（含1年）变现的各种股权性投资的可收回金额。本项目应根据“长期股权投资”总账科目的期末余额减去“长期投资减值准备”总账科目中有关股权投资减值准备期末余额后的金额填列。

(15)“固定资产”项目反映企业的各种固定资产账面价值。融资组入的固定资产，其原价及已提折旧也包括在内。融资租入固定资产原价还应在财务报表附注另行反应。该项目应根据“固定资产”总账科目余额减“累计折旧”、“固定资产减值准备”总账科目的期末余额填列。

(16)“在建工程”项目反映企业期末各项未完工程的实际支出，包括支付安装的设备价值，未完建筑安装工程已经耗用的材料、工资和费用支出，预付出包工程的价款，已经建筑安装完毕但尚未交付使用的建筑安装工程的可收回金额。本项目应根据“在建工程”总账科目的期末余额填列。

(17)“工程物资”项目反映企业各项工程尚未使用的工程物资的实际成本。本项目应根据“工程物资”总账科目的期末余额填列。

(18)“固定资产清理”项目反映企业因出售、毁损、报废等原因转入清理但尚未清理完毕的固定资产净值，以及固定资产清理过程中所发生的清理费用和变价收入等各项金额的差额。本项目应根据“固定资产情理”总账科目的期末借方余额填列。如“固定资产情理”总账科目期末为贷方余额，以“-”号填列。

(19)“无形资产”项目反映企业无形资产的期末可收回金额。本项目应根据“无形资产”总账科目的期末余额减去“累计摊销”、“无形资产减值准备”总账科目期末余额后的金额填列。

(20)“开发支出”项目反映企业开发无形资产过程中发生的、尚未形成无形资产成本的支出。该项目应根据“开发支出—资本化支出”明细科目的期末余额填列。

(21)“商誉”项目反映非同一控制下企业合并中取得的商誉价值。该项目应根据“商誉”总账科目的期末余额填列。

(22)“长期待摊费用”项目反映企业尚未摊销的摊销期限在1年以上（不含1年）的各种费用。如租入固定资产的改良支出、大修理支出以及摊销期限在1年以上（不含1年）的其他待摊费用。长期待摊费用中在1年内（含1年）摊销的部分应在本表“待摊费用”项目填列。本项目应根据“长期待摊费用”总账科目的期末余额减去1年内（含1年）摊销数额后的金额填列。

(23)“递延所得税资产”项目反映企业确认的可抵扣暂时性差异产生的所得税资产。本项目应根据“递延所得税资产”总账科目的借方余额填列。

(24)“其他非流动资产”项目反映企业除以上资产以外的其他非流动资产。本项目应根据有关总账科目的期末余额填列。如其他长期资产价值较大的，应在财务报表附注披露其内容和金额。

(25)“短期借款”项目反映企业借入尚未归还的1年期以下（含1年）的借款。本项目应根据“短期借款”总账科目的期末余额填列。

(26)“交易性金融负债”项目企业持有的以公允价值计量且其变动计入当期损益的金融负债和直接指定为以公允价值计量且其变动计入当期损益的金融负债。本项目应根据“交易性金融负债”总账科目的期末余额填列。

(27)“应付票据”项目反映企业为了抵付货款等而开出并承兑的尚未到期付款的商业汇票，包括银行承兑汇票和商业承兑汇票。本项目应根据“应付票据”总账科目期末余额填列。

(28)“应付账款”项目反映企业购买商品和接受劳务供应等而应付给供应单位的款项。本项目应根据“应付账款”科目所属各明细科目期末贷方余额合计填列；若“应付账款”所属各明细科目期末有借方余额，应在本表“预付账款”项目填列。

(29)“预收账款”项目反映企业预收购买单位的账款。本项目应根据“预收账款”科目所属各有关明细科目的期末贷方余额合计填列。若“预收账款”科目所属有关明细科目有借方余额的，应在本表“应收账款”项目内填列；若“应收账款”科目所属明细科目有贷方余额的，也应包括在本项目内。

(30)“应付职工薪酬”项目反映企业应付未付的职工薪酬。本项目应根据“应付职工薪酬”总账科目期末贷方余额填列。若“应付职工薪酬”总账科目期末为借方余额，以“-”号填列。

(31)“应交税费”项目反映企业期末未交、多交或未抵扣的各种税费。本项目应根据“应交税费”总账科目的期末贷方余额填列；如果“应交税费”总账科目期末为借方余额，以“-”号填列。

(32)“应付股利”和“应付利息”项目分别反映企业尚未支付的现金股利和利息。本项目应根据“应付股利”和“应付利息”总账科目的期末余额填列。

(33)“其他应付款”项目反映企业所有应付和暂收其他单位和个人的款项。本项目应根据“其他应付款”总账科目的期末余额填列。

(34)“一年内到期的非流动负债”项目反映企业各种非流动负债在一年之内的到期金额，包括一年以内到期的长期借款、长期应付款和应付债券。本项目应根据“长期借款”、“长期应付款”和“应付债券”科目的期末贷方余额分析计算后填列。

(35)“其他流动负债”项目反映企业除以上流动负债以外的其他流动负债。本项目应根据有关总账科目的期末余额填列。如果流动负债价值较大，应在财务报表附注披露其内容及金额。

(36)“长期借款”项目反映企业借入尚未归还的一年期以上（不含一年）的借款本金及其利息。本项目应根据“长期借款”总账科目的期末余额减去一年内到期部分的金额填列。

（37）“应付债券”项目反映企业发行的尚未偿还的各种长期债券的本息。本项目应根据“应付债券”总账科目的期末余额减去一年内到期部分的金额填列。

（38）“长期应付款”项目反映企业除长期借款和应付债券以外的其他各种长期应付款。本项目应根据“长期应付款”总账科目的期末余额减去“未确认融资费用”总账科目期末余额后的金额和一年内到期部分的金额填列。

（39）“专项应付款”项目反映企业各种专项应付款的期末余额。本项目应根据“专项应付款”总账科目的期末余额填列。

（40）“预计负债”项目反映企业预计负债的期末余额。本项目应根据“预计负债”总账科目的期末余额填列。

（41）“递延所得税负债”项目反映企业确认的应纳税暂时性差异产生的所得税负债。本项目应根据“递延所得税负债”总账科目的借方余额填列。

（42）“其他非流动负债”项目反映企业除以上非流动负债项目以外的其他非流动负债。本项目应根据有关总账科目的期末余额填列。如果其他非流动负债价值较大的，应在财务报表附注披露其内容和金额。

（43）“实收资本”项目反映企业各投资者实际投入的资本总额。本项目应根据“实收资本”总账科目的期末余额填列。

（44）“资本公积”项目反映企业资本公积的期末余额。本项目应根据“资本公积”总账科目的期末余额填列。

（45）“盈余公积”项目反映企业盈余公积的期末余额。本项目应根据“盈余公积”总账科目的期末余额填列。

（46）“未分配利润”项目反映企业尚未分配的利润。本项目应根据“本年利润”总账科目和“利润分配”明细科目的期末余额计算填列。未弥补的亏损，在本项目内以“-”号反映。

例题 8-1：蓝星汽车贸易有限责任公司 2014 年 12 月 31 日有关总账科目和明细科目的余额资料如表 8-1、表 8-2 所示。

表 8-1　蓝星汽车贸易有限责任公司总账科目及其余额表

2014 年 12 月 31 日　　单位：元

总账科目	期末借方余额	总账科目	期末贷方余额
库存现金	17 400 000	短期借款	194 185 104
银行存款	709 258 130	应付账款	81 554 390
其他货币资金	20 000 000	预收账款	27 001 214
交易性金融资产	1 054 515	累计折旧	204 386 927
应收票据	7 597 558	累计摊销	10 015 300

续表

总账科目	期末借方余额	总账科目	期末贷方余额
应收账款	114 306 061	应付职工薪酬	207 708
应收利息	27 416 093	应付股利	80 865 540
其他应收款	78 571 539	应付利息	21 143 473
预付账款	56 002 192	应交税费	33 824 777
在途物资	100 000 000	其他应付款	25 483 270
库存商品	210 000 000	长期借款	120 855 895
发出商品	9 500 000	其中：一年内到期的长期借款	(54 939 000)
周转材料	2 009	长期应付款	147 734 392
长期股权投资	32 508 689	实收资本	900 000 000
固定资产	1 113 984 104	资本公积	896 292 324
工程物资	62 430 240	盈余公积	59 183 490
在建工程	113 691 438	利润分配	101 001 502
无形资产	200 941 659		
长期待摊费用	29 071 079		
合　　计	2 900 735 306	合　　计	2 900 735 306

表 8－2　　蓝星汽车贸易有限责任公司部分明细科目及其余额表　　单位：元

2014 年 12 月 31 日

总账科目	明细科目	期末余额	总账科目	明细科目	期末余额
应收账款	恒达汽车贸易有限公司	114 506 061（借方）	应付账款	宏大汽车贸易有限公司	81 654 390（贷方）
	新民汽车销售有限公司	200 000（贷方）		宝丰汽车贸易有限公司	100 000（借方）
预付账款	依利汽车销售有限公司	56 002 192（借方）	预收账款	盛霖汽车贸易有限公司	150 000（借方）
				红庄汽车销售有限公司	27 151 214（贷方）

根据表 8－1、表 8－2 中有关总账科目和明细科目余额的数据资料，编制资产负债表如表 8－3 所示。

表 8－3　　　　　　　　　　　　资 产 负 债 表　　　　　　　　　　　　会企 01 表

编制单位：蓝星汽车贸易有限责任公司　　　　2014 年 12 月 31 日　　　　　　　　单位：元

资　　产	行次	年初数	期末数	负债和所有者权益	行次	年初数	期末数
流动资产：				流动负债：			
货币资金	1	715 996 915	746 658 130	短期借款	38	26 400 000	194 185 104
交易性金融资产	2		1 054 515	交易性金融负债	39		
应收票据	3	97 558	7 597 558	应付票据	41		
应收账款	4	155 289 168	114 656 061	应付账款	42	53 248 385	81 654 390
预付账款	5	98 053 187	56 102 192	预收账款	43	51 652 521	27 351 214
应收股利	6			应付职工薪酬	44	3 903 343	207 708
应收利息	7		27 416 093	应交税费	45	327 555 790	33 824 777
其他应收款	10	72 918 357	78 571 539	应付利息	46	8 094 142	21 143 473
存货	11	208 027 876	319 502 009	应付股利	47	150 202 758	80 865 540
一年内到期的非流动资产	14			其他应付款	48	21 493 163	25 483 270
其他流动资产	15	174 654 624		一年内到期的非流动负债	52	253 062 438	54 939 000
流动资产合计	16	1 425 028 685	1 351 558 097	其他流动负债	53		
非流动资产：				流动负债合计	54	600 812 540	519 654 476
可供出售金融资产	17			非流动负债：			
持有至到期投资	18			长期借款	55	134 953 098	65 916 895
投资性房地产	19			应付债券		56	
长期股权投资	20	17 428 565	32 508 689	长期应付款	57		147 734 392
长期应收款	22			专项应付款	58		
固定资产	23	702 339 780	909 597 177	预计负债			
在建工程	24	207 002 110	113 691 438	递延所得税负债	59		
工程物资	25	40 015 113	62 430 240	其他非流动负债	60		
固定资产清理	26			非流动负债合计	61	134 953 098	213 651 287
无形资产	29	180 326 000	190 926 359	负债合计	62	735 765 638	733 305 763
开发支出	30			所有者权益：			
商誉	31			实收资本	63	900 000 000	900 000 000
长期待摊费用	33	31 032 871	29 071 079	资本公积	64	891 979 092	896 292 324
递延所得税资产	34			盈余公积	65	37 550 690	59 183 490
其他非流动资产	35			未分配利润	66	37 877 704	101 001 502
非流动资产合计	36	1 178 144 439	1 338 224 982	所有者权益合计	68	1 867 407 486	1 956 477 316
资产总计	37	2 603 173 124	2 689 783 079	负债和所有者权益总计	70	2 603 173 124	2 689 783 079

2. 利润表有什么用？怎样编制利润表？

利润表是反映企业在一定期间生产经营成果的财务报表，又称损益表。利润表通过一定期间内收入和费用的对比，从而计算出净利润，进而反映企业在该会计期间的经营成果，并为财务报表使用者评价企业的经营成果和经营效率、判断资本是否保值增值提供依据。通过前后多期利润表的比较，财务报表的使用者还可以分析企业经营成果及其构成的发展变化趋势，并据此判断企业在未来期间的盈利能力和发展潜力。

利润表的格式主要有单步式和多步式两种。单步式利润表是将当期所有的收入累计起来，再将所有的成本费用累计起来，用累计收入减去累计成本费用，一次计算出当期净利润。单步式利润表可以向资产负债表那样，进一步分为收入和成本费用左右对照的账户式与收入和成本费用上下排列的报告式两种。多步式利润表通常分为三步计算净利润：首先，用营业收入减去营业成本、营业税金及附加、销售费用、管理费用、财务费用、资产减值损失，加上公允价值变动净收益和投资净收益后，计算出营业利润；其次，用营业利润加上营业外收入，再减去营业外支出后，计算出利润总额；第三，用利润总额减去所得税费用后，计算出净利润。目前实际工作中使用的利润表采用的多步式格式。具体格式如表 8－5 所示。

本表“本月数”栏反映各项的本月实际发生数；在编报中期财务报表时，填列上年同期累计实际发生数；在编报年度财务报表时，填列上年全年累计实际发生数。如果上年度利润表与本年度利润表的项目名称和内容不一致，应对上年利润表项目的名称和数字按本年度的规定进行调整，填入本表“上年数”栏。在编报中期和年度财务报表时，应将“本月数”栏改称“上年数”栏。

本表“本年累计数”栏反映各项目自年初起至报告期末止的累计实际发生数。各项目的具体内容及填列方法如下：

（1）“营业收入”项目反映企业经营业务所得的收入总额。本项目应根据“主营业务收入”和“其他业务收入”总账科目的发生额合计填列。

（2）“营业成本”项目反映企业经营业务发生的实际成本。本项目应根据“主营业务成本”和“其他业务支出”总账科目的发生额合计填列。

（3）“营业税金及附加”项目反映企业经营主要业务应负担的营业税、消费税、城市维护建设税、资源税、土地增值税和教育费附加等。本项目应根据“营业税金及附加”总账科目的发生额分析填列。

（4）“销售费用”项目反映企业在销售商品和购入商品过程中发生的费用开支。本项目应根据“营业费用”总账科目的发生额分析填列。

（5）“管理费用”项目反映企业发生的管理费用。本项目应根据“管理费用”总账科目的发生额分析填列。

（6）“财务费用”项目反映企业发生的财务费用。本项目应根据“财务费用”总账科目的发生额分析填列。

(7)“资产减值损失”项目反映企业各项资产发生的减值损失。本项目应根据“资产减值损失”总账科目的发生额分析填列。

(8)“公允价值变动净收益”项目反映企业按规定应当计入当期损益的资产或负债公允价值变动净收益。本项目应根据“公允价值变动损益”总账科目的发生额分析填列。如为净损失，以“-”号填列。

(9)“投资净收益”项目反映企业以各种方式对外投资所取得的净收益。本项目应根据“投资收益”总账科目的发生额分析填列。如为投资损失，以“-”号填列。

(10)“营业外收入”项目和“营业外支出”项目反映企业发生的与其生产经营活动无直接关系的各项收入和支出。这两个项目分别根据“营业外收入”和“营业外支出”总账科目的发生额分析填列。

(11)“利润总额”项目反映企业实现的利润总额。如为亏损总额，以“-”号分析填列。

(12)“所得税费用”项目反映企业按规定从本期利润总额中减去的所得税费用。本项目应根据“所得税费用”总账科目的发生额分析填列。

(13)“净利润”项目反映企业实现的净利润，如为净亏损，以“-”号填列。

例题8-2：盛霖汽车贸易有限责任公司2014年度有关总账科目本年发生额资料如表8-4所示。

表8-4　盛霖汽车贸易有限责任公司总账科目本期发生额表　单位：元

2014年12月

项　目	本年借方发生额	本年贷方发生额
主营业务收入		1 083 293 098
主营业务成本	755 510 936	
营业税金及附加	69 166 742	
其他业务收入		10 000 000
其他业务成本	20 412 411	
销售费用	64 663 637	
管理费用	68 878 631	
财务费用		71 211 358
公允价值变动损益		
投资收益		4 440 766
营业外收入		9 904 342
营业外支出	6 494 500	
所得税费用	28 966 109	

根据表8-4中有关总账科目本年发生额数据资料，编制利润表如表8-5所示：

表8-5 利润表 会企02表

编制单位：盛霖汽车贸易有限责任公司 2014年12月 单位：元

项目	行次	上年数	本年累计数
一、营业收入	1	1 014 832 565	1 093 293 098
减：营业成本	2	663 828 927	775 923 347
营业税金及附加	3	119 211 793	69 166 742
销售费用	4	25 872 379	64 663 637
管理费用	5	33 800 006	68 878 631
财务费用（收益以"-"号填列）	6	-63 934 726	-71 211 358
资产减值损失	7		
加：公允价值变动净收益（净损失以"-"号填列）	8		
投资净收益（净损失以"-"号填列）	9	2 682 320	4 440 766
二、营业利润（亏损以"-"号填列）	13	238 736 506	190 312 865
加：营业外收入	14	27 304 489	9 904 342
减：营业外支出	15	4 313 634	6 494 500
三、利润总额（亏损总额以"-"号填列）	16	261 727 361	194 722 707
减：所得税费用	17	36 096 209	28 966 109
四、净利润（净亏损以"-"号填列）	18	225 631 152	165 756 598

3. 现金流量表有什么用？怎样编制现金流量表？

现金流量表是反应企业在一定会计期间现金和现金等价物流入和流出的财务报表。现金流量表能够向报表使用者提供企业一定会计期间内现金和现金等价物流入和流出的信息，以便于报表使用者了解和评价企业获取现金和现金等价物的能力，据以预测企业未来的现金和现金等价物的流入和流出量。现金流量表的作用主要表现在以下几个方面：

现金流量表可以提供企业的现金流量信息，从而有助于报表使用者对企业整体财务状况做出客观评价。在市场经营条件下，经营中的竞争异常激烈，企业要站稳脚跟，不但要想方设法把自己的商品推销出去，更重要的是要及时收回销货款，以便以后的经营活动能够顺利展开。除了经营活动以外，企业所从事的筹资和投资活动同样影响着现金流量，从而影响财务状况。如果企业所进行的投资没能取得相应的现金回报，就会对企业的财务状况（如流动性、偿债能力）产生不良影响。

现金流量表可以提供反映企业真实的偿债能力。以营运资金为基础编制的财务状况变动表有一定的局限性，因为营运资金是流动资产与流动负债的差额，流动资产中不但包括现金，还包括存货、应收账款等其他流动资产。假定一个企业的现金大幅度减少，应收账款和存货大量增加，这时企业营运资金不一定会减少，反而可能增加，从而给人一种假象，似乎企业的财务状况不错。但如果应收账款和存货的质量有问题，就会误导会计信息使用者。而现金流量信息则可以避免这种缺陷，投资者和债权人通过现金流量表可以对企业的支付能力、偿债能力以及企业对外部资金的需求情况做出更加可靠的判断。

现金流量表可以反应企业财务活动的合理性，预测企业未来发展趋势。企业各部分现金流量结构合理，现金流入、流出无重大异常波动，说明企业财务状况基本良好。一般说来，企业失败的原因及症状可在现金流量表中得到反应。比如，从投资活动流出的现金，筹资活动流入的现金和筹资活动流出的现金中，可以分析企业是否过度扩大经营规模；通过比较当期净利润与当期现金流量，可以评价企业产生现金流量的能力是否偏低。

现金流量表中的现金一般包括现金和现金等价物两个部分。现金是指企业的库存现金以及可以随时支付的存款。主要包括库存现金、银行存款和其他货币资金。库存现金指企业持有的随时可以用于支付的现金，其内容及数额同“库存现金”科目的核算内容基本一致；银行存款指企业存入金融企业，随时可以用于支付的存款，其内容与数额同“银行存款”科目的核算内容基本一致；其他货币资金是指企业的外埠存款、银行汇票存款、银行本票存款、信用卡存款和存出投资款等，其内容与数额同“其他货币资金”科目的核算内容基本一致。而现金等价物是指企业持有的期限短、流动性强、易于转换为已知金额现金、价值变动风险很小的投资。其中，期限较短一般是指从购买日起3个月内到期，例如可在证券市场上流通的3个月内到期的短期债券投资。现金等价物虽不是现金，但其支付能力与现金的差别不大，可视为现金。

现金流量是指某一时期内企业现金流入和流出的数量。如企业销售商品、提供劳务、出售固定资产、从银行借款取得现金，形成企业的现金流入量；购买商品、接受劳务、购建固定资产、对外投资、偿还债务等而支付的现金，形成企业的现金流出量。企业一定时期现金流入量和流出量的差额形成该期的现金净流量。

应该说明的是，与现金和现金等价物有关的会计事项并不一定都会引起现金净流量的变化。比如，企业从银行提取现金，是现金存放形式的转换，并未导致现金流出企业，不影响现金净流量；再比如，企业用现金购买将于3个月内到期的国债，这种现金和现金等价物之间相对应的增减变动也不会影响企业现金净流量的变化。当然，那些非现金和非现金等价物项目之间的增减变动也不会影响现金的净流量，如企业用库存商品清偿债务、用固定资产对外投资等，这些会计事项本身就和现金无关，自然也不会对企业现金净流量产生影响。企业会计准则将现金流量分为以下三类：经营活动产生的现金流量、投资活动产生的现金流量和筹资活动产生的现金流量。

（1）经营活动产生的现金流量。经营活动是指企业投资活动和筹资活动以外的所有交易和事项。经营活动流入的现金主要包括：销售商品、提供劳务收到的现金；收到税费返还；收到的其他与经营活动有关的现金。经营活动流出的现金主要包括：购买商品、接受劳务支付的现金；支付给职工以及为职工支付的现金；支付的各项税费；支付其他与经营活动有关的现金。

(2) 投资活动产生的现金流量。投资活动是指企业长期资产的构建和不包括在现金等价物范围的投资及其处置活动。投资活动流入的现金主要包括：收回投资所收到的现金；取得投资收益收到的现金；处置固定资产、无形资产和其他长期资产收回的现金净额；收到的其他与投资活动有关的现金。投资活动流出的现金主要包括：购建固定资产、无形资产和其他长期资产所支付的现金；投资支付的现金；支付其他与投资活动有关的现金。

(3) 筹资活动产生的现金流量。筹资活动是指导致企业资本及债务规模和构成发生变化的活动。筹资活动流入的现金主要包括：吸收投资收到的现金；取得借款收到的现金；收到其他与筹资活动有关的现金。筹资活动流出的现金主要包括：偿还债务支付的现金；分配股利、利润或偿付利息支付的现金；支付其他与筹资活动有关的现金。

现金流量表的格式如表 8－6 所示。其编制方法如下：

(1) 经营活动产生的现金流量。企业应当采用直接法列示经营活动产生的现金流量。直接法是按现金流入和现金流出的主要类别列示企业经营活动产生的现金流量。在直接法下，一般是以利润表中的营业收入为起算点，调整与经营活动有关的项目的增减变动，然后计算出经营活动产生的现金流量。采用直接法具体编制现金流量表时，可以采用工作底稿法或 T 型账户法。业务简单的，也可以根据有关科目的记录分析填列。

“销售商品、提供劳务收到的现金”项目。本项目可根据“主营业务收入”、“其他业务收入”、“应收账款”、“应收票据”、“预收账款”及“库存现金”、“银行存款”等账户分析填列。本项目的现金流入可用下述公式计算求得：销售商品、提供劳务收到的现金＝本期营业收入净额＋本期应收账款减少额（－应收账款增加额）＋本期应收票据减少额（－应收票据增加额）＋本期预收账款增加额（－预收账款减少额）。公式中，如果本期有实际核销的坏账损失，也应减去。(因核销坏账损失减少了应收账款，但没有收回现金)。如果有收回前期已核销的坏账金额，应加上（因收回已核销的坏账，并没有增加或减少应收账款，但却收回了现金）。

“收到的税费返还”项目。该项目反映企业收到返还的各种税费。本项目可以根据“库存现金”、“银行存款”、“应交税费”、“营业税金及附加”等账户的记录分析填列。

“收到的其他与经营活动有关的现金”项目。本项目反映企业除了上述各项目以外收到的其他与经营活动有关的现金流入，如罚款收入、流动资产损失中由个人赔偿的现金收入等。本项目可根据“营业外收入”、“营业外支出”、“库存现金”、“银行存款”、“其他应收款”等账户的记录分析填列。

“购买商品、接受劳务支付的现金”项目。本项目可根据“应付账款”、“应付票据”、“预付账款”、“库存现金”、“银行存款”、“主营业务成本”、“其他业务成本”、“存货”等账户的记录分析填列。本项目的现金流出可用以下公式计算求得：购买商品、接受劳务支付的现金＝营业成本＋本期存货增加额（－本期存货减少额）＋本期应付账款减少额（－本期应付账款增加额）＋本期应付票据减少额（－本期应付票据增加额）＋本期预付账款增加额（－本期预付账款减少额）。

“支付给职工以及为职工支付的现金”项目。该项目反映企业实际支付给职工、以及为职工支付的工资、奖金、各种津贴和补贴等（含为职工支付的养老、失业等各种保险和其他福利费用)。但不含为离退休人员支付的各种费用和固定资产购建人员的工资。本项目可根据“库存现金”、“银行存款”、“应付职工薪酬”、“生产成本”等账户的记录分析填列。

“支付的各项税费”项目。本项目反映的是企业按规定支付的各项税费和有关费用。但不包括已计入固定资产原价而实际支付的耕地占用税和本期退回的所得税。本项目应根据“应交税费”、“库存现金”、“银行存款”等账户的记录分析填列。

“支付的其他与经营活动有关的现金”项目。本项目反映企业除上述各项目外，支付的其他与经营活动有关的现金，包括罚款支出、差旅费、业务招待费、保险费支出、支付的离退休人员的各项费用等。本项目应根据“管理费用”、“销售费用”、“营业外支出”等账户的记录分析填列。

(2) 投资活动产生的现金流量。“收回投资所收到的现金”项目。本项目反映企业出售、转让和到期收回的除现金等价物以外的交易性金融资产、长期股权投资而收到的现金，以及收回持有至到期投资本金而收到的现金。不包括持有至到期投资收回的利息以及收回的非现金资产。本项目应根据“交易性金融资产”、“长期股权投资”、“库存现金”、“银行存款”等账户的记录分析填列。

“取得投资收益所收到的现金”项目。本项目反映企业因股权性投资而分得的现金股利和分回利润所收到的现金，以及债权性投资取得的现金利息收入。本项目应根据“投资收益”、“库存现金”、“银行存款”等账户的记录分析填列。

“处置固定资产、无形资产和其他长期资产所收回的现金净额”项目。该项目反映处置上述各项长期资产所取得的现金，减去为处置这些资产所支付的有关费用后的净额。本项目可根据“固定资产清理”、“库存现金”、“银行存款”等账户的记录分析填列。如该项目所收回的现金净额为负数，应在“支付的其他与投资活动有关的现金”项目填列。

“收到的其他与投资活动有关的现金”项目。本项目反映除上述各项目以外，收到的其他与投资活动有关的现金流入。应根据“库存现金”、“银行存款”和其他有关账户的记录分析填列。

“购建固定资产、无形资产和其他长期资产所支付的现金”项目。本项目反映企业购买、建造固定资产，取得无形资产和其他长期资产所支付的现金。其中企业为购建固定资产支付的现金，包括购买固定资产支付的价款现金及增值税款、固定资产购建支付的现金。但不包括购建固定资产的借款利息支出和融资租入固定资产的租赁费。本项目应根据“固定资产”、“无形资产”、“在建工程”、“库存现金”、“银行存款”等账户的记录分析填列。

“投资所支付的现金”项目。该项目反映企业在现金等价物以外进行交易性金融资产、长期股权投资、持有至到期投资所实际支付的现金，包括佣金手续费所支付的现金。但不包括企业购买股票和债券时，实际支付价款中包含的已宣告尚未领取的现金股利或已到付息期但尚未领取的债券利息。本项目应根据“交易性金融资产”、“长期股权投资”、“持有至到期投资”、“库存现金”、“银行存款”等账户记录分析填列。

“支付的其他与投资活动有关的现金”项目。本项目反映企业除了上述各项以外，支付的与投资活动有关的现金流出。包括企业购买股票和债券时，实际支付价款中包含的已宣告尚未领取的现金股利或已到付息期但尚未领取的债券利息等。本项目应根据“库存现金”、“银行存款”、“应收股利”、“应收利息”等账户的记录分析填列。

（3）筹资活动产生的现金流量。“吸收投资所支付的现金”项目。本项目反映企业收到投资者投入的现金，包括以发行股票、债券等方式筹集资金实际收到的款项净额（即发行收入减去支付的佣金等发行费用后的净额）。本项目可根据“实收资本”、“应付债券”、“库存现金”、“银行存款”等账户的记录分析填列。

“借款所得到的现金”项目。本项目反映企业举借各种短期借款、长期借款而收到的现金。本项目可根据“短期借款”、“长期借款”、“银行存款”等账户的记录分析填列。

“收到的其他与筹资活动有关的现金”项目。该项目反映企业除上述各项以外，收到的其他与筹资活动有关的现金流入。本项目应根据“库存现金”、“银行存款”和其他有关账户的记录分析填列。

“偿还债务所支付的现金”项目。本项目反映企业以现金偿还债务的本金，包括偿还金融机构的借款本金、偿还到期的债券本金等。本项目可根据“短期借款”、“长期借款”、“应付债券”、“库存现金”、“银行存款”等账户的记录分析填列。

“分配股利、利润或偿还利息所支付的现金”项目。本项目反映企业实际支付的现金股利、支付给投资人的利润或用现金支付的借款利息、债券利息等。本项目可根据“应付股利”、“财务费用”、“长期借款”、“应付债券”、“库存现金”、“银行存款”等账户的记录分析填列。

“支付的其他与筹资活动有关的现金”项目。本项目反映除了上述各项目以外，支付的与筹资活动有关的现金流出。例如发行股票债券所支付的审计、咨询等费用。该项目可根据“库存现金”、“银行存款”和其他有关账户的记录分析填列。

（4）汇率变动对现金的影响。本项目反映企业的外币现金流量发生日所采用的汇率与期末汇率的差额对现金的影响数额。

（5）现金及现金等价物的净增加额。“现金及现金等价物的净增加额”，是将本表中“经营活动产生的现金流量净额”、“投资活动产生的现金流量净额”、“筹资活动产生的现金流量净额”和“汇率变动对现金的影响”四个项目相加得出的。

（6）期末现金及现金等价物余额的填列。本项目是将计算出来的现金及现金等价物净增加额加上期初现金及现金等价物金额求得。它应该与企业期末的全部货币资金与现金等价物的合计余额相等。

表 8－4　　现金流量表　　会企 03 表

编制单位：盛霖汽车贸易有限责任公司　　2014 年　　单位：元

项　目	行次	金　额
一、经营活动产生的现金流量		
销售商品、提供劳务收到的现金	1	3 942 523 988. 25
收到的税费返还	3	
收到的其他与经营活动有关的现金	8	1 138 901. 51

续表

项　目	行次	金　额
现金流入小计	9	3 943 662 889.76
购买商品、接受劳务支付的现金	10	4 100 968 905.33
支付给职工以及为职工支付的现金	12	22 882 857.30
支付的各项税费	13	13 594 383.84
支付的其他与经营活动有关的现金	18	105 866 080.47
现金流出小计	20	4 243 312 226.94
经营活动产生的现金流量净额	21	-299 649 337.18
二、投资活动产生的现金流量：		
收回投资所收到的现金	22	379 800.00
取得投资收益所收到的现金	23	3 692.38
处置固定资产、无形资产和其他长期资产所收回的现金净额	25	
处置子公司及其他营业单位收到的现金净额	26	
收到的其他与投资活动有关的现金	28	
现金流入小计	29	383 492.38
购建固定资产、无形资产和其他长期资产所支付的现金	30	62 990 465.93
投资所支付的现金	31	18 000 000.00
取得子公司及其他营业单位支付的现金净额	32	
支付的其他与投资活动有关的现金	35	272 409 573.57
现金流出小计	36	353 400 039.50
投资活动产生的现金流量净额	37	-353 016 547.12
三、筹资活动产生的现金流量：		
吸收投资所收到的现金	38	139 575 435.36
借款所收到的现金	40	101 500 000
收到的其他与筹资活动有关的现金	43	
现金流入小计	44	241 075 435.36
偿还债务所支付的现金	45	10 000 000.00
分配股利、利润或偿付利息所支付的现金	46	97 338 028.24
支付的其他与筹资活动有关的现金	52	

续表

项　　目	行次	金　　额
现金流出小计	53	197 338 028.24
筹资活动产生的现金流量净额	54	43 737 407.12
四、汇率变动对现金的影响额	55	
五、现金及现金等价物净增加额	56	-608 928 477.18
期初现金及现金等价物余额	57	909 247 903.67
期末现金及现金等价物余额	58	300 319 426.49

补充资料	行次	金　　额
1. 将净利润调节为经营活动现金流量：		
净利润	59	-502 414 550.70
加：资产减值准备	60	-71 129.42
固定资产折旧	61	5 340 426.84
无形资产摊销	62	343 070.95
长期待摊费用摊销	63	
待摊费用减少（增加以“-”号填列）	64	-10 096 829.25
预提费用增加（增加以“-”号填列）	65	407 750.84
处置固定资产、无形资产和其他长期资产的损失（收益以“-”号填列）	66	
固定资产报废损失（收益以“-”号填列）	67	
公允价值变动损失（收益以“-”号填列）	68	
财务费用（收益以“-”号填列）	69	
投资损失（收益以“-”号填列）	70	-1 233 341.67
递延所得税资产减少（增加以“-”号填列）	71	
递延所得税负债增加（减少以“-”号填列）	72	
存货的减少（增加以“-”号填列）	73	943 147 499.12
经营性应收项目的减少（增加以“-”号填列）	74	-44 950 078.93
经营性应付项目的增加（减少以“-”号填列）	75	-689 816 395.70

续表

补充资料	行次	金　额
其他	76	-305 159.26
经营活动产生的现金流量净额	77	-299 649 337.18
2. 不涉及现金收支的投资与筹资活动：		
债务转为资本	78	
一年内到期的可转换公司债券	79	
融资租入固定资产	80	
3. 现金和现金等价物的净增加情况：		
现金的期末余额	81	300 319 426.49
减：现金的期初余额	82	909 247 903.67
加：现金等价物的期末余额	83	
减：现金等价物的期初余额	84	
现金及现金等价物净增加额	85	-608 928 477.18

4. 所有者权益变动表有什么用？怎样编制所有者权益变动表？

所有者权益变动表是反映企业所有者权益的各个组成部分在某一会计期间增减变动及其结果的财务报表。所有者权益变动表能够提供企业实收资本、资本公积、盈余公积及未分配利润的具体形成来源和分配去向，为投资者和相关利益人判断企业资本是否保值增值，资本形成是否合理提供了重要依据。

所有者权益变动表的格式如表 8-8 所示。其编制方法如下：

本表“上年金额”栏数字应根据上年末所有者权益变动表“本年金额”栏内所列数字填列。

本表“本年金额”栏各项目的具体内容及填列方法如下：

（1）“实收资本”项目中的上年年末余额、本年年初余额、本年增减变动金额及本年年末余额项目，应根据“实收资本”总账科目的期初、期末余额及本期发生额分析填列。其中，本年增减变动金额项目中的“所有者投入资本（所有者本期投入资本、股份支付计入所有者权益的金额）”、“所有者权益内部结转（资本公积转增资本、盈余公积转增资本）”项目，应根据有关明细科目分析填列。

（2）“资本公积”项目中的上年年末余额、本年年初余额、本年增减变动金额及本年年末余额项目，应根据“资本公积”总账科目的期初、期末余额及本期发生额分析填列。其中，本年增减变动金额项目中的“直接计入所有者权益的利得和损失”、“所有者权益内部结转（资本公积转增资本）”项目，应根据有关明细科目分析填列。

（3）“盈余公积”项目中的上年年末余额、本年年初余额、本年增减变动金额及本年年末余额项目，应根据“盈余公积”总账科目的期初、期末余额及本期发生额合计填列。其中，本年增减变动金额项目中的“所有者投入资本（股份支付计入所有者权益的金额）”、“本年利润分配（提取盈余公积）”、“所有者权益内部结转（盈余公积转增资本、盈余公积弥补亏损）”项目，应根据“法定盈余公积”和“任意盈余公积”明细科目分析填列。

（4）“未分配利润”项目中的上年年末余额、本年年初余额、本年增减变动金额及本年年末余额项目，应根据“利润分配”总账科目的期初、期末余额及本期发生额分析填列。其中，本年增减变动金额项目中的“本年净利润”、“本年利润分配（对所有者的分配、提取盈余公积）”项目。应根据“利润分配”总账科目所属“未分配利润”明细科目的期初、期末余额及本期发生额分析填列。

如本年存在会计政策变更及前期差错更正，应相应调整本年年初余额，并将其数字填入“会计政策变更”及“前期差错更正”项目。

例题 8－3： 盛霖汽车贸易有限责任公司 2014 年度有关总账科目和明细科目本年发生额及余额资料如表 8－7 所示。

表 8－7　盛霖汽车贸易有限责任公司总账科目、明细科目本期发生额及余额表

2014 年　　单位：元

总账科目	明细科目	年初余额	本年贷方发生额	性质	本年借方发生额	性质	年末余额
实收资本		300 000 000	10 000 000				310 000 000
资本公积		410 000 000	1 400 000		10 000 000		401 400 000
	资本溢价	400 000 000			10 000 000	增资	390 000 000
	其他资本公积	10 000 000	1 400 000	转入			11 400 000
盈余公积		330 000 000	30 000 000				360 000 000
	法定盈余公积	220 000 000	20 000 000	提取			240 000 000
	任意盈余公积	110 000 000	10 000 000	提取			120 000 000
利润分配		129 100 000	200 000 000		73 500 000		255 600 000
	未分配利润	129 100 000	200 000 000		73 500 000		255 600 000

根据表 8－7 中有关总账科目和明细科目本年发生额及余额资料的分析，编制所有者权益变动表如表 8－8 所示：

表 8-8　　　　　　　　　　　　所有者权益变动表　　　　　　　　　　　　会企 04 表

编制单位：盛霖汽车贸易有限责任公司　　　　2014 年　　　　　　　　　　　　单位：元

项　目	本　年　金　额				
	实收资本	资本公积	盈余公积	未分配利润	所有者权益合计
一、上年年末余额	300 000 000	410 000 000	330 000 000	129 100 000	1 169 100 000
加：会计政策变更					
前期差错更正					
二、本年年初余额	300 000 000	410 000 000	330 000 000	129 100 000	1 169 100 000
三、本年增减变动金额（减少以"－"号填列）	10 000 000	－8 600 000	30 000 000	126 500 000	157 900 000
（一）净利润				200 000 000	200 000 000
（二）直接计入所有者权益的利得和损失		1 400 000			1 400 000
1. 可供出售金融资产公允价值变动净额		1 400 000			1 400 000
2. 权益法下被投资单位其他所有者权益变动的影响					
3. 与计入所有者权益项目相关的所得税影响					
4. 其他					
上述（一）和（二）小计					
（三）所有者投入和减少资本					
1. 所有者投入资本					
2. 股份支付计入所有者权益的金额					
3. 其他					
（四）利润分配			30 000 000	－73 500 000	－43 500 000
1. 提取盈余公积			30 000 000	－30 000 000	
2. 对所有者（或股东）的分配				－43 500 000	－43 500 000
3. 其他					
（五）所有者权益内部结转	10 000 000	－10 000 000			
1. 资本公积转增资本（或股本）	10 000 000	－10 000 000			
2. 盈余公积转增资本（或股本）					
3. 盈余公积弥补亏损					
4. 其他					
四、本年年末余额	310 000 000	401 400 000	360 000 000	255 600 000	1 327 000 000

续表

项目	上年金额				
	实收资本	资本公积	盈余公积	未分配利润	所有者权益合计
一、上年年末余额	（略）	（略）	（略）	（略）	（略）
加：会计政策变更					
前期差错更正					
二、本年年初余额					
三、本年增减变动金额（减少以“-”号填列）					
（一）净利润					
（二）直接计入所有者权益的利得和损失					
1. 可供出售金融资产公允价值变动净额					
2. 权益法下被投资单位其他所有者权益变动的影响					
3. 与计入所有者权益项目相关的所得税影响					
4. 其他					
上述（一）和（二）小计					
（三）所有者投入和减少资本					
1. 所有者投入资本					
2. 股份支付计入所有者权益的金额					
3. 其他					
（四）利润分配					
1. 提取盈余公积					
2. 对所有者（或股东）的分配					
3. 其他					
（五）所有者权益内部结转					
1. 资本公积转增资本（或股本）					
2. 盈余公积转增资本（或股本）					
3. 盈余公积弥补亏损					
4. 其他					
四、本年年末余额					

5. 怎样进行财务指标的比较性分析?

进行财务指标的比较性分析，是指将两个或两个以上的相同财务指标进行比较来确定指标差异的一种分析方法。运用比较法可根据需要灵活确定比较标准，常用的比较标准主要有：

（1）绝对标准。绝对标准是指被企业普遍接受和公认的标准，比如2∶1左右的流动比率与1∶1左右的速动比率水平。

（2）行业标准。行业标准是以企业所在行业的特定指标数值作为财务分析的对比标准。在实际工作中这种标准可分解为：行业公认的标准指标、同行业的先进指标、同行业的平均水平指标等。通过行业标准指标的比较，有利于揭示企业与同行业的差距。

（3）目标标准（或计划标准）。一般企业对一些主要的经济指标，往往都有一定的计划标准，这种计划标准也就是企业在一定时期要求实现的目标。与计划标准比较，可以检查企业计划的执行情况，揭示企业实际与所定目标之间的差距。

（4）历史标准。即以企业历史上的某一特定水平作为比较标准，其具体运用形式主要有：期末与期初对比，即本期期末的某一指标的实际值与本期期初同一指标的实际值进行比较；与历史最好水平比较；与历史上某一特定时期的指标对比等等。通过与历史标准比较，可以揭示企业财务状况与经营成果的变化趋势及存在的差距。

财务指标的比较，既可以是绝对数形式财务指标的比较，也可以是相对数形式财务指标的比较，但必须注意比较指标之间的可比性。所谓可比性，也即要求指标计算口径一致，时间范围一致，计算方法一致。否则将无法进行比较。

例题8-4：某汽车贸易有限责任公司营业利润分析数据资料如表8-9所示。

表8-9　某汽车贸易有限责任公司营业利润分析基础数据表

2014年　　单位：万元

项　目	实　际	计　划	差　异
主营业务收入	50 000	45 000	+5 000
主营业务成本	42 000	38 000	+4 000
销售毛利额	8 000	7 000	+1 000
销售毛利率	16%	15.56%	+0.44%
营业税费	60	50	+10
销售费用	800	600	+200
管理费用	600	300	+300
财务费用	400	300	+100
营业利润	6 140	5 750	+390
营业利润率	12.28%	12.78%	-0.5%

通过表8-9分析数据显示可知，实际与计划指标相比较，企业的营业利润实际比计划增加了390万元，这是企业的工作业绩，表明企业超额完成了营业利润计划，但同时显示了营业利润率实际比计划下降0.5%，即企业实际营业利润率水平较计划略有下降？具体原因还需要通过业务数据分析和影响因素研究进行深入分析，并寻找找到问题所在，制定出相应的改进办法。比较法既可以找出差距，又可以为进一步分析寻找突破口，所以比较法是财务分析的基本方法。

企业在分析过程中，通常使用以下财务指标对企业偿债能力、资产运营状况和企业的盈利能力进行指标的对比分析，并对企业的财务状况和经营状况做出基本的判断。

(1) 偿债能力分析。偿债能力是反映企业财务状况与经营能力的重要标志。如果偿债能力低下，不仅说明企业资金紧张，周转不灵，难以偿还到期债务，日常管理存在问题，严重的还可能面临破产的危险。因此，投资者与债权人都十分重视企业的偿债能力。分析企业的偿债能力，可分别从短期偿债能力与长期偿债能力两方面入手。

反映短期偿债能力的指标主要是流动比率和速动比率。

流动比率是企业全部流动资产对全部流动负债的比率关系。由于流动资产减去流动负债就是可供企业日常经营的营运资本。因此，流动比率又称为营运资本比率。它不仅表示短期债权人债权的安全程度，而且还反映企业营运资本的实力。计算公式如下：

$$流动比率 = \frac{流动资产}{流动负债}$$

流动比率表示每1元流动负债有多少流动资产作为偿付担保。这一比率越高，债权人的债权安全度也越高。从债权人的角度出发，较高的流动比率可以保障债权的安全，但从企业角度出发，过高的流动比率表明企业资产利用率低下，管理松懈，经营观念保守，资金浪费，未能充分利用现有的借款能力扩大经营规模，丧失盈利机会。

普遍认同2:1左右的流动比率对于大部分企业来说是比较合适的。这是因为，即使企业的流动资产萎缩了50%，也不会导致流动负债遭受损失。但是，不同行业、不同企业、不同时期对流动比率的要求都可能是不同的。因此，企业应结合具体情况制定一个适合于本企业的流动比率，予以掌握。

流动比率对于衡量企业的短期偿债能力是很有用的，但较高的流动比率并不一定就有较强的偿债能力。因为，偿债需要现款，如果企业的流动资产中有大量不能及时变现的存货，则仍然不能偿还到期的债务。故人们又开始考虑剔除存货以后的偿债能力，即速动比率。

速动比率也称为"酸性试验比率"。它是企业的速动资产与流动负债的比率。其计算公式为：

$$速动比率 = \frac{速动资产}{流动负债}$$

公式中的速动资产是指那些不需要变现或变现过程很短，可以很快用来偿还债务的流动资产，包括货币资产、短期投资、应收票据、应收账款净额、其他应收款等，这些均可作为速动资产。而存货、预付账款则不是速动资产。由于一般企业的预付款项与待摊费用数额都不大，为了计算方便，通常把流动资产扣除存货后的剩余部分视为速动资产。

速动比率是评价企业很快可以变现的速动资产来偿还流动负债能力的指标，它比流动比率更直接，也更确切。通常认同1∶1左右的速动比率是比较合适的，它表明企业每1元的流动负债就有1元的速动资产作为偿债保证，说明企业有足够的能力来偿还短期债务。但在实务中，速动比率也与流动比率一样，各行业、各企业都有一定的差异，企业应视具体情况确定合适的比率。

长期负债通常在企业债务中占有相当大的比重，构成了企业的主要债务。反映这些债务偿还能力的指标有很多。主要有资产负债率、资本金负债率和已获利息倍数。

资产负债率是企业负债总额与资产总额的比率。主要反映企业的负债占总资产的比重。计算公式如下：

$$资产负债率=\frac{负债总额}{资产总额}\times 100\%$$

资产负债率的高低对企业的债权人与企业的投资者有不同的影响。从债权人的角度看，应该是越低越好，因为负债比例越低，债权人的收账风险就小，企业的偿债能力也就越强。而在投资人的角度来看，这个比率在可承受风险的范围内应尽可能高。所谓可承受风险范围，是指企业的投资报酬率大于负债成本率。这样，负债的比率越高，自有资金的收益率就越高，企业的收益就越大。但无论如何，企业的资产总额必须大于负债总额，资产负债率应该低于100%。如果大于100%，则说明企业资不抵债，财务陷于困境。

资本金负债率是企业负债总额与资本金总额的比率。其计算公式如下：

$$资本金负债率=\frac{负债总额}{资本金}\times 100\%$$

公式中的负债总额包括流动负债和长期负债，资本金通常指企业的实收资本。

资本金负债率既是评价企业用资本金偿还全部债务能力的指标，又是衡量企业负债经营是否安全有利的指标。在我国，企业一般都实行有限责任制，其资本金可以全部用来偿还企业的债务。因此，资本金负债率在100%以下时，应该是有偿债能力的。但什么样的资本金负债率对企业负债经营比较安全有利，应结合企业的具体情况加以分析判定。当企业的资产收益率大于负债成本率时，负债经营有利于提高资本金的收益率，此时，资本金负债率高一些对企业有利，但一般不得超过200%；当资产收益率低于负债成本率时，资本金负债率越低，对企业越有利。因为这样可以减少负债成本率高于收益率而给企业所有者带来的额外负担。

已获利息倍数表明企业在交纳所得税及支付利息之前的利润对利息支出的关系。计算这一指标有两个目的：一是可以将每年的营运利润视为偿债基金的基本来源。二是一旦这一比率发生重大变动，便可提醒人们，企业或许发生了资金困难。所以，债权人了解企业的经营状况以后，可以根据这一指标在未来收益较低或上下剧烈波动的情况下，要求企业调整利息支付的次数，或对债权资产进行有效的处置，以确保债权人的利益。

$$已获利息倍数=\frac{所得税前利润+利息总额}{利息总额}$$

一般而言，这个比率越高，表明企业的获利能力与偿债能力都越强。

（2）资产管理状况分析。由于企业资产管理状况的好坏，直接关系到企业的经营活动能否顺利开展、收益目标能否实现、到期债务能否如期偿还。因此，企业的管理者、债权人以及投资者都对企业的资产管理状况十分关注。

存货周转率。存货是流动资产的主要组成部分，通常占全部流动资产的较大比重。存货又是流动资产中变现速度最慢的资产。存货资产周转速度的快慢，不仅直接影响到流动资产的周转速度，而且对企业最终经济效益的实现也具有不可低估的影响。需要说明的是，周转率也叫周转速度，包括周转次数与周转天数两个具体指标。周转次数，反映一定时期内资产循环的次数。周转天数是指每完成一次周转所需要的时间。周转次数越多，周转天数就越少，这样，周转速度就越快。存货周转率，是用一定时期企业的销货成本与存货平均余额之比来计算的。其计算公式如下：

$$存货周转次数=\frac{销货成本}{存货平均余额}$$

$$存货周转天数=\frac{计算期天数}{存货周转次数}$$

在正常情况下，存货周转次数越多，周转天数越少，表明企业货畅其流，存货管理质量较高。如果存货周转速度较慢，则表明企业可能存在存货积压，存货管理存在问题。存货周转的快慢与企业的经营环节有着密切的联系，它综合地反映了企业经营各个环节的管理工作质量。

应收账款周转率是指企业赊销收入净额与应收账款平均余额之比。计算公式如下：

$$应收账款周转次数=\frac{赊销收入净额}{应收账款平均余额}$$

$$应收账款周转天数=\frac{计算期天数}{应收账款周转次数}$$

应收账款周转率指标，反映了应收账款的回收速度，周转速度快，表明企业应收账款管理质量高，对企业越有利。但到底怎样的周转率水平才属于周转速度快呢？这并无可以机械参照的固定数据，在进行资产考评时，通常可与本企业的目标计划、上期实际、同行业先进水平等进行比较评价。

（3）资产管理状况分析评价。

例题8－6：某汽车贸易有限责任公司年度资产负债表及利润表的有关数据资料摘录如表8－10所示。整理后的分析表如表8－11所示。

表8－10　某商贸公司年度资产负债表及利润表资料摘录

2014年　单位：万元

项　目	年初或上年金额	年末或本年金额
流动资产合计	6 200	6 120
其中：货币资产	1 000	1 100
应收账款	760	776
存货	2 850	2 720

续表

项　　目	年初或上年金额	年末或本年金额
非流动资产合计	1 230	1 815
其中：固定资产	950	1 553
长期股权投资	280	262
资产合计	7 430	7 935
主营业务收入	13 280	15 000
其中：赊销收入	6 000	9 000
主营业务成本	11 200	13 200

表8－11　　某商贸公司年度资产运营状况财务指标分析表

2014年

项　　目	上 年 度	本 年 度
存货周转次数（次）	5	4.74
存货周转天数（天）	72	76
应收账款周转次数（次）	4	5.86
应收账款周转天数（天）	90	61

该企业的流动资产周转次数为2.44次，比计划要求加快了0.44次，每周转一次节约32.5天；应收账款一年周转5.86次，比计划加速周转1.86次，完成一次周转平均缩短29天，表明企业在组织流动资金周转、加速应收账款的管理等方面取得了可喜的成绩。但存货周转次数4.74次，低于计划要求，表明企业在存货资产的管理方面可能存在问题，应作进一步的深入分析。

（4）盈利能力的分析。获取利润是企业经营的最终目标，也是企业能否生存与发展的前提。它不仅关系到投资者的利益，也关系到债权人以及企业经营管理者的切身利益。因此，获利能力是企业投资者、债权人、经营管理者共同关心的又一个重要指标。盈利能分析指标主要有总资产报酬率、净资产报酬率、销售利润率和成本费用利润率。

总资产报酬率指标是反映企业资产的营运效果，企业运用资产获取利润能力的重要指标。其计算公式如下：

$$总资产报酬率=\frac{利润总额}{全部资产平均余额}\times 100\%$$

该指标越高，表明企业平均每百元资产所实现的利润多，资产质量高，收益能力强。

净资产（或权益资金）利润率指标反映企业的净资产与利润之间的比率关系。其计算公式如下：

$$净资产利润率=\frac{利润总额}{净资产平均余额}$$

这是一项衡量企业资本获利能力的指标。该指标越高，所有者的投资收益和国家的所得税就增加。对股份有限公司来说，提高净资产利润率，还意味着股票的升值。

资产报酬率和净资产利润率指标没有绝对的评价标准，行业不同、时期不同，其指标要求都有所差异，因此，企业可结合行业特点、目标计划、同行业的先进水平以及历史的最好水平等进行比较评价。

销售利润率指标是从销售的角度来分析企业的获利能力的重要指标，是企业利润总额与销售收入额之间的比率关系。其计算公式如下：

$$销售利润率=\frac{利润总额}{销售收入额}\times 100\%$$

这一指标反映每百元销售收入可实现的利润额，该指标越高，表明企业经营成果越好。

成本费用利润率指标是以企业的利润总额与成本费用总额对比来反映所得与所耗的比率关系。其计算公式如下：

$$成本费用利润率=\frac{利润总额}{成本费用总额}\times 100\%$$

公式中，成本费用是指销售成本、销售税金、期间费用之和。可以直接用销售收入减去营业利润求得。由于成本费用是企业为了取得利润而付出的代价，因此，这一比率越高，说明企业为获取利润而付出的代价越小，获利能力越强。它不但可以用来评价企业获利能力高低，还可用来衡量企业对成本费用的控制和管理水平。

6. 怎样进行财务报表的结构性分析？

通过财务报表的结构性分析，可以了解企业流动资产、流动负债与所有者权益的结构变化情况，掌握企业货币资金拥有与投资、应收账款的回收、产品的维修与销售、无息与有息资金的利用、资本金的增加以及其他自有资金来源的充实情况。财务报表结构性分析能在更深的层次上揭示企业在经营与资金管理方面所存在的问题。

根据恒源汽车贸易有限责任公司和光明电器股份有限公司资产负债表资料编制流动资产结构分析表如表 8－12 所示。

表 8－12　流动资产结构分析表　单位：万元

流动资产项目	日 期	恒源汽车贸易有限责任公司		蓝泽汽车贸易有限责任公司	
		金 额	比例（%）	金 额	比例（%）
货币资金	上年末	5 697	14.11	18 192	57.48
	本年末	15 421	18.95	6 113	14.26

续表

流动资产项目	日 期	恒源汽车贸易有限责任公司		蓝泽汽车贸易有限责任公司	
		金 额	比例（%）	金 额	比例（%）
交易性金融资产	上年末				
	本年末	383	0.47	17 154	40.01
应收账款	上年末	7 657	18.96	2 276	7.19
	本年末	11 154	13.71	7 119	16.61
其他应收款	上年末	2 349	5.82	1 498	4.73
	本年末	1 022	1.26	2 739	6.39
预付账款	上年末			5 174	16.34
	本年末			3 661	8.54
存货	上年末	24 468	60.59	4 443	14.04
	本年末	52 416	64.41	6 056	14.13
其他流动资产	上年末	212	0.52	73	0.22
	本年末	974	1.2	30	0.06
合　计	上年末	40 383	100	31 656	100
	本年末	81 370	100	42 872	100

恒源汽车贸易有限责任公司上年末流动资产结构为：货币资金占14.11%、应收账款占18.96%、其他应收款占5.82%、存货占60.59%、其他流动资产占0.52%；本年末货币资金比例上升至18.95%、交易性金融资产由上年末的0上升至本年末的0.47%，应收账款的比例下降至13.71%的比例水平，其他应收款下降至1.26%，存货上升至64.41%，其他流动资产上升至1.2%。这些变化表明：由于货币资金增加近2倍，企业应付市场变化的能力在加强，同时也显露出该公司闲置资金增多；应收账款比例下降，企业货款回收和管理状况良好；存货资产比例上升，金额增长1.16倍，企业产品销售或经营管理不理想。该企业存货在流动资产中始终占有较大比例，表明企业对市场的依赖性很强，产品市场的供求状况对企业资金结构和获利能力有较大影响。该企业货币资金增长速末较快，应收账款比例下降，存货增长与流动资产增长基本一致，企业应变能力加强，流动资产结构有明显改善。

蓝泽汽车贸易有限责任公司上年末流动资产结构为：货币资金占57.47%、预付账款占16.34%、应收账款占7.19%、其他应收款占4.73%、存货占14.04%、其他流动资产占0.22%；本年度货币资金下降为14.26%、短期投资由上年末0上升至本年末40.01%、预付账款比例下降至8.54%、应收账款上升至16.61%、其他应收款上升至6.39%、存货比例为14.13%与上年基本持平、其他流动资产比例下降到0.06%。这些变化表明：货币资金比例下降，短期投资增长明显，已占到流动资产的40.01%，在继续保持较强的支付能力与变现能力的同时，闲置资金变成生息资金，闲置资金得到了充分的利用，同时不会因货款回收不利而出现资金短缺问题；应收账款比例上升，货款回收不理想，企业受客户制约较严重；存货资产与流动资产总额变化基本趋于一致，企业产品销售与经营管理工作比较平稳。

两家企业流动资产结构对比可以看出：恒源汽车贸易有限责任公司存货占流动资产的比例为60%左右，而蓝泽汽车贸易有限责任公司只占14%左右，反映了两家公司经营方面的不同特点。恒源汽车贸易有限责任公司应收账款比例下降，而蓝泽汽车贸易有限责任公司应收账款比例上升。前者加强了货款回收，提高了现金比例，但却放松了存货管理；后者重视了现金与存货管理，但却放松了货款的回收工作。恒源汽车贸易有限责任公司存货增长较快，超过了流动资产的增长速度，应加强存货管理与销售工作；蓝泽汽车贸易有限责任公司经营销售都比较稳定，但应收账款增长较多，应加强货款回收工作。

根据恒源汽车贸易有限责任公司和蓝泽汽车贸易有限责任公司资产负债表资料编制流动负债结构分析表如表8－13所示。

表8－13　　流动负债结构分析表　　单位：万元

流动负债项目	日 期	恒源汽车贸易有限责任公司		蓝泽汽车贸易有限责任公司	
		金 额	比例（%）	金 额	比例（%）
短期借款	上年末			300	1.97
	本年末	10 962	20.07		
应付账款	上年末	4 424	18.46	2 290	15.07
	本年末	17 540	32.12	1 886	14.52
预收账款	上年末			497	3.27
	本年末	97	0.18	1 247	9.62
应付职工薪酬	上年末	1 525	6.36	1 253	8.25
	本年末	2 213	4.04	1 364	10.5
应付股利	上年末	6 150	25.66		
	本年末	40	0.07		
应付利息	上年末	4 010	16.74	502	3.3
	本年末	11 569	21.18		
应交税费	上年末	6 708	27.99	1 280	8.43
	本年末	9 733	17.84	1 132	8.71
其他应付款	上年末	1 149	4.79	9 229	60.75
	本年末	2 454	4.5	7 357	56.65
其他流动负债	上年末			－160	－1.04
	本年末				

续表

流动负债项目	日 期	恒源汽车贸易有限责任公司		蓝泽汽车贸易有限责任公司	
		金 额	比例（%）	金 额	比例（%）
合计	上年末	23 966	100	15 191	100
	本年末	54 608	100	12 986	100

恒源汽车贸易有限责任公司流动负债结构变化为：应付账款和应付利息本年末所占比例分别为32.12%与21.18%，较上年末18.46%与上年末16.74%明显有所提高；短期借款和预收账款由上年末的均为0上升至本年末20.07%与0.18%的比例；应付股利、应交税费所占比例分别由上年末25.66%、27.99%降至本年末0.07%和17.84%；其他应付款、应付职工薪酬本年末与上年末所占比例基本持平。可以看出：应付账款和应付利息资金来源比例明显增加，应付股利、应交税费所占比例分别下降，资金来源结构有所改善；短期借款比例由上年末0增至本年末20.07%，金额达10 962万元，公司的经营资金相当一部分来源于短期融资活动，财务费用开支加大；流动负债规模增长近1.28倍，应付账款和短期借款增长较多，企业资金紧张，还款压力大；由于外部资金得到充分利用，营业利润较上年末增长218.03%，利润总额较上年度增长137%，增长势头非常强劲。

蓝泽汽车贸易有限责任公司流动负债结构为：其他应付款所占比例由上年末60.75%降至本年末56.65%；短期借款与应付利息由上年末1.97%和3.30%降至本年末的0；预收账款比例由上年末3.27%升至本年末9.62%；应付职工薪酬由上年末8.25%上升至本年末10.5%；应付账款、应交税费本年末与上年末基本持平。可以看出：该企业流动负债主要来源于其他应付款，其他流动负债项目基本呈下降趋势，同时流动负债总量较上年末下降，企业当年经营业务开展得并不理想，利用外部资金的能力在下降；该企业在借入资金来源减少的情况下，实现利润由上年末6 287万元增加到本年末11 143万元，且销售利润率高于营业利润率，走了一条增加其他业务利润来源的“聪明发展”道路。

根据恒源汽车贸易有限责任公司和蓝泽汽车贸易有限责任公司资产负债表资料编制所有者权益结构分析表如表8－14所示。

表8－14　所有者权益结构分析表　　单位：万元

所有者权益项目	日 期	恒源汽车贸易有限责任公司		蓝泽汽车贸易有限责任公司	
		金 额	比例（%）	金 额	比例（%）
实收资本	上年末	13 887	44.78	5 787	24.51
	本年末	20 555	35.62	7 717	14.39
资本公积	上年末	12 216	39.39	17 361	73.52
	本年末	12 216	21.17	35 956	67.07
盈余公积	上年末	4 912	15.83		
	本年末	14 568	25.24		

续表

所有者权益项目	日期	恒源汽车贸易有限责任公司		蓝泽汽车贸易有限责任公司	
		金额	比例（%）	金额	比例（%）
未分配利润	上年末			465	1.97
	本年末	10 371	17.97	9 937	18.54
合计	上年末	31 015	100	23 613	100
	本年末	57 710	100	53 610	100

恒源汽车贸易有限责任公司所有者权益结构变化是：实收资本比例由上年末44.78%降至本年末35.62%，但金额却增加了6 668万元（20 555－13 887）；资本公积比例由上年末的39.39%降至本年末21.17%，但金额仍维持在12 216万元规模；盈余公积比例由上年末15.83%上升到本年末25.24%，金额增长9 656万元（14 568－4 912）；未分配利润本年末为10 371万元，所占比例为17.97%。可以说：该企业继续靠股东增资增强资本实力，实收资本占有很大比例；该企业本年末资本公积没有变化，无以资本公积金转增资本金的愿望；盈余公积有较大增长，以留利增强经营实力明显，企业筹资与应付风险的能力在加强。

蓝泽汽车贸易有限责任公司所有者权益结构是：实收资本比例由上年末24.51%降至本年末14.39%，但金额增加了1 930万元（7 717－5 787）；资本公积比例由上年末73.52%下降到本年末67.07%，但金额增长了18 595万元（35 956－17 361）；盈余公积上年末与本年末均未提取；未分配利润比例由上年末的1.97%上升到本年末的18.54%，金额增加9 472万元（9 937－465）。可以看出：资本公积是该企业所有者权益资金中主要构成内容，并且该企业资本储备相当高；该企业虽未提取盈余公积，但未分配利润仍有较大增长，企业有充分的资金来源作为经营的资本保证；实收资本增长，本年度有增资的行动。

7. 怎样进行财务指标的杜邦分析？

杜邦分析法是利用企业主要的财务比率之间的关系来综合分析企业财务状况的方法。通常采用杜邦图的形式将有关分析指标按内在联系予以排列。杜邦分析体系的特征主要体现在以下三个方面：

（1）强调企业经营活动与财务活动的整体性。杜邦分析体系利用了反映经营管理与财务状况的各种基础指标之间的有机联系，对企业的财务状况和经营成果进行综合分析：一方面从全局的高度综合评价企业经营管理与财务状况；另一方面利用指标间的内在联系对单项指标进行研究，从而使分析的结论更具科学性。如在评价企业权益净利率时注意结合资产总额内部负债比例结构、资产收益和周转状况以及销售利润率等因素来进行，并注意分析资产负债率的变动对企业整体（权益报酬率）的影响。

（2）突出对企业经营管理与财务活动协调性的分析与观察。系统内部构成要素之间既存在着有机的联系，同时还存在着协调优化的问题。评价企业经营业绩与财务状况也必须注意协调性的研究。杜邦分析体系在综合分析企业财务状况和经营成果时，突出了基础指标间的两种协调：一是分析基础财务指标之间的静态协调状况。如通过权益报酬率看资产负债率与资产净利率的协调，再通过资产报酬率观察销售利润率与资产周转率的协调；二是在静态分析基础上，结合比较分析法动态研究基础指标间优化问题。如将资产负债率和资产报酬率作前后期对比，可以发现二者协调状况的变动趋势；通过权益报酬率前后期差异对比又可以知晓这种变动的效果。

（3）具有鲜明的层次性。杜邦分析体系作为一个以基础财务指标为因素组合而成的财务分析体系，具有鲜明的层次性。杜邦分析体系是从整体到局部的分析演绎过程，通过对指标的层层剖析来揭示企业经营与财务变化的原因。同时，通过寻找指标体系中的异常点，发现经营管理活动中存在问题的地方，并借以确定专项分析的重点。因而，用杜邦分析统领专项分析显得十分必要。自上而下的演绎分析能使专题分析与综合分析更好地衔接起来。如债权人可在自上而下分析把握企业状况的基础上，重点对反映企业偿债能力的部分进行逐层原因查找，同时结合具体分析来对企业的偿债能力做出整体性评价。通过杜邦体系结合专项分析，可使财务分析深入到企业经营管理的细节，并产生深度。

杜邦分析法的主要分析思路是：

（1）权益报酬率反映了投资者净资产的获利能力。净资产的不断增值是企业财务管理的最终目标，它体现了企业经营活动的最终成果。这一比率的高低，既取决于企业总资产的报酬率，而且还取决于企业所有权与债权的结构比重或者说是资产负债的结构比例。它是企业资产使用效率与企业融资状况的综合体现，是投资者、债权人以及企业管理层都十分关注的重要质量指标。

（2）总资产报酬率是企业销售利润率与总资产周转次数的综合体现。销售利润率反映了销售收入与利润之间的关系，要提高销售利润率，应努力扩大销售、降低成本费用。资产周转次数则是销售收入与资金占用之间的关系，要加速周转，必须在扩大销售收入的前提下，积极压缩资金占用。总资产报酬率集中反映了企业的销售业绩与资产管理状况，同样是综合性很强的财务指标。

（3）销售利润的高低取决于销售收入的增长与成本费用支出总额的控制结果。

（4）影响资产周转次数的另一个重要因素是资产总额。资产总额由流动资产与长期资产组成，两者的结构状况直接影响到资产的周转速度。一般而言，流动资产着眼于近期利益，直接反映企业的资产流动性与偿债能力，长期资产着重反映企业的长远利益，体现了企业的经营规模与发展潜力。因此，二者之间必须配备一个合理的比率。

杜邦图（图8－1所示）主要体现的财务指标数学关系如下：

$$\text{权益报酬率}=\frac{\text{净利润}}{\text{所有者权益}}=\frac{\text{净利润}}{\text{资产总额}}\times\frac{\text{资产总额}}{\text{所有者权益}}=\text{总资产报酬率}\times\text{权益乘数}$$

$$\text{总资产报酬率}=\frac{\text{净利润}}{\text{销售收入}}\times\frac{\text{销售收入}}{\text{资产总额}}=\text{销售利润率}\times\text{总资产周转率（次数）}$$

其中，净利润＝销售收入－（销售成本＋期间费用＋营业税费＋所得税费用）

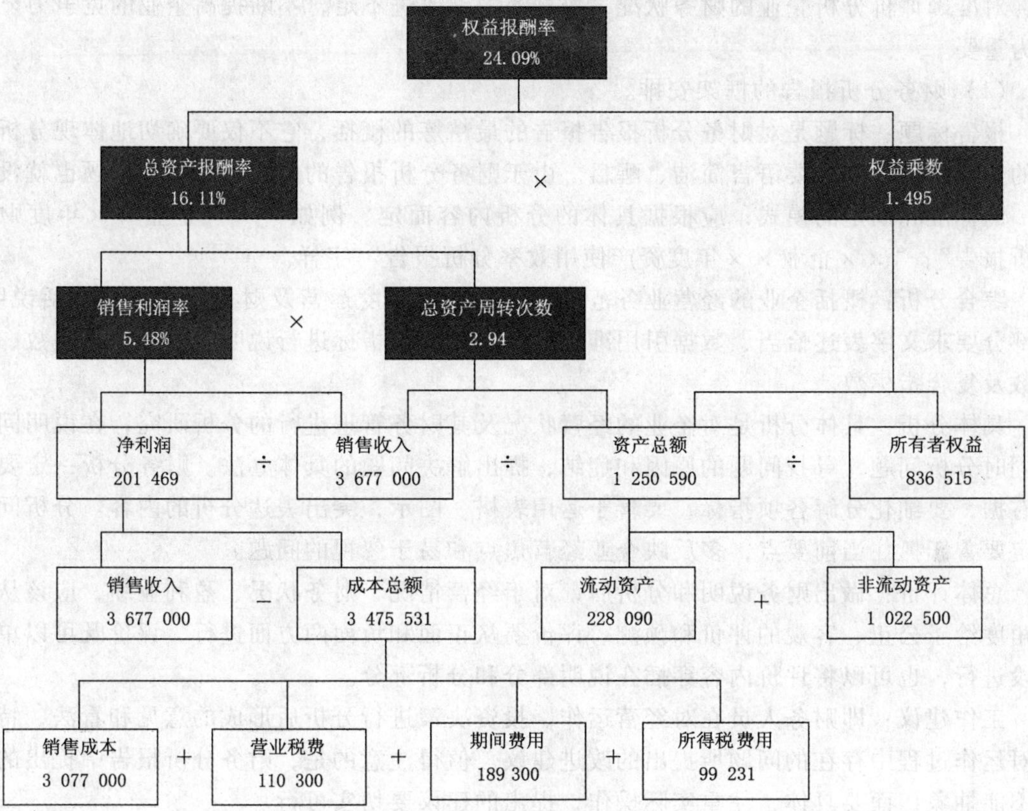

图 8－1　杜邦分析图

资产总额＝流动资产＋非流动资产

$$权益乘数=\frac{1}{1-资产负债率}=\frac{资产总额}{所有者权益总额}$$

杜邦分析体系的局限性在于：杜邦分析体系主要是从企业销售业绩与资产管理两个基本点去进行评价，而对企业成本费用项目开支数额与资产组成内容结构比例的变化对销售利润率与资产周转次数的影响并不能在更深的层次上进行揭示与分析，特别是问题形成的具体原因。同时，杜邦分析体系本身缺乏对企业财务风险的有效分析，使得这种方法必须在使用时与其他风险分析工具结合起来。

8. 怎样撰写年度财务分析报告?

财务分析是财会人员的一项常规工作，是财会人员利用会计信息为企业管理服务的主要方法。财务分析报告是以企业财务报表及其他相关资料为依据，对企业的财务状况和经营成果进行分析评价，反映企业在运营过程中的经验与问题，从而为改善企业财务管理和经营管理提供重要信息的报告文件。财务分析报告既是对已完成的财务活动的总结，又是财务预测的前提，在财务管理的循环中起着承上启下的作用。加强企业的财务分析报告工作，对准确评价分析企业的财务状况，挖掘潜力，改进不足，不断提高企业的竞争力显得尤为重要。

（1）财务分析报告的框架安排。

报告标题：标题是对财务分析报告报告的最精炼的概括，它不仅要确切地体现分析报告的主题思想，而且要语言简洁、醒目。由于财务分析报告的内容不同，其标题也就没有统一的标准和固定的模式，应根据具体的分析内容而定。例如“××企业××年度财务分析报告”，“××企业××年度资产使用效率分析报告”字样。

综合分析：概括企业的经营业务范围，并对企业年度运营及财务现状进行总括说明。该部分要求文字表述恰当、数据引用准确简要。对经济指标进行说明时可运用绝对数、比较数及复合指标数。

具体分析：具体分析是对企业的经营状况及其财务管理进行的分析研究，在说明问题的同时分析问题，寻找问题的原因和症结，提出解决问题的具体办法。财务分析一定要有理有据，要细化分解各项指标，要善于运用表格、图示，突出表达分析的内容。分析问题一定要善于抓住当前要点，多反映企业经营焦点和易于忽视的问题。

总体评价：做出财务说明和分析后，对于经营情况、财务状况、盈利业绩，应该从财务角度给予公正、客观的评价和预测。评价要从正面和负面两方面进行，评价既可以单独分段进行，也可以将评价内容穿插在说明部分和分析部分。

工作建议：即财务人员在对经营运作、投资决策进行分析后形成的意见和看法，特别是对运作过程中存在的问题所提出的改进建议。值得注意的是，财务分析报告中提出的建议不能抽象，而要具体，注重实际操作，提出的建议要切实可行。

（2）财务分析报告的指标分析。

经营指标分析：主要说明本期企业维修经营业务的主要经济指标完成情况，如维修量和销售量实际完成额及与标准指标数值及上年同期值相比计算增减值，并从以下几方面分析维修经营中取得的业绩和存在的问题及原因：一是经营环境变化的影响，主要分析企业维修经营内、外部条件变化的影响；二是营业范围调整及影响；三是需披露的其他业务情况和事项的影响等。从中找出主要影响因素，并说明企业取得成绩的主要原因是什么，说明企业经营中出现问题与困难的原因是什么，使企业明确今后的发展方向。

盈亏指标分析：对利润表所反映的本期实际利润数与计划数及上年同期实际数进行对比，分析利润实现情况及增减值。本期实现利润（亏损）总额是多少，比计划及上年同期数增减额及增减率；分析本期实际利润总额构成情况，其中：营业利润、营业外收支数额与计划数及上年同期数的增减额及增减率是多少。对权益报酬率、总资产报酬率、营业利润率、成本费用利润率等盈利能力指标的分析，并用标准值与上年同期值相比增减水平变化。同时，根据分析与计算结果，分析评价企业盈利能力的强弱，并从主营业务收入同比增减额的影响、成本费用同比增减额影响、投资收益、营业收支净额等因素分析其对本期利润的影响程度，查找导致盈利能力增强（减弱）的原因。

资金指标分析：通过资金结构比例分析，分析本期资产负债表和利润表中各项目的构成比例，以行业比例和上年同期项目比例相比较，将增长分析与结构分析结合起来，判断各项目构成比例的合理性、科学性。对企业资产的营运能力进行分析，评价企业资产管理效率情况。其评价的指标主要包括：总资产周转率、存货周转率、应收账款周转率。如通过对应收账款周转率的分析，可以得出企业应收账款变现速度的快慢及管理效率的高低。如果周转率高则表明：收账速度快，账龄较短，资产流动性强，短期偿债能力强，可以减少收账费用及坏账损失。同时借助应收账款周转期与企业信用期限的比较，还可以评价企业客户的信用程度，调整原订的信用条件，制定出相应的收账政策。对固定资产周转情况的分析，可以知道固定资产的利用率是否合理，固定资产结构是否恰当。而分析企业的偿债能力的主要指标有：速动比率、流动比率、资产负债率、产权比率。应将本期各项指标计算结果与标准值及上年同期值比较，找出变动较大或不正常的指标作为重点分析对象，揭示运行中存在的问题及原因。

(3) 撰写财务分析报告需注意的问题。

要重点突出，忌泛泛而谈：财务分析报告重在揭露问题，查找原因，提出建议。所以分析内容应当突出当期财务情况的重点，抓住问题的本质，找出影响当期指标变动的主要因素，重点剖析变化较大指标的主、客观原因。这样才能客观、正确地评价、分析企业的当期财务情况，预测企业发展走势，从而有针对性的提出整改建议和措施。

要深入剖析，忌浅尝辄止：往往表面良好的指标背后隐藏着严重的缺陷、漏洞和隐患。会计人员要善于深入调查研究，善于捕捉事物发展变化过程中偶然现象中的必然规律，抱着实事求是的态度，通过对现有大量详细资料的反复推敲、印证，去粗取精，去伪存真，以得出对企业财务状况客观、公正的评价。

要通俗易懂，忌过于专业：财务分析报告阅读的对象主要是企业管理层及上级部门。财务分析报告主要是服务于企业内部经济管理的改善，经济运行质量的提高，为领导当参谋，让群众明家底。所以财务分析报告报告应尽量淡化专业味，少用专业术语，多用大众词汇，做到直截了当、简明扼要、通俗易懂。

要坚持定期分析，忌过于随意：随着企业财务工作的不断改进和加强，要求企业能够定期、至少是每个年度都能够分析企业的偿债能力、获利能力、资金周转。而不是随意性的应付差事了事。

要坚持报表分析与专题分析相结合的原则：财务分析须从三大报表着手，对企业各期的经济指标进行分析评价。从效果上看，难以面面俱到，实际作用有限。在实际工作中，财务分析往往缺乏与阅读对象的沟通，缺乏对主要经营事项进行有的放矢的专题分析。因此，企业财务分析报告应围绕领导和广大干部职工最关心的热点问题和实际工作中遇到的新问题来展开，传递对领导决策有用的信息，真正起到参谋作用。

(4) 财务分析报告准备工作。

落实分析数据来源。财务分析的数据来源主要有会计数据、统计数据和业务数据。企业财务分析的模式、主要内容和主要指标决定了企业财务核算的模式，特别是应该提供出哪些具体的财务分析指标；同时，统计数据和会计数据协调统一问题是涉及企业会计核算模式必须值得关注重要内容。但是编写财务分析报告仅靠会计和统计数据往往是不够的。大量的业务数据获取还要依赖企业的业务部门来支持。需要说明的是，财务分析技术更多的是居于指标变化表象的分析与观察，缺乏深层次的把握和形成原因的揭示，而业务分析恰恰在揭示形成问题的原因方面具有不可替代的优势。

关注经营运行实际。财务人员应争取深入销售维修一线的机会，多参加相关会议，使财务人员能了解维修销售、质量、市场、投资、融资各类情况。财务人员除收集会计核算方面的数据之外，还应要求相关部门及时提交可利用的其他报表，便于对问题做出客观公正和全面的分析判断。

财务分析的主要内容有：①企业偿债能力的分析：企业偿债能力的分析是企业财务分析的重要内容，它在一定程度上反映了企业的财务状况。对企业偿债能力进行分析，对企业投资者、经营者和债权人等都十分重要。偿债能力分析主要有短期偿债能力分析和长期偿债能力分析。对于短期偿债能力的分析主要侧重于研究企业流动资产、资产变现能力与流动负债的关系；对于长期偿债能力的分析则涉及企业的长期财务状况、资本结构、获利能力和变现能力等。②企业盈利能力的分析：企业盈利能力的分析主要以资产负债表、利润及利润分配表为基础，通过表内各项目之间的逻辑关系构建一套指标体系，通常包括营业（或销售）收入利润率、成本费用利润率、总资产报酬率等，然后对指标进行计算和分析，并据此评价企业的盈利能力。③企业营运能力的分析：营运能力是企业在维修经营过程中驾驭资产，实现资本增值的能力。营运状况如何，直接关系到资本增值的程度，关系到企业维修经营的成败。对企业营运能力的分析和评价，一般是从资产的周转速度指标来进行的，包括分析应收账款周转率、存货周转率、流动资产周转率和固定资产周转率等。④企业成本费用的分析：企业的成本费用，主要反映主营业务成本和三项期间费用，包括销售费用、财务费用和管理费用。此时财务分析主体根据分析目标，通过分析财务报表中体现的数字，并进行横向或纵向比较，以及对企业相关比率进行衡量，以得出与其他财务评价指标相配套的系列评价结论。

财务分析的主要方法有：比率分析法、比较分析法、趋势分析法和因素分析法。比率分析法是通过对各种财务比率的计算和分析，基本上能够反映出一个企业的偿债能力、盈利能力和营运能力，具有简明扼要、通俗易懂的特点，是财务分析工作中使用最广泛的一种方法。比较分析法是指将某项财务指标与性质相同的指标标准进行比较，揭示企业财务状况和经营成果的一种分析方法。财务分析极为注重比较，只有通过比较，才能评价指标数值的优劣情况。趋势分析法是通过连续若干期财务报表中相同指标的对比，来揭示各期的增减变化，据以预测企业财务状况或经营成果变化趋势的一种分析方法。因素分析法的目的是通过计算确定一个综合经济指标所包含的各个因素的变化对该指标影响程度。

要善于运用表格、图示，突出表达分析的内容。分析问题一定要善于抓住当前要点，多反映公司经营焦点和易于忽视的问题。

九、4S店财务预算编制工作

1. 怎样编制现金预算?

现金预算又称现金收支预算，是反映预算企业全部现金收入和全部现金支出的预算。现金预算由现金收入、现金支出、现金多余或不足、资金的筹集与运用四个内容组成。其中，现金收入包括预算期的现金收入和预算期初的现金余额。现金收入的主要来源是销货款收入及应收账款的收回。其资料来源主要是销售预算。现金支出。现金支出包括预算期的全部现金支出，如设购置备及其整车采购开支，支付工资、销售以及管理费用支出以及支付税费、股利等支出。其资料来源主要有整车和配件采购预算、直接人工预算、销售及管理费用预算。现金多余或不足是指现金收入总额与现金支出总额的差额。差数为正数，则说明收入大于支出，即现金多余，多余现金可用于偿还债务或进行投资，以达到充分利用现金的目的；差数为负数，则说明收入小于支出，即现金不足，企业需要采取适当的方式筹集资金，以弥补现金的不足。资金的筹集与运用是反映企业在预算期内取得、使用和偿还借款，及其偿还借款利息和进行投资或收回投资等内容。

现金预算实际上是其他预算有关现金收支部分的汇总，以及收支差额平衡措施的具体计划。编制现金收支预算，要以其他各项预算为基础，在编制现金预算前必须先完成其他预算的编制工作。

（1）销售预算是整个预算的编制起点，其他预算的编制都是以销售预算作为基础。在编制销售预算时，要根据历史资料，企业自身条件、市场需求及其经济政策变动、运用一定的专门方法对预算期的销售情况进行科学的预测，确定合理的销售目标，据以编制销售预算。

销售预算的主要内容是销量、单价和销售收入。销量是根据各市场预测或销售合同并结合企业经营能力确定。销售收入是销量和单价的乘积，在销售预算中计算得出。销售预算中通常还包括预计现金收入的计算，其中包括前期应收销货款的收回和本期销售款的收入，为编制现金收支预算提供必要的资料。

例题9－1：北京源宏汽车销售维修服务特约店根据以往销售情况，预计每季度销售收入中，本季度收到现金占到90%左右，另外10%左右要到下季度才能收到现金。年初应收账款余额6 000万元。整车平均单位售价为20万元，在预算年度内，其销售量共计6 300辆，其中一季度为1 500辆，二季度为1 000辆，三季度为2 000辆，四季度为1 800辆。根据以上资料编制销售预算如表9－1所示。

表9－1 **销售预算** 单位：万元

季度	一	二	三	四	全年
预计销售量（辆）	1 500	1 000	2 000	1 800	6 300
预计单位售价	20	20	20	20	20
销售收入	30 000	20 000	40 000	36 000	126 000
预计现金收入：					
上年应收账款	6 000				6 000
第一季度（销售1 500辆）	27 000	3 000			30 000
第二季度（销售1 000辆）		18 000	2 000		20 000
第三季度（销售2 000辆）			36 000	4 000	40 000
第四季度（销售1 800辆）				32 400	32 400
现金收入合计	33 000	21 000	38 000	36 400	128 400

（2）整车采购预算主要是用于确定预算期整车采购的水平。整车采购预算的主要内容有：整车的销售量、期初和期末存量等。该预算编制的目的是在考虑整车存货水平的基础上确定整车的采购数量及采购成本，进而预计用于整车采购上的现金支出。预计各季度“采购量”根据下列公式计算确定：

预计采购量＝（本期销售量＋期末存货）－期初存货

预算编制中的年初和年末的材料存货量是根据当前情况和长期销售预测估计的。各季度“期末整车存量”通常是根据下季度整车销售量的一定百分比确定。各季度“期初材料存量”是上季度的期末存量。为了便于后期编制现金收支预算，通常要预计整车采购各季度的现金支出。每季度的现金支出包括偿还上期应付账款和本期应付的整车货款。如果整车品种较多，需要单独编制整车存货预算。

例题9－2：北京源宏汽车销售维修服务特约店所销售的整车采购量全年6 300辆，单车采购成本18万元，预计期末存量按本季度预计销售量的10%计算。整车采购的货款有50%在本季度内付清，另外50%在下季度付清，应付账款年初余额为14 400万元。根据上述资料编制的整车采购成本预算如表9－2所示。

表9-2　　整车采购成本预算　　单位：万元

季　度	一	二	三	四	全　年
预计销售量	1 500	1 000	2 000	1 800	6 300
加：预计期末存量	150	100	200	180	630
合　计	1 650	1 100	2 200	1 980	6 930
减：预计期初存量	150	100	150	200	
预计整车采购量	1 400	1 000	2 050	1 780	6 230
单价（元）	18	18	18	18	18
预计采购金额（元）	25 200	18 000	36 900	32 040	112 140
预计现金支出（元）					
上年应付账款	14 400				2 350
第一季度	12 600	12 600			25 200
第二季度		9 000	9 000		18 000
第三季度			18 450	18 450	36 900
第四季度				16 020	16 020
合　计	27 000	21 600	27 450	34 470	110 520

（3）维修人工成本预算主要用来确定预算期内人工消耗的水平。直接人工预算的主要内容有：预计维修量、单车维修费用、维修费用总额，维修人工成本。

例题9-3：北京源宏汽车销售维修服务特约店全年预计维修车辆8 000辆，单车维修费用1 000元，配件扣除金额和维修人工成本各占维修费用50%。编制的维修人工成本预算如表9-3所示。

表9-3　　维修人工成本预算　　单位：万元

季　度	一	二	三	四	全　年
预计维修量（辆）	2 000	2 000	2 000	2 000	8 000
单车维修费用	0.1	0.1	0.1	0.1	0.1
维修费用总额	200	200	200	200	800
配件扣除金额	100	100	100	100	400
维修人工成本	100	100	100	100	400

（4）销售费用预算是指为了实现销售所需支付的费用预算。它以销售预算为基础，要分析销售收入，销售利润和销售费用的关系，力求实现销售费用的最有效使用。在草拟

销售费用预算时，要对过去的销售费用进行分析，考查过去销售费用开支的必要性和效果。

管理费用是企业日常经营管理所必需的费用。随着企业规模的扩大，管理费用也相应增加。在编制管理费用预算时，要分析企业的业务成绩和一般经济状况，务必做到费用合理化。管理费用多属于固定费用，所以，在编制预算时，一般以过去实际开支为基础，本着提高费用效率的原则，充分考察每种费用的必要性与合理性，按预算期的可预见变化来调整确定。

为便于现金收支预算的编制，销售及管理费用预算同样包括销售及管理费用预算，以及与此相联系的预计现金支出两个部分。

例题9－4：北京源宏汽车销售维修服务特约店根据有关预测资料编制的销售及管理费用预算如表9－4所示。

表9－4　销售及管理费用预算　单位：万元

项　目	金　额
销售费用	
其中：销售人员工资	2 000
广告费	5 500
施救费	3 000
运输费	2 700
管理费用	
其中：管理人员工资	4 000
福利费	800
保险费	600
办公费	1 400
合计	20 000
每季度支付现金（20 000÷4）	5 000

（5）现金预算由现金收入、现金支出、现金多余或不足、资金的筹集和运用四个部分组成。根据销售预算、整车采购成本预算、维修人工成本预算、销售及管理费用预算汇总编制现金收支预算。

例题9－5：北京源宏汽车销售维修服务特约店按年度编制现金收支预算。该企业二季度支付股利8 000元；每季度交纳所得税1 000元；在第二季度购置设备成本总额为18 000元；在资金不足时，公司均需在季初向银行取得借款；资金有余时，企业需于季末偿还借款，并支付借款利息，银行借款年利率为5%。该公司需要保留的现金余额至少是5 000元，预算期初现金余额为7 000元。根据上述资料编制北京源宏汽车销售维修服务特约店现金收支预算如表9－5所示。

表 9-5　　现金收支预算　　单位：万元

季　度	一	二	三	四	全 年
期初现金余额	7 000	6 900	5 200	6 000	7 000
加：销货现金收入（表 9-1）	33 000	21 000	38 000	36 400	128 400
可供使用现金	40 000	27 900	43 200	42 400	153 500
减：各项支出					
整车采购（表 9-2）	27 000	21 600	27 450	34 470	110 520
维修人工（表 9-3）	100	100	100	100	400
销售及管理费用（表 9-4）	5 000	5 000	5 000	5 000	20 000
所得税费用	1 000	1 000	1 000	1 000	4 000
购买设备		10 000			10 000
向投资人分配利润		8 000			8 000
支出合计	33 100	45 700	33 550	40 570	152 920
现金多余或不足	6 900	-17 800	9 650	1 830	580
向银行借款		23 000		5 000	28 000
还银行借款			-3 000		-3 000
借款利息（年利率 5.65%）			-650		-650
合　计		23 000	-3 650	5 000	24 350
期末现金余额	6 900	5 200	6 000	6 830	6 830

表中第二季度的借款额按下列公式计算：

最低借款额 = 最低现金余额 + 现金不足额 = 5 000 + 17 800 = 22 800（万元）

第三季度现金多余，可用于偿还借款，一般按“每期期初借入，每期期末归还”来预计利息。企业二季度借款 23 000 万元的本季度应计利息 650 万元。计算如下：

$$利息 = 23\ 000 \times 5.65\% \times \frac{6}{12} = 650\ （万元）$$

2. 怎样编制预计财务报表?

预计财务报表主要是预计利润表、预计资产负债表。预计财务报表的作用和历史实际的财务报表不同。所有企业都要在年终编制历史实际的财务报表，依法向外部报表使用人提供财务信息，而预计财务报表主要为企业财务管理服务，是控制资金、成本和利润总额的重要手段。

（1）预计利润表是用来反映企业在一定时期内经营活动的最终成果的预算表。其内容、格式与实际利润表相同，只不过预计利润表是面向预算期的，而不是历史实际。该表又称利润表预算。它是在汇总销售、成本、营业及管理费用、营业外收支等预算的基础上加以编制的。通过编制预计利润表，可以概括地了解企业预算期的盈利水平，并有助于各项预算的检查和修订，使之更趋于合理。如果预算利润与最初编制方针中的目标利润有较大的不一致。就需要调整部门预算，设法达到目标，或者经企业领导同意后修改目标利润。

例题9-6：北京源宏汽车销售维修服务特约店根据有关预算资料编制的预计利润表如表9-6所示。

表9-6　　预计利润表　　单位：万元

项　目	金　额	资料来源
销售收入	126 000	表9-1
销售成本	100 800	
销售毛利	25 200	
销售及管理费用	20 000	表9-4
利　息	650	表9-4
利润总额	4 550	
所得税费用	1 050	估计
净利润	3 500	

其中，“所得税费用”项目，是在利润规划时估计的，并已列入现金预算。因为有诸多纳税调整的事项存在，“所得税”项目通常不是根据“利润”和所得税率计算出来的。此外，从预算编制程序上看，如果根据“本年利润”和税率重新计算所得税，就需要修改现金收支预算，引起信贷计划修改，进而改变“利息”。最终又要修改“本年利润”。从而陷入数据的循环修改之中。

（2）预计资产负债表是在上期期末资产负债表的基础上，根据前述各项预算中的有关资料加以调整编制的，用于反映企业预算期末的预计财务状况的预算表。编制预计资产负债表的目的，在于判断预算所反映的财务状况的稳定性和流动性，从而有助于及时修订有关预测，改善财务状况。

例题9-7：假定北京源宏汽车销售维修服务特约店的简易停车场、实收资本、银行借款三项本年度没有变化。根据前述有关预算及其他资料编制的预计资产负债表如表9-7所示。

表 9－7　　预计资产负债表　　单位：万元

资产项目	年　初	期　末	负债和所有者权益项目	年　初	期　末
现金资产	7 000	6 830	应付账款	14 400	16 020
应收账款	6 000	3 240	银行借款	10 000	25 000
整车存货	2 700	3 240	实收资本	10 000	10 000
长期待摊费用	15 000	14 500	未分配利润	12 300	2 290
房屋及设备	20 000	30 000			
减：累计折旧	4 000	4 500			
资产总计	46 700	53 310	负债和所有者权益总计	46 700	53 310

表中“应收账款”是根据表 9－1 中第四季度销售额和本期收现率计算如下：期末应收账款＝本期销售额×（1－本期收现率）＝32 400×（1－90%）＝3 240（万元）

表中“应付账款”是根据表 9－3 中第四季度采购额和本期付现率计算如下：期末应付账款＝本期采购额×（1－本期付现率）＝32 040×（1－50%）＝16 020（万元）

期末未分配利润＝期初未分配利润＋本期净利润－本期向投资者分配利润＝12 300＋3 500－13 510＝2 290（万元）